vbw – Vereinigung der Bayerischen Wirtschaft e. V. (Hrsg.)

Geschlechterdifferenzen im Bildungssystem

vbw – Vereinigung der
Bayerischen Wirtschaft e.V. (Hrsg.)

Geschlechterdifferenzen im Bildungssystem

Jahresgutachten 2009

Bibliografische Information der Deutschen Nationalbibliothek
Die Deutsche Nationalbibliothek verzeichnet diese Publikation in der
Deutschen Nationalbibliografie; detaillierte bibliografische Daten sind im Internet über
<http://dnb.d-nb.de> abrufbar.

Herausgeber: vbw – Vereinigung der Bayerischen Wirtschaft e. V.
Ansprechpartner: Dr. Christof Prechtl, Geschäftsführer Abteilung Bildung

Wissenschaftliche Koordination:
Prof. Dr. Dieter Lenzen, Freie Universität Berlin, Vorsitzender des Aktionsrats Bildung

Dem Aktionsrat Bildung gehören an:
Prof. Dr. Hans-Peter Blossfeld, Prof. Dr. Wilfried Bos, Prof. Dr. Bettina Hannover, Prof. Dr. Dieter Lenzen,
Prof. Dr. Detlef Müller-Böling, Prof. Dr. Manfred Prenzel, Prof. Dr. Ludger Wößmann

Das Jahresgutachten wurde unterstützt vom
VBM – Verband der Bayerischen Metall- und Elektro-Industrie e. V.
Projektleitung: Michael Lindemann

Geschäftsstelle des Aktionsrats Bildung:
Julia Schmidt, Yvonne Maier
www.aktionsrat-bildung.de

1. Auflage 2009

Alle Rechte vorbehalten
© VS Verlag für Sozialwissenschaften | GWV Fachverlage GmbH, Wiesbaden 2009

Redaktion: Geschäftsstelle des Aktionsrats Bildung, München
Lektorat: Stefanie Laux

Der VS Verlag für Sozialwissenschaften ist Teil der Fachverlagsgruppe
Springer Science+Business Media.
www.vs-verlag.de

Das Werk einschließlich aller seiner Teile ist urheberrechtlich geschützt. Jede Verwertung außerhalb der engen Grenzen des Urheberrechtsgesetzes ist ohne Zustimmung des Verlags unzulässig und strafbar. Das gilt insbesondere für Vervielfältigungen, Übersetzungen, Mikroverfilmungen und die Einspeicherung und Verarbeitung in elektronischen Systemen.

Die Wiedergabe von Gebrauchsnamen, Handelsnamen, Warenbezeichnungen usw. in diesem Werk berechtigt auch ohne besondere Kennzeichnung nicht zu der Annahme, dass solche Namen im Sinne der Warenzeichen- und Markenschutz-Gesetzgebung als frei zu betrachten wären und daher von jedermann benutzt werden dürften.

Gesamtgestaltung und Satz: Knobling Design, München
Druck und buchbinderische Verarbeitung: MercedesDruck, Berlin
Gedruckt auf säurefreiem und chlorfrei gebleichtem Papier
Printed in Germany

ISBN 978-3-531-16463-2

Inhalt

Vorwort		9
Einleitung		11
1	Geschlecht als Heterogenitätsmoment – ein Überblick	13
2	Geschlechterdifferenzen	19
2.1	Erwerbsbeteiligung und Arbeitsaufteilung in der Familie	19
2.1.1	Konvergenz in den Bildungs-, Erwerbs- und Familienverläufen von Frauen und Männern	19
2.1.2	Persistenz von Geschlechterunterschieden	26
2.2	Soziologisch	38
2.2.1	Ausprägungen sozialen Geschlechts	39
2.2.2	Wandel und Stabilität der Geschlechterrollen und Ungleichheiten	39
2.2.3	Geschlechterrevolution im Bildungssystem?	40
2.3	Neurowissenschaftlich	41
2.3.1	Anatomische Befunde und Konzepte zu Unterschieden bei Hirngrößen und Hemisphärenasymmetrien – Bezüge zu Hirnleistungen und Phylogenese	42
2.3.2	Hirnentwicklung und geschlechtsspezifische Unterschiede	42
2.4	Psychologisch	44
2.4.1	Systematisierte Beschreibungen von Unterschieden zwischen den Geschlechtern	44
2.4.2	Psychologische Theorien zur Erklärung von Geschlechterunterschieden	47
3	Geschlechterdifferenzen in der frühkindlichen Bildung und Erziehung	53
3.1	Elterliches Verhalten	53
3.1.1	Bindungsverhalten der Eltern	53
3.1.2	Geschlechtsspezifische Effekte der Bindungsqualität	54
3.2	Kindliche Entwicklung	55
3.3	Kindertagesbetreuung	60
3.3.1	Erzieherin-Kind-Beziehung	60
3.3.2	Femininität der pädagogischen Fachkräfte in der Kindertagesbetreuung	61
3.3.3	Bildungsauftrag	63
4	Geschlechterdifferenzen im Kindergarten	65
4.1	Entwicklungsunterschiede zwischen Mädchen und Jungen im Kindergartenalter und bildungsbezogene Erwartungen	66
4.2	Übergang in den Kindergarten – frühe Bildungsbeteiligung	69
4.3	Rahmenpläne der Bundesländer für die Bildungsarbeit im Kindergarten	69
4.4	Bildung und Erziehung im Kindergarten – Projekte und Konzepte	71
4.5	Bildungs- und Erziehungskultur im Kindergartenalltag	73
4.6	Pädagogisches Fachpersonal im Kindergarten	76

5 Geschlechterdifferenzen in der Primarschule — 79
- 5.1 Übergang in die Primarschule — 79
- 5.2 Geschlechtsspezifische Leistungsunterschiede — 80
- 5.3 Unterricht in der Primarschule — 88
- 5.4 Lernkultur und -zeit in der Primarschule — 89
- 5.5 Geschlechterdifferenzen in den Lernvoraussetzungen — 90
- 5.6 Lehrkräfte in der Primarschule — 92
- 5.7 Geschlechterdifferenzen bei Schullaufbahnpräferenzen von Lehrkräften — 93

6 Geschlechterdifferenzen im Sekundarbereich — 95
- 6.1 Bildungsbeteiligung von Mädchen und Jungen — 95
- 6.2 Kompetenzen und Leistungen von Mädchen und Jungen — 98
  - 6.2.1 Kompetenzunterschiede gegen Ende des Sekundarbereichs — 98
  - 6.2.2 Besonders leistungsstarke und leistungsschwache Mädchen und Jungen — 100
  - 6.2.3 Kompetenzen und Zensuren von Mädchen und Jungen — 102
- 6.3 Wie nutzen Mädchen und Jungen den Computer? — 104
- 6.4 Motivationale Orientierungen und Interessen — 105
- 6.5 Bedingungen der Kompetenzentwicklung bei Mädchen und Jungen im Sekundarbereich — 108

7 Geschlechterdifferenzen in der Berufsausbildung — 111
- 7.1 Übergang in die Berufsausbildung — 111
  - 7.1.1 Geschlechterdifferenzen im beruflichen Ausbildungssystem — 111
  - 7.1.2 Geschlechterdifferenzen in Bewerbungsverhalten und Mobilitätsbereitschaft — 113
  - 7.1.3 Junge Frauen und Männer bei der Wahl des Ausbildungsberufes — 113
- 7.2 Verlauf der Berufsausbildung — 119
  - 7.2.1 Geschlechterdifferenzen in Ausbildungsvertragslösung und -abbruch — 119
  - 7.2.2 Geschlechterdifferenzen beim Ausbildungsabschluss — 120
- 7.3 Übergang und Einstieg in den Beruf — 121
  - 7.3.1 Geschlechterdifferenzen bei Übernahmechancen und Allokationserfolg am Arbeitsmarkt — 121
  - 7.3.2 Geschlechterdifferenzen bei Aufstiegsqualifizierungen — 122
- 7.4 Exkurs: (weibliche) Jugendliche mit Migrationshintergrund — 123

8 Geschlechterdifferenzen in der Hochschule — 125
- 8.1 Übergang in die Hochschule — 125
  - 8.1.1 Studienwahl — 125
  - 8.1.2 Individuelle Voraussetzungen — 131
- 8.2 Soziale Rahmenbedingungen — 137
  - 8.2.1 Finanzierung des Studiums — 137
  - 8.2.2 Lernkultur und -zeit in der Hochschule — 139
- 8.3 Curriculum in der Hochschule — 140
- 8.4 Berufseinstieg — 141
- 8.5 Studieren mit Kind — 145

9	**Geschlechterdifferenzen in der Weiterbildung**	**147**
9.1	Geschlecht als Strukturkategorie der Weiterbildungs- und Erwachsenenbildungsforschung	147
9.2	Geschlechtsspezifische Differenzierung der Weiterbildungsbeteiligung	147
9.3	Differenzierung der geschlechtsspezifischen Weiterbildungsaktivitäten nach Lebensalter, Bildung/Berufsbildung und Lebensphasen	149
9.4	Inhaltsorientierte Bildungsnachfrage: themenspezifische Interessen von Frauen und Männern in verschiedenen Lebensaltern	151
9.5	Determinanten und Barrieren der Weiterbildungsbeteiligung in geschlechtsspezifischer Differenzierung	152
9.6	Beteiligung an Aufstiegsfortbildung in geschlechtsspezifischer Differenzierung	152
10	**Handlungsempfehlungen an die Politik**	**157**
10.1	Rekrutierung und Ausbildung des pädagogischen Personals	158
10.2	Elternarbeit	159
10.3	Bildungsinhalte – Curricula und Lernmedien	160
10.4	Unterricht	161
10.5	Bildungssteuerung	162
10.6	Lernen und Arbeiten mit Kind	163
10.7	Bildungsforschung	164

Literatur	**165**
Verzeichnis der Studien	**187**
Abbildungsverzeichnis	**189**
Verzeichnis der Mitglieder des AKTIONSRATS**BILDUNG**	**193**
Verzeichnis der externen Experten	**195**

Vorwort

Wie sichern wir in Zukunft Innovationen, Wachstum und Beschäftigung? Sind wir auf eine veränderte globale Arbeitswelt vorbereitet? Investition in Bildung ist die beste Antwort auf diese Fragen. Im Potenzial der zukünftigen Mitarbeiterinnen und Mitarbeiter liegt eine der größten Produktivitäts- und Innovationsreserven in Deutschland. Es muss uns gelingen, Wissen und Kreativität der Mitarbeiter für die Unternehmen zu mobilisieren und zu halten. Voraussetzung dafür ist, dass jeder in unserer Gesellschaft die bestmöglichen Bildungschancen erhält. Wir brauchen deswegen eine grundlegende Bildungsreform. Unser wichtigster Rohstoff steckt in den Köpfen der Menschen. „Vorsprung durch Bildung": Für uns ist dieser Anspruch aktueller denn je. Wir wollen helfen, die Zukunftsfähigkeit unseres Landes zu sichern. Als Vereinigung der Bayerischen Wirtschaft haben wir bereits vor Jahren den Handlungsbedarf erkannt und mit unserer Studienreihe „Bildung neu denken" ein Konzept für die Bildung der Zukunft entwickelt. Wir haben Bildungsdefizite in Deutschland benannt, Lösungsstrategien vorgestellt und die Kosten und die Umsetzbarkeit einer umfassenden Bildungsreform geprüft.

Im Jahr 2007 hat der Aktionsrat Bildung sein erstes Jahresgutachten zum Thema Bildungsgerechtigkeit vorgelegt. Mit dem zweiten Gutachten im vergangenen Jahr hat sich der Aktionsrat dem Zusammenhang zwischen Bildung und Globalisierung gewidmet. Beide Gutachten haben eine bundesweite Diskussion ausgelöst. Es wurde schnell erkennbar, dass der Aktionsrat den Finger in die Wunden des deutschen Bildungssystems gelegt hat. Die verschiedenen Reaktionen aus Politik, Wirtschaft und der Bildungsfachwelt haben uns gezeigt, dass der Aktionsrat seine Aufgabe als Mahner und Treiber erfüllt. Wie immer in der Politik droht auch der Reformprozess in der Bildung in politischen Grabenkämpfen zu versickern. Das heißt für uns: Wir dürfen nicht nachlassen in dem Bemühen, die Reformträgheit aufzubrechen. So wird der Aktionsrat der Politik auch mit dem nun vorliegenden dritten Gutachten, das die Geschlechterdifferenzen im Bildungssystem analysiert, konkrete Handlungsempfehlungen aussprechen.

Unser Bildungssystem muss sich der Heterogenität stärker annehmen. Es war daher naheliegend, auch die konkreten Differenzen zwischen den Geschlechtern zu betrachten und praktische Konsequenzen abzuleiten. Auf den ersten Blick scheint es, dass das Thema mit der allgemein vorherrschenden Meinung der Benachteiligung von Frauen abgeschlossen ist. Aber dieser Blick wäre bezogen auf das Bildungssystem verkürzt und unzureichend. Vielmehr entstehen an weichenstellenden Punkten auf dem Bildungsweg unerwartete Differenzen zu Lasten der Jungen.

Ich wünsche auch diesem Gutachten, dass es eine konstruktive Diskussion anstößt, und danke den Mitgliedern des Aktionsrats Bildung ausdrücklich für ihre innovative und wegweisende Arbeit.

Randolf Rodenstock

Präsident
vbw – Vereinigung der Bayerischen Wirtschaft e. V.

Einleitung

Heterogenität als solche ist eine der wesentlichen Ursachen für die Probleme im deutschen Bildungssystem. Es liegt deshalb auf der Hand, dass die Kategorie Geschlecht bzw. Gender als Heterogenitätsmoment kritisch analysiert und die damit verbundenen Disparitäten bzw. deren Ausgleich mit Empfehlungen versehen werden müssen.

Dieses Gutachten steht damit als drittes in einer Reihe von Studien, die, genau genommen, sich alle um das Heterogenitätsthema bemühen. So war das erste Gutachten „Bildungsgerechtigkeit" (vbw 2007) gewissermaßen eine Gesamtbetrachtung von Bildungsungerechtigkeiten, die aus einer inadäquaten Umgehensweise mit Heterogenität in verschiedenen Ausprägungen resultieren. Das zweite Jahresgutachten „Bildungsrisiken und -chancen im Globalisierungsprozess" (vbw 2008) beschäftigte sich unter dem Gesichtspunkt der Globalisierungsherausforderung gleichfalls mit den daraus resultierenden Heterogenitäten, hier insbesondere an den Schnittstellen zwischen Nationalität und Internationalität. In diesem Zusammenhang spielten die Voraussetzungen und Folgen von Migration eine besondere Rolle, aber auch eine „hausgemachte" Provinzialisierung von Teilen des deutschen Bildungssystems.

Gender als Heterogenitätsmoment, wenngleich zunächst unter dem Gesichtspunkt der Benachteiligung von Frauen, ist vergleichsweise besser untersucht als die Implikationen von Globalisierungsprozessen für das Bildungssystem. Gleichwohl zeigt sich in den letzten Jahren, dass das Thema mit den erfolgreichen Effekten von Interventionen bezüglich der Benachteiligung von Frauen nicht „erledigt" ist. Denn zum einen haben sich Gleichstellungseffekte noch keineswegs bis auf die oberen Ebenen etwa des Beschäftigungssystems „durchgeschoben" und zum anderen entstehen neue Disparitäten, dieses Mal zu Lasten der Jungen, an anderen Stellen.

Der AKTIONSRAT**BILDUNG**, der inzwischen um ein weiteres Mitglied, die Psychologin und Schulpädagogin Prof. Dr. Bettina Hannover, erweitert wurde, trägt das Gutachten in seiner Gesamtheit. Der AKTIONSRAT**BILDUNG** legt zum Erscheinen des Gutachtens parallel eine Dokumentation zu der Frage vor, wie der Stand der Geschlechterdisparität in den einzelnen Bundesländern und im Bund aussieht.

Auch für dieses Gutachten wurden Gastexperten gewonnen, um weitere Bildungsbereiche abzudecken und damit Ergebnisse auf dem neuesten Stand der Forschung in allen relevanten Wissenschaftszweigen vorzulegen. Im Namen aller Mitglieder des AKTIONSRATS**BILDUNG** dankt der Vorsitzende in diesem Sinne PD Dr. Fabienne Becker-Stoll, Prof. Dr. Sonja Drobnič, Prof. Dr. Johann Handl, Prof. Dr. Sabine Hornberg, Prof. Dr. Ulla Mitzdorf, Prof. Dr. Hans-Günther Rossbach, Prof. Dr. Rudolf Tippelt sowie Dr. Sandra Buchholz, Dirk Hofäcker, Dr. Oliver Walter, Daniela Mayer, Gero Federkeil, Cort-Denis Hachmeister, Dr. Mareike Hennings, Dr. Daniela De Ridder, Thimo von Stuckrad und Jutta Reich.

Der Dank gilt weiterhin den Mitarbeitern der Geschäftsstelle des AKTIONSRATS**BILDUNG** bei der vbw – Vereinigung der Bayerischen Wirtschaft e. V. in München, Julia Schmidt und Yvonne Maier, der Abteilung Bildung bei der vbw – Vereinigung der Bayerischen Wirtschaft e. V., ihrem Geschäftsführer Dr. Christof Prechtl, dem Projektleiter Michael Lindemann und in Berlin Dr. Ulrike Prechtl-Fröhlich.

Einleitung

Dass die vbw – Vereinigung der Bayerischen Wirtschaft e. V. unter ihrem Präsidenten Randolf Rodenstock und ihrem Hauptgeschäftsführer Bertram Brossardt die Arbeit des AKTIONSRATS**BILDUNG** weiter materiell möglich gemacht hat und ideell unterstützt, war auch im zurückliegenden Berichtszeitraum eine wichtige Voraussetzung für die erfolgreiche Komposition des vorliegenden Gutachtens. Die darin zum Ausdruck kommende Verantwortung für das Ganze des deutschen Bildungswesens vom Standort eines Landesverbandes aus kann nicht hoch genug bewertet werden. „Belohnt" wird die Arbeit des AKTIONSRATS**BILDUNG** wie der vbw – Vereinigung der Bayerischen Wirtschaft e. V. zweifellos dadurch, dass die zahlreichen Expertisen und Empfehlungen für das deutsche Bildungssystem inzwischen an vielen politischen Orten greifen und Anlass für nennenswerte Veränderungen im Sinne der unterschiedlichen Empfehlungen des AKTIONSRATS**BILDUNG** gewesen sind.

1 Geschlecht als Heterogenitätsmoment – ein Überblick

Die Thematisierung des Geschlechts im Rahmen des Bildungssystems hat nach einer linearen, wenngleich von Unterbrechungen gekennzeichneten Entwicklung seit dem ausgehenden letzten Jahrhundert einen qualitativen Sprung gemacht. Dieser besteht darin, dass die Problematik der Gleichberechtigung bzw. Gleichstellung von Frauen durch die Thematisierung der Kategorie Geschlecht als solche abgelöst wurde.

So war die zweite Hälfte des 19. Jahrhunderts durch die Auseinandersetzungen um ein Wahlrecht für Frauen und damit die politische Gleichheit gekennzeichnet. Im Bildungssystem musste für Mädchen bzw. junge Frauen der Zugang zu höherer Bildung, zum Universitätsstudium, zum Lehrerberuf, also allgemein zu einer akademischen Berufsausbildung überhaupt erst erstritten werden. Die erste Hälfte des 20. Jahrhunderts bis in die 1950er und 1960er Jahre hinein folgte im Wesentlichen derselben Logik. Nach einer insbesondere im Kaiserreich und in der ersten deutschen Diktatur durchgesetzten Subordination der Frau konnte in der Bundesrepublik Deutschland erst im Jahr 1958 die Gleichberechtigung gesetzlich abgesichert werden. Dieser Wandel war die juristische Voraussetzung dafür, sich nunmehr auch mit den materiellen Bedingungen der Gleichberechtigung zu befassen. So war das Jahrzehnt nach der Studentenbewegung im Wesentlichen dadurch gekennzeichnet, materielle Diskriminierungsformen für Frauen im Bildungssystem aufzudecken, wie einen „heimlichen Lehrplan", der in Curricula, Schulbüchern und dem konkreten Unterricht als sexistisch akzentuiert aufgefunden wurde. Folgerichtig waren die 1980er Jahre im Wesentlichen durch Bemühungen um eine Kompensatorik zugunsten im Bildungssystem benachteiligter Mädchen und Frauen gekennzeichnet. Als prototypisch kann die Untersuchung der Benachteiligung von Mädchen in naturwissenschaftlichen Fächern und die daraus abgeleitete Forderung nach einer zumindest teilweisen Aufhebung der Koedukation in diesen Fächern gewertet werden, die erst in den 1970er Jahren als Mittel für den Ausgleich der Benachteiligung von Mädchen durchgesetzt worden war.

Im Zusammenhang mit dem Versuch, die Gleichberechtigung der Frauen in allen Bereichen zu etablieren, entwickelte sich in den 1970er Jahren ausgehend von Universitäten in den USA eine eigene Forschungsrichtung, die Gender Studies. Grundlage dieser Forschung war die Differenzierung von biologischem und sozialem Geschlecht: Die biologische Geschlechtszugehörigkeit (im Englischen: sex) als ein unveränderbares Konstrukt wird dabei von der sozialen Dimension von Geschlecht (im Englischen: gender) unterschieden.

Das soziale Geschlecht ist durch die gesellschaftliche und kulturelle Umwelt konstruiert und wird damit als veränderbar angesehen. Trotz der notwendigen Trennung von sozialem und biologischem Geschlecht sind beide Dimensionen eng miteinander verbunden: „Weibliche" und „männliche" Eigenschaften, Fertigkeiten und Lebensweisen knüpfen teilweise an die biologischen Unterschiede zwischen den Geschlechtern an, z. B. an die Fähigkeit, Kinder zu gebären.

Die Differenzierung zwischen sozialem und biologischem Geschlecht behält bis zum heutigen Zeitpunkt ihre Bedeutung bei und so wird in den Sozialwissenschaften vor allem das soziale Geschlecht und damit die gesellschaftlich bedingten Unterschiede zwischen Frauen und Männern in den Blick genommen.[1]

Auch durch diese klare begriffliche Trennung setzten sich in den 1990er Jahren kompensatorische Maßnahmen fort und wurden um generelle Revisionen im inhaltlichen Bereich des Bildungssystems ergänzt, beispielsweise durch den Versuch, die Darstellung traditioneller Familienmuster (Berufstätigkeit des Vaters/häusliche Tätigkeit der Mutter) in Lehrplänen und Unterrichtsmedien zu verändern. Es wurden entweder geschlechtsneutrale Darstellungsformen gesucht oder solche, die die Differenz der Geschlechter bei gleichzeitiger Gleichberechtigung ihrer Grundbedingungen betonen.

In den letzten Jahren fand in den Sozialwissenschaften ein Paradigmenwechsel statt, der darin besteht, dass die Perspektive eines grundsätzlichen weiblichen Defizits innerhalb des Bildungssystems, das zu kompensieren ist, durch die Vorstellung einer Differenz zwischen den Geschlechtern abgelöst wird. Diese Differenz zwischen den Geschlechtern kann auf diese Weise zu einem Heterogenitätsmuster unter anderen (Schicht, Ethnie, Familienstand, Einkommen usw.) werden. Das Alleinstellungsmerkmal „weibliches Geschlecht" als besonderes Benachteiligungsmuster fügt sich damit in ein Ensemble von Differenzkategorien ein, die, je auf ihre Weise, Benachteiligungen für die Angehörigen der durch solcherart Merkmale gekennzeichneten gesellschaftlichen Teilgruppen werden.

Erst durch diese Entwicklung ist es in den letzten Jahren möglich geworden, die inzwischen in etlichen Bereichen eklatante Minderbeteiligung von Jungen an höheren Formen des Bildungsgeschehens bzw. ihre Misserfolge selbst bei einfachen Abschlüssen in den Blick zu nehmen.

Das Heterogenitätsmoment „Geschlecht" zeigt gegenüber dem Moment „Sozialschichtzugehörigkeit" oder „ethnische Zugehörigkeit" eine unterschiedliche Ausprägung und Entwicklung: Während die sozialen und ethnischen Disparitäten bereits beim Eintritt in das Bildungssystem existieren und durch dieses nur unzulänglich korrigiert, geschweige denn ausgeglichen werden, ergibt die Betrachtung der zahlreichen empirischen Daten zur Geschlechterdifferenz ein abweichendes Bild. Es ist ein Effekt im Lebenslauf zu konstatieren, der darin besteht, dass in den allerersten Lebensjahren der Kinder die Geschlechterdifferenz keine determinierende Wirkung zu haben scheint, so dass von weitgehend identischen Ausgangsbedingungen vor dem Eintritt in das Bildungssystem gesprochen werden kann. Am Ende des Prozesses lebenslangen Lernens sind die Verhältnisse ähnlich: So reduzieren sich beispielsweise Geschlechterdifferenzen hinsichtlich der Weiterbildungsmotivation. Demgegenüber driften Qualität und Quantität von Bildungsbeteiligung der Geschlechter zwischen dem Eintritt in vorschulische Erziehungs- und Unterrichtsformen und dem Hochschulstudium bzw. der Berufsausbildung deutlich auseinander.

Das vorliegende Gutachten beginnt seine Darlegungen in Kapitel 2 damit, die Differenz zwischen der hohen Bildungsbeteiligung der Mädchen und der immer noch zu verzeichnenden Benachteiligung der Frauen in den Bereichen Erwerbsbeteiligung und Einkommen sowie der familialen Arbeitsteilung aufzuzeigen. Folgende Ursachen führen zu diesem Missverhältnis: Erstens lassen sich noch immer ausgeprägte traditionelle Geschlechterrollenverteilungen

---

[1] Wenn in den folgenden Kapiteln von Geschlecht und Geschlechterdifferenzen gesprochen wird, ist darunter immer das „soziale Geschlecht" zu verstehen.

z. B. in der Familie konstatieren. Zweitens sind eine geschlechtsspezifische Berufs- und Ausbildungswahl und damit eine horizontale Segregation zu verzeichnen. Und drittens zeigt sich ab der Geburt des ersten Kindes eine deutliche Verringerung der Arbeitszeiten – vor allem auf Seiten der Frauen – mit negativen Auswirkungen auch auf das Einkommen.

Um der keineswegs ausgerotteten Vorstellung, die Geschlechterdifferenz sei das Produkt einer phylogenetischen, womöglich gar „natürlichen" Entwicklung und Konstellation, zu begegnen, werden in den Kapiteln 2.2, 2.3 und 2.4 kumulierte soziologische, neurowissenschaftliche und psychologische Befunde zum geschlechtsspezifischen Rollenverhalten, zur Nichtdifferenz hirnanatomischer und physiologischer Sachverhalte und zur ontogenetischen, psychologischen Entwicklung von Geschlechtsstereotypen dargelegt.

Eines ist vollkommen unstreitig: Es existiert keine angeborene neurologische oder psychologische Differenz zwischen den Geschlechtern, mit denen etwa das Bildungssystem zu kämpfen hätte, sondern die sich später massiv auswirkenden Geschlechterdifferenzen zu Lasten beider Geschlechter entwickeln sich erst im Laufe der Kindheit und Jugend und werden durch das Bildungssystem zu diesem brisanten Zeitpunkt nicht aufgefangen.

Auf dieser Grundlage beginnt ein Durchgang durch die für die Geschlechterdifferenz bedeutsamen Phasen des Lebens- bzw. Bildungsverlaufs.

In den frühen Lebensjahren (Kapitel 3 und 4) können vor allem Gemeinsamkeiten zwischen Mädchen und Jungen beobachtet werden. Betrachtet man allerdings bewusst die Differenzen, können sich erste geschlechtsspezifische Interessen und Verhaltensweisen – auch durch den elterlichen Einfluss sowie durch die Wirkung von Erziehern[2] – etablieren. Bei der Herausbildung unterschiedlicher Kompetenzen kann geschlechtergetrenntes und geschlechtsspezifisches Spielverhalten – beispielsweise bei der Entwicklung von räumlichem Vorstellungsvermögen und von Sprachkompetenz – eine bedeutende Rolle spielen. So zeigen sich bereits in der frühkindlichen Phase Interessensunterschiede, die sich auf den weiteren Bildungsverlauf und auf Berufsentscheidungen auswirken können und einen regulativen Eingriff notwendig machen.

In der Primarschule (Kapitel 5) sind deutliche Ungleichheiten zwischen Mädchen und Jungen bezüglich der Einschulungsquoten zu verzeichnen: Jungen werden zu größeren Anteilen verspätet eingeschult und besuchen zu geringeren Anteilen die Schule vorzeitig.

Beim Übergang von der Grundschule in den Sekundarbereich (Kapitel 6) wird eine Benachteiligung der Jungen deutlich: Diese müssen für eine Gymnasialempfehlung eine höhere Leistung erbringen als Mädchen. Dies führt zu einer ungerechten Verteilung der Mädchen und Jungen auf weiterführende Schulen. Jungen sind im Gymnasium unterrepräsentiert und in der Hauptschule überrepräsentiert. Hinzu kommt, dass sie zu deutlich höheren Anteilen sogar ohne jeglichen Schulabschluss die Schule verlassen.

Differenzen im Primar- und im Sekundarbereich lassen sich durch aktuellste empirische Studien (IGLU, TIMSS und PISA) auch in den Leistungen feststellen: in der Kompetenz Lesen zugunsten der Mädchen und in den Kompetenzen Mathematik und Naturwissenschaften zugunsten der Jungen.

---

[2] Im Sinne eines besseren Leseflusses wird im gesamten Jahresgutachten auf die Verwendung beider Geschlechtsformen der Substantive verzichtet.

Zu Lasten der Mädchen findet sich im Grundschul-, aber auch im Sekundarschulalter eher eine stereotype Attribuierung vom Typus „männlich = natur-/technik-wissenschaftlich". Obwohl differenzierte Untersuchungen zeigen, dass Leistungsfähigkeit und teilweise auch Motivation nicht geschlechtsspezifisch verteilt sein müssen, bestehen auch hier geschlechtsspezifische Disparitäten, wenngleich nicht von der massiven und folgenreichen Ausprägung wie im Falle der Lesekompetenz bei Jungen.

Dementsprechend muss eine Revision von Unterricht und Curricula an den Stellen erfolgen, die geeignet sind, Geschlechterdisparitäten zu erzeugen oder zu verstärken. Dabei bedarf es auch einer expliziten Förderung der Jungen in der Schlüsselkompetenz „Lesefähigkeit". Von der Auswahl des Lesestoffs über die Vermittlung von Lesetechniken bis hin zu stereotypen Assoziationen auf dem Kontinuum von „Weichheit" und „Härte" gibt es einen reichhaltigen Interventionsbedarf, der teilweise – aber deutlich – bereits vor der Grundschule existiert.

Für beide geschlechtsspezifischen Einseitigkeiten gibt es einen Interventionsbedarf, der auf die gemeinsame Formel neuer Lernformen und -konzepte, ja neuer Erfahrungschancen in den einzelnen Bereichen gebracht werden kann.

Beim Übergang aus dem Sekundarbereich in die Berufsausbildung (Kapitel 7) haben Jungen größere Schwierigkeiten als Mädchen. Durch die schlechten bzw. fehlenden Schulabschlüsse der Jungen befinden sich diese häufiger in Übergangsmaßnahmen. Die geschlechtsspezifische Berufswahl zeigt eine weitere Problematik: Gravierend und zu erheblichen Teilen beeinträchtigend für die Lebensqualität wirkt sich der Stereotypieeffekt im dualen System aus, wenn beispielsweise völlig überlaufene Dienstleistungsberufe, wie Friseurin, wegen ihrer Konnotation mit Weiblichkeit eine hohe Resonanz bei Schulabgängerinnen finden, die auf diese Weise eine Selbstselektion in Richtung Arbeitslosigkeit vornehmen. Umgekehrt wirkt sich die Männlichkeitsstereotypie in Bezug auf technische Berufe angesichts der demografischen Entwicklung für die Unternehmen problematisch aus, weil aus Gründen der geschlechtsspezifischen Attribuierung die Hälfte potenzieller Auszubildender, nämlich die Mädchen, schlicht nicht in Betracht kommt. Auf diese Weise perpetuiert sich im Übrigen ein geschlechtsspezifischer Effekt bei den Aufstiegschancen: Stark nachgefragte und nur von Männern besetzte Berufe enthalten höhere Aufstiegs- und Einkommensmöglichkeiten, während dieses für überlaufene Dienstleistungsberufe nicht gilt.

Im Hochschulbereich (Kapitel 8) beginnt der Anteil der weiblichen Studierenden den der männlichen zu übersteigen, ohne dass beim wissenschaftlichen Personal die gleichen Verhältnisse existierten. Und auch hier schlagen hinsichtlich einzelner Fachwahlen Geschlechtsstereotype massiv durch, so beispielsweise bei Fächern wie Grundschulpädagogik oder Veterinärmedizin, wo offensichtlich ein stereotypes Berufsbild steuernde Wirkungen auf die Studienfachwahl ausübt. Teilweise spielt bei der Studienfachwahl bei jungen Frauen eine große Rolle, ein Studienfach und einen Beruf zu wählen, der mit den Aufgaben in der Familie am ehesten vereinbar zu sein scheint, wie der der Grundschullehrerin.

Diese Antizipation hat fatale Folgen, nicht nur für die ungleiche Verteilung von Berufschancen, sondern auch für die Akzentuierung der Berufe selber, die damit einseitige „Images" erhalten.

Im Gegensatz zu den vorherigen Bildungsphasen sind die Geschlechterdifferenzen im Bereich der Weiterbildung (Kapitel 9) eher gering. Von einer Benachteiligung der Männer kann nicht mehr gesprochen werden. Wie in der Erwerbsbeteiligung zeigt sich auch hier eine geringere Beteiligung der Frauen an Weiterbildungsmaßnahmen ab der Geburt des ersten Kindes.

Da es offenbar nicht gelingt, tief sitzende Geschlechtsstereotype, traditionelle Familienmuster und mit beiden verbundene Differenzen hinsichtlich der Lebenschancen auszugleichen und der Benachteiligung der Jungen entgegenzuwirken, wird es eine der Hauptaufgaben des Bildungssystems sein müssen, die Disparitäten entlang der Linie „Geschlechterdifferenz" zurückzunehmen und nicht – wie bislang – zu verstärken.

In Kapitel 10 werden deshalb Handlungsempfehlungen an die Politik gegeben, wie die Geschlechterdifferenzen im Bildungssystem ausgeglichen werden können. Dieses wird aus Gründen der Geschlechtergleichheit wie aus Gründen der Erhaltung von Wirtschaftskraft eine der wichtigsten Aufgaben der Zukunft sein müssen.

2 Geschlechterdifferenzen

2.1 Erwerbsbeteiligung und Arbeitsaufteilung in der Familie

Die Frage der Geschlechtergleichheit stellt zusammen mit der Generationenfrage eine der zentralen Herausforderungen moderner Wohlfahrtsstaaten dar (vgl. Esping-Andersen 1999). Zunehmend wird im öffentlichen Diskurs die Gleichstellung von Frauen und Männern in Familie und Erwerbsleben eingefordert. Auch von politischer Seite wird Chancengleichheit in zunehmendem Maße als grundlegendes politisches Ziel formuliert. So hat sich beispielsweise auch die Europäische Union (EU) in jüngerer Vergangenheit explizit der „Förderung der Chancengleichheit in allen ihren Aspekten" verschrieben und erkennt dabei insbesondere „der Erleichterung der Vereinbarkeit von Arbeits- und Familienleben" (Europäischer Rat 2000) eine besondere Bedeutung zu: Von Seiten der Mitgliedstaaten soll dies politisch unterstützt werden – etwa im Rahmen des „Gender-Mainstreamings" oder durch familienpolitische Reformen.

Im Hinblick auf die tatsächliche Umsetzung von Geschlechtergleichheit und eine Annäherung von Frauen- und Männerrollen im Arbeitsleben unterscheiden sich jedoch die sozialwissenschaftlichen Gegenwartsdiagnosen. So konstatierte man noch vor wenigen Jahren Anzeichen einer zunehmenden Konvergenz in den Lebens- und Erwerbsverläufen von Frauen und Männern sowie einer schrittweisen Abnahme geschlechtsspezifischer Ungleichheiten (vgl. Kohli 2003, S. 532). In der Tat veränderten sich in den vergangenen Jahrzehnten im Zuge der Bildungsexpansion die beruflichen Ressourcen von Frauen, ihre Erwartungen im Hinblick auf Erwerbs- und Familienleben und ihre tatsächliche Arbeitsmarktteilnahme. Frauen und Männer weisen in Partnerschaften immer häufiger eine gleiche oder ähnliche Bildung auf und die klassische „Ernährerfamilie" mit einem vollzeiterwerbstätigen Ehemann und einer rein für die Hausarbeit zuständigen Ehefrau verliert zugunsten eines Modells, in dem beide Partner erwerbstätig sind, immer mehr an Bedeutung (vgl. Leitner/Ostner/Schratzenstaller 2004). Gleichzeitig zeigen sich jedoch deutliche und anhaltende Unterschiede zwischen Frauen und Männern in der Gestaltung des Berufs- und Familienlebens. So verweist etwa die aktuelle Studie der Internationalen Arbeitsorganisation „Global Employment Trends for Women" (vgl. International Labour Organization (ILO) 2008) auf nach wie vor bestehende Lohnungleichheiten zwischen Frauen und Männern sowie auf deutlich unterschiedliche Positionen in der betrieblichen Hierarchie.

2.1.1 Konvergenz in den Bildungs-, Erwerbs- und Familienverläufen von Frauen und Männern

Bildungsbeteiligung und Bildungsniveau. Die deutlichsten Anzeichen einer zunehmenden Angleichung der Lebensverläufe von Frauen und Männern zeigen sich im Hinblick auf das Bildungsniveau. Frauen bzw. Mädchen gelten als die Gewinner der Bildungsexpansion der 1960er und 1970er Jahre (vgl. Blossfeld 1985; Henz/Maas 1995; Geißler 2002) und haben im Hinblick auf den Erwerb allgemeiner Bildungszertifikate zu den Männern aufgeschlossen bzw. diese in Teilen sogar überholt. Zugehörigkeit zum weiblichen Geschlecht kann dementsprechend in Deutschland nicht mehr als zentrale Kategorie der Bildungsbenachteiligung angesehen werden (vgl. Thiel 2005). Abbildung 1 gibt zur Illustration exemplarisch die aktuelle Verteilung der deutschen Bevölkerung nach Altersgruppen und allgemeinem Bildungsstand wieder. Dabei ist zunächst eine allgemeine Erhöhung des Bildungsniveaus in Richtung einer zunehmenden Bedeutung von mittleren und höheren Schulabschlüssen erkennbar. Gleichzeitig zeigt sich, dass Frauen insbesondere im Hinblick auf höhere allgemeine Bildungsabschlüsse (Realschulabschluss, Fachhochschul- und Hochschulreife) zu den Männern aufgeschlossen bzw. diese überholt haben.

Alter	Noch in schulischer Ausbildung		Haupt- oder Volksschul- abschluss		Realschul- abschluss oder vergleichbar		(Fach-) Hochschulreife		Ohne allgemeinen Abschluss	
	Frauen	Männer	Frauen	Männer	Frauen	Männer	Frauen	Männer	Frauen	Männer
15 – 20	64,3	59,6	10,4	15,8	17,1	16,7	3,6	2,6	3,3	4,0
20 – 25	2,5	2,9	17,9	26,6	34,3	31,8	39,9	32,7	3,0	3,2
25 – 30			22,0	28,2	30,8	27,3	39,6	36,7	3,1	3,0
30 – 35			23,7	30,0	28,4	21,3	32,0	33,8	3,5	2,7
35 – 40			25,5	32,8	29,9	20,8	28,3	30,4	2,8	2,8
40 – 45			29,3	35,3	27,3	18,3	25,2	28,3	2,8	2,8
45 – 50			36,8	39,2	22,7	16,1	22,0	27,1	2,8	2,6
50 – 55			46,1	44,1	18,3	13,0	17,9	26,0	2,8	2,2
55 – 60			55,1	51,9	18,4	13,0	14,0	23,6	3,3	2,6
60 – 65			65,9	61,3	17,5	11,6	10,4	20,7	2,5	2,4
> 65			77,5	70,3	12,0	9,6	6,2	16,0	2,6	2,2

Abbildung 1: Bevölkerung nach Altersgruppen und allgemeinem Bildungsabschluss, 2004
(Angaben in Prozent; vgl. Statistisches Bundesamt 2004, zit. n. Thiel 2005: Appendix)

Die deutsche Entwicklung spiegelt dabei einen Trend zur zunehmenden Bildungsangleichung von Frauen und Männern wider, der sich in nahezu allen europäischen Ländern findet (vgl. Thiel 2005).

Eine ähnliche, wenngleich weniger deutlich ausgeprägte Konvergenz zeigt sich auch im Hinblick auf das anschließende berufliche Bildungsniveau. Auch hier haben Frauen im Lauf der vergangenen drei Jahrzehnte die Männer im Erwerb von Hochschulabschlüssen eingeholt: Machten Frauen in den 1970er bis 1990er Jahren nur etwa ein Drittel aller Studienanfänger aus (1970: 37,8 Prozent; 1990: 39,4 Prozent), so stieg ihr Anteil in den folgenden 13 Jahren auf etwa die Hälfte aller Studierenden an (vgl. Bundesministerium für Familie, Senioren, Frauen und Jugend (BMFSFJ) 2005; Heine/Krawietz/Sommer 2008; Statistisches Bundesamt 2008a). Wenngleich Frauen damit auch auf akademischer Ebene weitgehend mit den Männern gleichgezogen haben, nimmt Deutschland im internationalen Vergleich eine „Nachzüglerrolle" im Hinblick auf die weibliche Hochschulbeteiligung ein (siehe Abbildung 2): Während sich in Deutschland die Zahlen weiblicher und männlicher Studierender noch etwa die Waage halten, haben Frauen in nahezu allen anderen EU-Staaten Männer mittlerweile in der Hochschulbeteiligung überholt. Hohe Beteiligungsquoten finden sich dabei insbesondere in den ost- und nordeuropäischen Staaten.

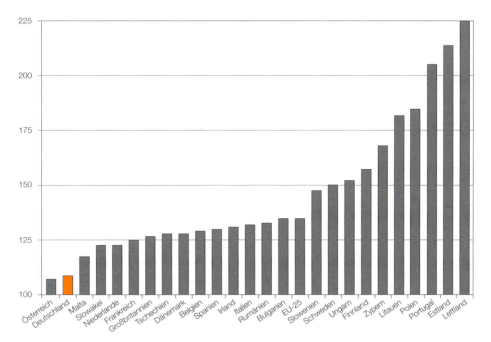

Abbildung 2: Anzahl weiblicher Hochschulabsolventen je 100 männliche Absolventen
(vgl. Mau/Verwiebe 2009; Datenquelle: Europäische Kommission)

Bemerkenswert ist zudem, dass sich der Trend zu zunehmender Gleichberechtigung bei höheren akademischen Abschlüssen wieder umkehrt: So erlangen Männer etwa doppelt so häufig wie Frauen den Grad eines Doktors und verfassen etwa viermal so häufig eine Habilitation. Der Frauenanteil an Professoren liegt bei nur etwa zehn Prozent (vgl. BMFSFJ 2005, S. 79). Die erhöhte Bildungsbeteiligung von Frauen schlägt sich in Deutschland trotz steigender Annäherungstendenzen somit bislang noch nicht proportional in ihrer Beteiligung an Fachhochschul- und Hochschulausbildungen und in ihrer Repräsentation im Hochschulwesen nieder.

Erwerbsbeteiligung. Die erhöhte Bildungsbeteiligung von Frauen bewirkt auch eine steigende Erwerbstätigkeit der Frauen. Arbeitete zu Beginn der 1970er Jahre noch etwa die Hälfte aller westdeutschen Frauen im erwerbsfähigen Alter (von 15 bis 64 Jahren), so traf dies zur Jahrtausendwende bereits auf etwa zwei Drittel der Frauen zu (vgl. Hofäcker 2006).

Seit der Wiedervereinigung zeigt sich zudem eine langsame Angleichung der weiblichen bzw. männlichen Erwerbsquoten in den alten und neuen Bundesländern. Die männlichen Erwerbsquoten verblieben dabei in beiden Landesteilen trotz ökonomischer Schwankungen weitgehend konstant auf einem hohen Niveau von etwa 80 Prozent. Demgegenüber ist der Anteil der im Sozialismus umfassend in den Arbeitsmarkt integrierten ostdeutschen Frauen seit den 1990er Jahren leicht rückläufig. Die Erwerbsquoten von Frauen in den alten Bundesländern haben hingegen seit den 1990er Jahren ihren Aufwärtstrend fortgesetzt und nähern sich mittlerweile dem Beschäftigungsniveau ostdeutscher Frauen an (siehe Abbildung 3).

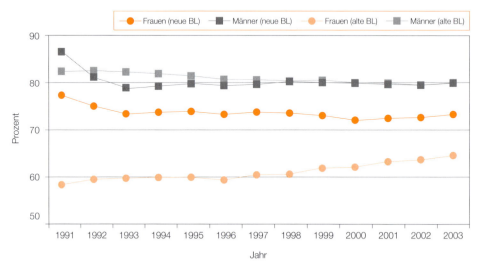

Abbildung 3: Erwerbsquoten von Frauen und Männern in den alten und neuen Bundesländern (vgl. Bundeszentrale für politische Bildung 2005)

Bemerkenswert ist, dass sich die Erwerbsquoten von Frauen und Männern in Deutschland nicht nur im Aggregat aneinander angeglichen haben, sondern sich auch Konvergenzen im Hinblick auf die lebensphasenspezifische Erwerbstätigkeit von Frauen und Männern zeigen. Waren in den 1970er Jahren weibliche Erwerbskarrieren in Deutschland noch vielfach durch längere Unterbrechungen der Erwerbstätigkeit nach der Geburt des (ersten) Kindes gekennzeichnet, so hat sich diese „Familienphase" in den vergangenen Jahren deutlich verkürzt. Weibliche Erwerbsverläufe gleichen sich damit zunehmend an das männliche Modell einer kontinuierlichen, lebenslangen Erwerbstätigkeit an (siehe Abbildung 4 und 5). Gleichwohl zeigen sich insbesondere während der intensiven Familienphase noch deutliche Unterschiede im Erwerbsprofil von Frauen und Männern.

Geschlechterdifferenzen

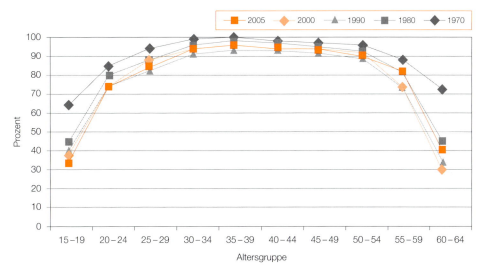

Abbildung 4: Altersspezifische Erwerbsquoten von Männern in Westdeutschland von 1970 bis 2005 (vgl. OECD.Stat 2008)

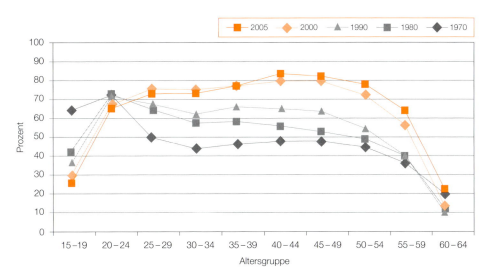

Abbildung 5: Altersspezifische Erwerbsquoten von Frauen in Westdeutschland von 1970 bis 2005 (vgl. OECD.Stat 2008)

Parallel zur Ausweitung der Bildungsgelegenheiten, zur Entstehung neuer familialer Lebensformen und zur Expansion des Dienstleistungssektors ist es innerhalb der letzten 50 Jahre nicht nur in Deutschland, sondern in allen Ländern der EU zu einer deutlichen Erhöhung der Erwerbsbeteiligung von Frauen gekommen. Zwar gibt es zwischen den einzelnen Ländern erhebliche Differenzen, sowohl hinsichtlich des Ausgangsniveaus als auch hinsichtlich des Ausmaßes der Veränderungen, der Trend der Entwicklung ist jedoch weitgehend einheitlich, d. h. in den meisten Ländern der EU ist es zu einem deutlichen Anstieg der Erwerbsbeteiligung von Frauen gekommen (siehe Abbildung 6). Dies gilt entsprechend auch für die Bundesrepublik Deutschland, die – vergleicht man etwa die Höhe der Beschäftigungsquote von Frauen im Jahr 2004 mit dem in den skandinavischen Ländern erreichten Niveau – allerdings immer noch als Nachzügler erscheint. Zwar erhöhte sich auch in der Bundesrepublik Deutschland die Erwerbstätigenquote der Frauen zwischen 1985 und 2005 von ca. 50 auf ca. 60 Prozent, sie liegt damit aber immer noch um rund zehn Prozentpunkte unter der Quote, die im Schnitt in den nordeuropäischen Ländern erreicht ist (rund 70 Prozent).

Länder	1985	1990	1995	2000	2004
Dänemark	68,3	70,2	66,7	71,6	71,6
Finnland	73,1	71,3	59,0	64,2	65,6
Schweden	75,6	78,7	68,8	70,9	70,5
Vereinigtes Königreich	54,8	62,0	61,7	64,7	65,6
Irland	33,3	35,6	41,6	53,9	56,5
Griechenland	35,8	37,1	38,1	41,7	45,2
Italien	32,5	35,6	35,4	39,6	45,2
Spanien	25,2	30,7	31,7	41,3	48,3
Portugal	48,8	54,3	54,4	60,5	61,7
Österreich	52,1	55,9	59,0	59,6	60,7
Belgien	39,1	40,9	45,0	51,5	52,6
Frankreich	49,3	51,1	52,1	55,2	57,4
Deutschland	48,9	54,2	55,3	58,1	59,2
Niederlande	40,9	47,1	53,8	63,5	65,8
Luxemburg	39,7	41,8	42,6	50,1	50,6

Abbildung 6: Veränderung der Frauenerwerbstätigenquote (15- bis 64-Jährige) in 15 EU-Ländern von 1985 bis 2004 (Angaben in Prozent; mit Veränderungen übernommen aus Steinmetz 2008; Datenquelle: European Commission: Employment in Europe 2002, 2004 und 2005)

Paarkonstellationen, Bildungshomogamie und Partnerwahl. Die skizzierten Tendenzen zur Angleichung des Bildungsniveaus von Frauen und Männern schlagen sich zunehmend auch in den Paarkonstellationen junger Familien in Deutschland nieder. Als Folge der Bildungsexpansion ist der Anteil bildungshomogamer Ehen (d. h. Ehen, in denen beide

Partner über ein identisches oder ähnliches Bildungsniveau verfügen) deutlich angestiegen und der Anteil der traditionellen Ehen (d. h. Ehen, in denen das Bildungsniveau des Mannes höher ist als das der Frau) zurückgegangen (siehe Abbildung 7): Heiratete bei den Geburtsjahrgängen der 1920er Jahre noch rund die Hälfte aller Paare in Deutschland nach dem traditionellen Muster, so war es bei den Geburtsjahrgängen ab Mitte der 1950er Jahre nur noch ein Fünftel.

Geburtskohorte	Aufwärtsheirat		Homogame Heirat (lateral)		Abwärtsheirat	
	Beobachtet	Erwartet	Beobachtet	Erwartet	Beobachtet	Erwartet
	Frauen					
1919 – 1923	52,1	53,9	43,9	38,7	1,3	9,1
1934 – 1938	37,8	42,1	56,0	47,1	6,2	10,8
1944 – 1948	26,7	33,4	65,5	52,6	7,8	13,9
1959 – 1963	21,6	24,5	70,0	58,4	8,4	16,7
	Männer					
1919 – 1923	5,8	7,4	44,8	38,7	49,4	53,9
1934 – 1938	5,8	10,8	57,5	47,1	36,7	42,1
1944 – 1948	5,4	13,9	66,8	52,6	27,8	33,4
1959 – 1963	7,7	16,7	71,5	78,4	20,8	24,5

„Aufwärts- und Abwärtsheiraten": bezogen auf den höchsten erreichten Bildungsabschluss beider Partner zum Zeitpunkt der Heirat, gemessen anhand einer vierstufigen Bildungsklassifikation (vgl. Blossfeld/Timm 1997, S. 3ff.).

„Beobachtet": empirisch beobachtbare Heiratsmuster auf Basis des Soziooekonomischen Panels (SOEP), Wellen 1984 bis 1994.

„Erwartet": statistisch erwartbare Heiratsmuster, basierend auf der Annahme, dass Heiratsentscheidungen unter den Bedingungen einer gegebenen Bildungsverteilung von Frauen und Männern rein zufällig getroffen werden.

Abbildung 7: Veränderungen in Aufwärts-, Abwärts- und homogamen Heiraten in Deutschland (Angaben in Prozent; vgl. Blossfeld/Timm 2003, S. 25 – auszugsweise)

Folgerichtig ist der Anteil der Ehen, in denen beide Partner gleich oder ähnlich qualifiziert sind, deutlich auf über 70 Prozent angestiegen.[3] Dieser zunehmende Trend zur Bildungshomogamie ist aber nicht nur damit zu erklären, dass der Anteil höher qualifizierter Frauen

---

[3] In der Häufigkeit nicht-traditioneller Heiratsmuster (d. h. Paare, bei denen das Bildungsniveau der Frau höher ist als das des Mannes) zeigen sich interessanterweise keine bzw. kaum Veränderungen im Zeitverlauf (vgl. Blossfeld/Timm 1997): Obschon der Anteil hoch/höher qualifizierter Frauen im Zuge der Bildungsexpansion deutlich gestiegen ist und damit zu erwarten wäre, dass auch der Anteil nicht-traditioneller Partnerschaften zunimmt, zeigt sich, dass Frauen weiterhin nicht oder nur sehr selten „abwärts heiraten" (d. h. einen geringer qualifizierten Mann heiraten). Das gleiche Muster zeigt sich spiegelbildlich bei Männern: Der Anteil aufwärts heiratender Männer ist auch heute noch sehr gering. Somit scheinen geschlechtsspezifische Muster bei der Partnersuche weiterhin existent zu sein.
Unter diesen Bedingungen fällt es insbesondere hoch qualifizierten Frauen und gering qualifizierten Männern schwer, einen Partner/eine Partnerin zu finden. Gerade innerhalb dieser Gruppen ist der Singleanteil heute deshalb auch am höchsten.

im Zuge der Bildungsexpansion angestiegen ist (und damit immer mehr qualifizierte Frauen als Partnerinnen überhaupt „verfügbar" sind), sondern auch damit, dass gleich oder ähnlich qualifizierte Frauen für Männer zunehmend zu attraktiven Partnerinnen geworden sind, da diese (Ehe-)Frauen immer häufiger zum Familieneinkommen durch einen eigenen Zuverdienst beitragen können (vgl. Blossfeld/Timm 1997).

2.1.2 Persistenz von Geschlechterunterschieden

Trotz der Angleichung zwischen den Geschlechtern in Bezug auf das Bildungsniveau und trotz des zunehmenden Trends zu bildungshomogamen Partnerschaften lassen sich jedoch in anderen Lebensbereichen weiterhin nachhaltige Ungleichheiten bzw. Unterschiede zwischen den Geschlechtern erkennen. Sie manifestieren sich auf dem Arbeitsmarkt im Rahmen geschlechtsspezifischer Segregation, d. h. in einer unterschiedlichen Berufs- und Ausbildungswahl (horizontale Segregation), zum anderen in einem stark geschlechtsspezifischen Erwerbsverhalten in der familienintensiven Phase. Darüber hinaus zeigt sich auch eine geschlechtsspezifische Aufteilung von Familien- und Hausarbeit. Die Ungleichheiten zwischen den Geschlechtern werden durch die unterschiedlichen Einkommen, selbst bei gleicher oder ähnlicher beruflicher Tätigkeit (vertikale Segregation) perpetuiert. Auf diese divergenten Aspekte wird im Folgenden näher eingegangen.

Bildungswahl und Segregation. Die geschlechtsspezifische Segregation des Arbeitsmarktes, d. h. die unterschiedliche Repräsentanz von Frauen und Männern in Berufen, Branchen und auf Hierarchieebenen, muss als eine wichtige Dimension sozialer Ungleichheit angesehen werden. Die unterschiedlichen Facetten der beruflichen Segregation der Geschlechter verweisen zum einen auf den Ausschluss von Frauen an Erwerbschancen und belegen andererseits die damit verknüpfte gesellschaftliche Verschwendung von Humankapital und kreativem Potenzial (vgl. Achatz 2005, S. 263).

Ungeachtet der wenig bestrittenen, hohen Bedeutung, die dem Aspekt der Segregation in der Ungleichheitsforschung zukommt, herrscht aber große Uneinigkeit darüber, wie Segregation über den gesamten Arbeitsmarkt in einer zusammenfassenden Messziffer bestimmt werden kann und vor allem in welcher Weise zeitliche Veränderungen bzw. Unterschiede im internationalen Vergleich gemessen werden können. Um zu untersuchen, ob und inwieweit sich Segregation mit unterschiedlicher Höhe der Erwerbsbeteiligung von Frauen verändert, kann mit dem Dissimilaritätsindex D und dem standardisierten Index D_{st} gemessen werden.

Beide Indices variieren zwischen null und 100 Prozent, wobei im ersten Fall kein Unterschied zwischen den Geschlechtern hinsichtlich ihrer beruflichen Verteilung besteht, während bei einer völligen Trennung zwischen Männer- und Frauenberufen ein Wert von 100 Prozent erreicht wird (vgl. Achatz 2005, S. 275ff.; Handl/Steinmetz 2007, S. 251ff.).

Abbildung 8 zeigt, dass vor allem Finnland, aber auch Dänemark und Schweden nach beiden betrachteten Kennziffern ein sehr hohes Niveau geschlechtsspezifischer beruflicher Segregation aufweisen, während sich für Länder wie Italien und Griechenland ein unerwartet niedriges Niveau zeigt. Die Bundesrepublik Deutschland liegt mit einem Wert von ca. 48 Prozent zwischen diesen beiden Extremen (vgl. Falk 2002). Danach müssten ca. 48 Prozent der erwerbstätigen Männer oder der erwerbstätigen Frauen ihre berufliche Zugehörigkeit wechseln, wenn man eine Gleichverteilung zwischen den Geschlechtern erreichen will. Dieser überraschende Befund hinsichtlich des Rankings der Länder nach der Segregationshöhe erklärt sich nicht über die Wahl einer spezifischen Messziffer, da er sich übereinstimmend in den Messwerten der beiden unterschiedlichen Indices zeigt.

Länder	D	D_{st}	Erwerbstätigenquote Frauen
Dänemark	48,96	52,02	71,6
Finnland	54,34	53,89	65,6
Schweden	45,20	49,16	70,5
Vereinigtes Königreich	46,97	44,79	65,6
Irland	47,60	46,23	56,5
Griechenland	43,69	42,65	45,2
Italien	38,45	40,37	45,2
Spanien	48,54	45,14	48,3
Portugal	46,77	44,48	61,7
Österreich	48,35	47,58	60,7
Belgien	48,50	51,77	52,6
Frankreich	48,89	44,99	57,4
Deutschland	48,67	47,13	59,2
Niederlande	44,75	48,02	65,8
Luxemburg	40,28	56,92	50,6

Abkürzungen: D = Dissimilaritätsindex
D_{st} = standardisierter Dissimilaritätsindex

Abbildung 8: Segregationsindices (ISCO88 2-steller, ohne Landwirtschaft) und Frauenerwerbstätigenquote, 2004 (in Anlehnung an Steinmetz 2008; Datenquelle: EULFS 2004)

In einem nächsten Schritt wird dieses Ergebnis präzisiert, indem nicht nur Länder verglichen werden, sondern das Ausmaß der Segregation mit der Höhe der Erwerbsbeteiligung direkt in Beziehung gesetzt wird. Dabei ergibt sich, dass die Korrelation zwischen der Höhe der Erwerbsbeteiligung und den beiden vorhin skizzierten Messziffern für Segregation in derselben Größenordnung liegt (r = 0,48 zwischen dem normalen Dissimilaritätsindex und der Erwerbstätigenquote und r = 0,35 zwischen dem standardisierten Dissimilaritätsindex und der Erwerbstätigenquote). Der in beiden Fällen positive Zusammenhang signalisiert, dass mit zunehmender Erwerbsbeteiligung der Frauen geschlechtsspezifische berufliche Segregation der Tendenz nach nicht geringer, sondern größer wird. Inhaltlich bedeutet dies, dass die höhere Integration von Frauen in den Arbeitsmarkt zumindest bisher mit einem erhöhten Zustrom zu den traditionellen weiblichen Berufsfeldern verbunden war. Unter sozialpolitischen Gesichtspunkten ist dieser Befund in zweifacher Weise relevant: Zum einen kann die Höhe der geschlechtsspezifischen Segregation auf dem Arbeitsmarkt offenbar nicht unmittelbar als

Indikator einer Schlechterstellung der Frauen interpretiert werden, da Länder, die hinsichtlich ihrer gleichstellungspolitischen Bemühungen in vielen Bereichen als vorbildhaft gelten können, ein besonders hohes Segregationsniveau aufweisen. Zum zweiten ergibt sich aber daraus, dass das Ziel einer Gleichstellung von Frauen auf dem Arbeitsmarkt, soweit dieses auch eine Gleichverteilung der Geschlechter über die beruflichen Positionen beinhaltet, sich nicht automatisch in der Folge einer erhöhten Integration der Frauen in den Arbeitsmarkt ergibt.

Geschlechterunterschiede in der Wahl des Lehramtsberufes. Ein für das Bildungssystem besonders relevanter Aspekt der geschlechtsspezifischen Berufswahl ist die Geschlechterverteilung im Beruf des Lehrers. Seit jeher wird der Lehramtsberuf stärker von Frauen gewählt als andere Berufe, die einen Hochschulabschluss verlangen. So lag schon im Jahr 1984 der Anteil der Frauen im Lehramtsberuf bei knapp der Hälfte, wohingegen er in der Vergleichsgruppe der sonstigen Beschäftigten mit Fachhochschul- oder Universitätsabschluss noch weniger als 20 Prozent betrug (siehe Abbildung 9).

Bis 2006 hat sich der Anteil der Frauen im Lehramtsberuf auf rund zwei Drittel ausgeweitet, wohingegen er in anderen akademischen Berufen nun bei knapp 40 Prozent liegt. Allerdings bestehen zwischen den Schularten wesentliche Unterschiede: So liegt der Frauenanteil im Grundschulbereich bei knapp 90 Prozent, im Gymnasialbereich nur bei 40 Prozent (siehe Abbildung 9).

Weibliche Beschäftigte	1984	2006
Im Lehramtsberuf insgesamt	47,6	65,3
Im Lehramtsberuf in der Primarschule	66,7	88,5
Im Lehramtsberuf im Gymnasium	26,5	40,0
Außerhalb des Lehramts mit (Fach-)Hochschulabschluss	18,1	39,6

Abbildung 9: Anteil der Frauen im Lehramtsberuf und unter sonstigen Beschäftigten mit (Fach-)Hochschulabschluss (Angaben in Prozent; vgl. Wößmann 2008 auf der Basis der Daten des SOEP)

Neben den relativ familienfreundlichen Arbeitszeiten dürfte auch die weite Verbreitung von Teilzeitbeschäftigung zur Erklärung des hohen Frauenanteils am Lehramtsberuf beitragen. Der Anteil der Teilzeitbeschäftigten liegt unter den Lehrerinnen bei 50 Prozent, unter den weiblichen Beschäftigten mit Hochschulabschluss in anderen Berufen bei 32 Prozent. Wiederum gibt es dabei deutliche Unterschiede zwischen den Schularten: Der Anteil der (weiblichen und männlichen) Teilzeitbeschäftigten beträgt im Grundschulbereich 48 Prozent, im Gymnasialbereich 25 Prozent.

Ein weiterer Grund für die Beliebtheit des Lehramtsberufes unter den Frauen könnte auch in den relativen Verdienstmöglichkeiten bestehen (siehe Abbildung 10).

	Männer (Vollzeit)	Frauen (Vollzeit)	Frauen (Teilzeit)
Beschäftigte im Lehramtsberuf	2.867	2.279	1.624
Außerhalb des Lehramts Beschäftigte mit (Fach-)Hochschulabschluss	2.735	1.765	1.054

Abbildung 10: Monatliches Netto-Erwerbseinkommen im Lehramtsberuf und unter sonstigen Beschäftigten mit (Fach-)Hochschulabschluss, in Euro, 2004 (vgl. Wößmann 2008; Datenquelle: SOEP)

Während das Netto-Erwerbseinkommen der männlichen Lehrer nur leicht (rund fünf Prozent) über dem der Vergleichsgruppe der sonstigen männlichen Beschäftigten mit (Fach-)Hochschulabschluss liegt, ist der Einkommensabstand der Lehrerinnen im Vergleich zu den sonstigen weiblichen Beschäftigten mit Hochschulabschluss wesentlich höher: Unter den Vollzeitbeschäftigten liegt der Einkommensvorsprung der Lehrerinnen bei knapp 30 Prozent, unter den Teilzeitbeschäftigten sogar bei über 50 Prozent. Insofern erhöhen sich die Vorzüge des Lehramtsberufes für Frauen noch bei Teilzeitbeschäftigung.

Der relative Einkommensbefund ist sicherlich nicht spezifisch für die Erklärung der Überrepräsentanz von Frauen im Lehramtsberuf, da er ähnlich auch für andere gut bezahlte Berufe gelten dürfte, in denen Frauen und Männer nach gleicher Besoldungsgrundlage bezahlt werden. Für den Lehramtsberuf dürfte daher neben möglichen Unterschieden in genuinen Berufspräferenzen eine Kombination aus familienfreundlichen Arbeitszeiten, Teilzeitmöglichkeiten und den (relativ zur Vergleichskategorie) hohen Verdienstmöglichkeiten die Überrepräsentanz der Frauen erklären.

Erwerbstätigkeit in der „familienintensiven Phase". Auch wenn in den vergangenen Jahrzehnten insgesamt eine zunehmende Beteiligung von (Ehe-)Frauen am Arbeitsmarkt festzustellen ist (vgl. Blossfeld/Hofmeister 2006; Blossfeld/Hakim 1997; Blossfeld/Drobnič 2001; Hofäcker 2006), so zeigt sich doch, dass sich die Erwerbsbeteiligung von Frauen und Männern in der familienintensiven Phase weiterhin deutlich unterscheidet (siehe Abbildung 11): Während die Erwerbstätigkeit von Vätern mit Werten zwischen 85 und 89 Prozent unabhängig vom Alter des jüngsten Kindes kontinuierlich sehr hoch ist, fällt sie bei Müttern mit Werten zwischen 33 und 71 Prozent nicht nur durchschnittlich geringer aus als diejenige von Vätern, sondern hängt zudem auch stark vom Alter des Kindes ab. Insbesondere wenn das jüngste Kind unter drei Jahre alt ist, sind Mütter vergleichsweise selten erwerbstätig (nämlich nur rund jede dritte Mutter). Mit zunehmendem Alter des Kindes steigt die Erwerbsbeteiligung von Müttern zwar kontinuierlich an, verbleibt aber stets unterhalb derjenigen von Vätern.

Kapitel 2

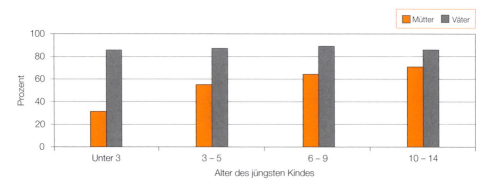

Abbildung 11: Erwerbstätigenquoten von Müttern und Vätern nach Alter des jüngsten Kindes, 2005 (vgl. Statistisches Bundesamt 2006)

Der Trend zum weitgehenden Verzicht von Müttern auf Erwerbstätigkeit in den ersten Jahren nach der Geburt eines Kindes zeigt sich insbesondere in den alten Bundesländern. Während in den neuen Bundesländern knapp 41 Prozent der Mütter, deren jüngstes Kind unter drei Jahre alt ist, einer Erwerbstätigkeit nachgehen, sind nur 32 Prozent der westdeutschen Mütter mit Kindern in diesem Alter erwerbstätig (vgl. Statistisches Bundesamt 2006). Dieser Unterschied kann zum einen mit der stärker ausgebauten Infrastruktur für Kleinkinderbetreuung in den neuen Bundesländern erklärt werden (siehe Abbildung 12).

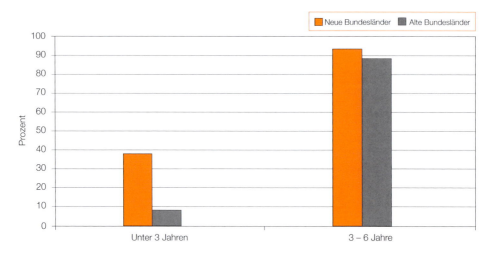

Abbildung 12: Kinder in Tageseinrichtungen nach Alter in den neuen und alten Bundesländern, 2007 (vgl. Statistisches Bundesamt 2007a)

Zum anderen zeigen sich aber auch deutliche Einstellungsunterschiede zwischen den alten und den neuen Bundesländern zur Familien- und Erwerbsrolle der Frau und der Bedeutung elterlicher Betreuung in der Kleinkindphase. So befürchten etwa in Westdeutschland sowohl Frauen als auch Männer negative Auswirkungen einer mütterlichen Erwerbstätigkeit für Kleinkinder (siehe Abbildung 13).

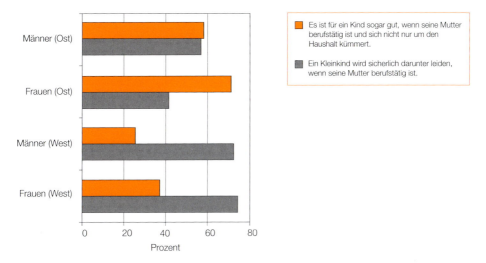

Abbildung 13: Einstellungsunterschiede von 18- bis 23-Jährigen zur Auswirkung mütterlicher Erwerbstätigkeit zwischen Ost und West (vgl. Peuckert 2004)

Aber nicht nur mit Blick auf die Erwerbstätigen*quote* unterscheiden sich Frauen und Männer in der familienintensiven Phase in Deutschland deutlich. Auch in Bezug auf die *Art* der Erwerbstätigkeit existieren klare Unterschiede. Sind Mütter erwerbstätig, so geschieht dies zu mehr als 60 Prozent auf Teilzeitbasis und nicht in einem Vollzeitarbeitsverhältnis (vgl. Statistisches Bundesamt 2006). Zwar findet sich eine leichte Tendenz, dass Frauen mit zunehmendem Alter des jüngsten Kindes in ein Vollzeitarbeitsverhältnis wechseln, jedoch bleibt Teilzeitarbeit unabhängig vom Alter des jüngsten Kindes immer die dominierende Beschäftigungsform bei Müttern. Sowohl bei Vätern als auch bei Männern generell spielt Teilzeitbeschäftigung hingegen nur eine sehr marginale Rolle: Etwa fünf Prozent der Väter arbeiten in Teilzeit (vgl. Statistisches Bundesamt 2006).

Auch bezüglich der Erwerbsform zeigen sich wieder klare Unterschiede zwischen den alten und neuen Bundesländern. Zum einen sind ostdeutsche Mütter wesentlich häufiger als westdeutsche Mütter vollzeiterwerbstätig (ca. 57 Prozent in Ost- im Vergleich zu rund 24 Prozent in Westdeutschland; vgl. Statistisches Bundesamt 2006, S. 10), zum anderen finden sich auch deutliche Unterschiede in den Gründen für eine Teilzeitbeschäftigung zwischen ost- und westdeutschen Frauen. Während in Westdeutschland Teilzeitarbeit für Mütter vielfach eine gewollte Lösungsmöglichkeit zur Vereinbarkeit von Familie und Beruf ist, stellt Teilzeitarbeit für einen beträchtlichen Teil der ostdeutschen Mütter nur eine „Notlösung" dar. So geben knapp 90 Prozent der westdeutschen Mütter als Motiv für ihre Teilzeitbeschäftigung persönliche und familiäre Gründe an, dagegen nur 50 Prozent der ostdeutschen teilzeittätigen Mütter (vgl. Statistisches Bundesamt 2006, S. 11). 40 Prozent der teilzeitbeschäftigten ostdeutschen Mütter wünschen sich eine Vollzeitbeschäftigung und geben an, nur deswegen in Teilzeitbeschäftigung zu arbeiten, weil eine Vollzeitbeschäftigung nicht gefunden wurde (vgl. Statistisches Bundesamt 2006, S. 11). Die Erwerbsmuster und Teilzeitquoten von Müttern und Vätern in Deutschland spiegeln dabei weitgehend die Situation in anderen mittel- und z. T. auch südeuropäischen Ländern wider. Dagegen zeigen sich in den skandinavischen Ländern sowie in Frankreich deutlich geringere Effekte des Vorhandenseins von Kindern auf die mütterliche Erwerbsbeteiligung: Frauen unterbrechen hier ihre Erwerbskarriere kürzer und kehren schneller in Vollzeiterwerbstätigkeit (oder Teilzeitjobs mit hoher Stundenzahl) zurück (vgl. Blossfeld/Hofmeister 2006; Blossfeld/Hakim 1997; Blossfeld/Drobnič 2001; Hofäcker 2006). Als ursächlich hierfür werden umfassendere familienpolitische Maßnahmen – z. B. ausgebaute Kinderbetreuungsmöglichkeiten bereits für Kleinkinder bzw. kurze, aber weitgehend großzügig bezahlte Elternzeitregelungen für beide Ehepartner – angesehen, die Frauen eine bessere Vereinbarkeit von Familie und Beruf ermöglichen.

Familiale Arbeitsteilung. Die skizzierten Unterschiede in Art, Umfang und Form der Erwerbstätigkeit von Müttern und Vätern spiegeln sich auch in deren innerfamilialer Arbeitsteilung wider. Auch wenn der Anteil der bildungshomogamen Ehen in den vergangenen Jahren deutlich zugenommen hat, übernehmen Frauen (unabhängig von der Ressourcenkonstellation zwischen Frau und Mann in der Partnerschaft!) nach wie vor den Großteil der Hausarbeit und der unbezahlten Familienarbeit (vgl. Schulz/Blossfeld 2006; Buchholz/Grunow 2006). So zeigen etwa aktuelle Umfragedaten, dass Frauen weiterhin deutlich mehr Zeit in die Erledigung von Familien- und Haushaltsaufgaben investieren als Männer (vgl. Meier/Küster/Zander 2004) und nach wie vor die Hauptverantwortung für Pflegetätigkeiten und Haushaltsaufgaben tragen, während sich Männer vor allem auf die Erledigung von Besorgungen und Reparaturarbeiten im Haushalt konzentrieren (vgl. Hofäcker 2007). Vergleiche mit Daten aus den 1990er Jahren belegen allerdings eine zunehmende Polarisierung im Verhalten von Vätern: So engagieren sich laut Daten der Zeitbudgeterhebung 2001/2002 des Statistischen Bundesamtes zwar im Vergleich zu den frühen 1990er Jahren weniger Väter aktiv im eigenen Haushalt; diejenigen, die dies tun, investieren jedoch durchschnittlich mehr Zeit als noch zehn Jahre zuvor (siehe Abbildung 14). Die „neuen Väter" (vgl. z. B. Werneck 1998; Oberndorfer/Rost 2002; Rost 2006) stellen somit zwar in zunehmendem Maße eine gesellschaftliche Realität dar, konnten jedoch bislang das allgemeine Bild einer dominant frauenzentrierten Verteilung von Haus- und Familienarbeit kaum verändern. Aktuelle Längsschnittstudien verweisen zudem auf eine deutliche Traditionalisierung von Arbeitsteilungsmustern im Familienverlauf: Während sich zu Beginn einer Partnerschaft vielfach zunächst ein egalitäres Verhältnis bei der innerfamilialen Arbeitsteilung abzeichnet, so zeigt sich, dass sich mit zunehmender Dauer der Partnerschaft/Ehe und vor allem mit Geburt des ersten Kindes eine Traditionalisierung der häuslichen Aufgabenteilung durchsetzt, die sich oftmals als schwer reversibel erweist (vgl. Schulz/Blossfeld 2006).

	1991/1992			
	Männer		Frauen	
	Zeitaufwand (Std.:Min.)	Beteiligungsgrad (in Prozent)	Zeitaufwand (Std.:Min.)	Beteiligungsgrad (in Prozent)
Hauswirtschaftliche Tätigkeiten	01:46	84,3	04:07	97,2
– Beköstigung	00:24	60,1	01:25	91,0
– Wäschepflege	00:03	10,5	00:39	55,3
– Pflege und Reinigung von Haus und Wohnung	00:14	38,5	00:47	81,3
– Hauswirtschaftliche Einkäufe	00:13	31,0	00:22	48,0
	2001/2002			
Hauswirtschaftliche Tätigkeiten	02:00	84,3	03:46	95,3
– Beköstigung	00:23	53,5	01:06	81,5
– Wäschepflege	00:02	8,2	00:27	40,9
– Pflege und Reinigung von Haus und Wohnung	00:16	33,5	00:40	64,9
– Hauswirtschaftliche Einkäufe	00:19	34,9	00:26	44,4

Abbildung 14: Zeitverwendung von Personen ab zwölf Jahren je Tag für ausgewählte Aktivitäten 1991/1992 vs. 2001/2002 (vgl. Meier/Küster/Zander 2004, S. 121)

Demgegenüber zeigen sich in den skandinavischen Staaten deutlich geringere relative Unterschiede in der Hausarbeitsbeteiligung von Frauen und Männern. Diese „egalitärere Aufgabenteilung" wird hier jedoch weniger durch ein verstärktes Engagement der Väter bei Tätigkeiten in Familie und Haushalt erreicht, sondern vielmehr durch die stärkere Entlastung von Müttern durch staatliche Betreuungs- und Infrastrukturmaßnahmen (vgl. Hofäcker 2006). Zwar wurden in jüngerer Vergangenheit in Deutschland verschiedene Reformen implementiert, um Frauen von der Familienarbeit zu entlasten und Anreize für eine gleichmäßigere Aufteilung von Familienarbeit zwischen beiden Ehepartnern zu schaffen. Hierzu zählt auch die Einführung einer für beide Elternteile zur Verfügung stehenden „Elternzeit", die beliebig zwischen den Partnern aufgeteilt werden kann. Die Anpassung der Elterngeldzahlungen an den vorausgegangenen Nettolohn sowie die Einführung so genannter „Vätermonate" sollen insbesondere die Beteiligung von Vätern an familiären und Haushaltstätigkeiten fördern. Aktuelle Studien zeigen jedoch, dass diese Maßnahmen bislang nur von begrenztem Erfolg sind. Zwar weisen Väter auf abstrakter Ebene durchaus eine positive Einstellung gegenüber derartigen Regelungen auf (vgl. Institut für Demoskopie (IfD) 2005; BMFSFJ 2004). Die Anzahl der Väter, die Elternzeit in Anspruch nehmen, hat sich zudem seit der Elterngeldreform 2007 etwa verdoppelt. Nach wie vor nimmt jedoch weniger als ein Zehntel aller Väter Elternzeit überhaupt in Anspruch; zudem werden häufig nur wenige Monate der Elternzeit genutzt (vgl. Statistisches Bundesamt 2008b, S. 283f.).

Einkommensunterschiede. Die Angleichung der Frauenerwerbsquote in Deutschland an die der Männer zeigt keine Wirkung auf die Einkommen der Frauen: Frauen verdienen in Deutschland im Durchschnitt über ein Fünftel weniger als Männer, obwohl bei diesem Indikator nur Personen mit einer Arbeitszeit von mehr als 15 Stunden berücksichtigt sind (vgl. Eurostat 2008). Personen mit marginaler Teilzeitbeschäftigung, und somit vor allem Frauen, sind in diesen Eurostat-Daten nicht reflektiert. Allgemein verdienen weibliche Beschäftigte im europäischen Durchschnitt weniger als männliche Beschäftigte (siehe Abbildung 15). Demnach erzielten Frauen im Jahr 2006 zwischen drei Prozent (Malta) und 25 Prozent (Estland) geringere Stundenlöhne als Männer. Deutschland weist dabei innerhalb Europas eines der höchsten „gender-gaps" bei den Löhnen auf. Für den Zeitraum 1995 bis 2006 zeigt sich, dass die geschlechtsspezifischen Ungleichheiten bei den Löhnen im europäischen Durchschnitt leicht gesunken sind (siehe Abbildung 15). In Deutschland sind sie in diesem Zeitraum – entgegen dem allgemeinen Trend – leicht gestiegen. Dabei beträgt der höhere Verdienst von Männern in den neuen Bundesländern lediglich knapp sechs Prozent, während er im früheren Bundesgebiet bei knapp 33 Prozent liegt (vgl. Statistisches Bundesamt 2008c, S. 5). Allerdings hat sich dieser geschlechtsspezifische Verdienstabstand auch in Westdeutschland seit den 1960er Jahren signifikant verringert (vgl. Cornelißen/Dressel/Lohel 2005, S. 170). Auch ist der Verdienstabstand von Frauen gegenüber Männern in Ballungsräumen mit zwölf Prozent erheblich niedriger als in ländlichen Gebieten (vgl. Busch/Holst 2008).

Welche Gründe wie stark für diesen Verdienstabstand zwischen Frauen und Männern verantwortlich sind, kann beim derzeitigen Stand der Forschung nicht als abschließend beantwortet gelten. Insbesondere die Frage, inwieweit er auf geschlechtsspezifischen Diskriminierungstatbeständen beruht oder nur die Entlohnung von unterschiedlichen Merkmalen beinhaltet, die auch innerhalb der Gruppen der Frauen bzw. Männer zu Verdienstunterschieden führen, wird in der Literatur sehr unterschiedlich beurteilt.

Sicher ist, dass den in der Regel häufigeren Erwerbsunterbrechungen in den Erwerbsbiographien von Frauen eine wichtige Rolle bei der Erklärung der geschlechtsspezifischen Einkommensunterschiede zukommt. Durch die von Frauen häufiger in Anspruch genommene Elternzeit und darüber hinausgehende Auszeiten ergibt sich nicht nur eine Unterbrechung der Akkumulation von Wissen am Arbeitsplatz – das in der Berufserfahrung gemessene berufsspezifische Humankapital wird nicht weiter ausgebaut –, sondern auch eine Abschreibung des zuvor durch ursprüngliche Bildungsinvestitionen angesammelten Wissensbestandes. Aufgrund von technischem und organisatorischem Wandel führen Erwerbsunterbrechungen zu einer de facto Abschreibung der zuvor getätigten Bildungsinvestitionen. Durch die mangelnde Nutzung der Bildung ergibt sich also eine doppelte Beeinträchtigung des Humankapitalbestandes von Frauen, die sich im Erwerbseinkommen niederschlägt. So weisen etwa Beblo und Wolf (2003) nach, dass den Erwerbsunterbrechungen eine maßgebliche Rolle bei der Erklärung des geschlechtsspezifischen Lohndifferenzials in Deutschland zukommt.

Geschlechterdifferenzen

Länder	1995	2000	2006
EU-15	17	16	15
Belgien	12	13	7
Dänemark	15	15	17
Deutschland	**21**	**21**	**22**
Irland	20	19	9***
Griechenland	17	15	10
Spanien	13	15	13
Frankreich	13	13	11
Italien	8	6	9
Luxemburg	19	15	14
Niederlande	23	21	18***
Österreich	22	20	20
Portugal	5	8	8
Finnland	17*	17	20
Schweden	15	18	16
Großbritannien	26	21	21
EU-27	–	17	15
Bulgarien	–	22**	14
Tschechien	21*	22	18
Estland	27	25	25***
Zypern	29	26	24
Lettland	–	20	16
Litauen	27	16	16
Ungarn	22	21	11
Malta	–	11	3
Polen	–	12**	12
Rumänien	21	17	10
Slowenien	14	12	8
Slowakei	–	22	22

* 1996   ** 2001   *** 2005

Abbildung 15: Geschlechtsspezifische Einkommensdifferenzen im EU-Vergleich
(Angaben in Prozent; vgl. Eurostat 2008)

Neben den Erwerbsunterbrechungen unterscheiden sich Frauen auch in anderen messbaren Merkmalen von Männern. Neben dem Unterschied im erworbenen und genutzten Humankapital berücksichtigen Busch und Holst (2008) auch Indikatoren des regionalen, familiären und betrieblichen Umfeldes. So können sie das geschlechtsspezifische Lohndifferenzial in einen durch eine Reihe solcher gemessenen Indikatoren erklärten Anteil und einen durch die beobachteten und einbezogenen Faktoren unerklärten Anteil zerlegen. Ihre Dekompositionsanalyse kommt zu dem Ergebnis, dass 82 Prozent des tatsächlichen Lohndifferenzials sich auch dann ergeben würden, wenn Männer die Qualifikationen, die Berufserfahrung und weitere Merkmale der Frauen hätten und diese wie Männer entlohnt würden. Dementsprechend können lediglich 18 Prozent des geschlechtsspezifischen Einkommensunterschieds auf die Summe aus Unterschieden in nicht beobachteten Merkmalen – z. B. in Bezug auf unterschiedliche Karriereorientierungen oder Präferenzen – und Diskriminierungspraktiken zurückgeführt werden. Dabei ist jedoch zu berücksichtigen, dass im Prinzip bereits die Unterschiede in den beobachteten Qualifikations- und Berufsmerkmalen indirekte Diskriminierungseffekte beinhalten könnten, insofern die spätere Diskriminierung in den Qualifikations- und Berufswahlentscheidungen der Frauen antizipiert wird. Auch untersuchen neuere Studien die Bedeutung geschlechtsspezifischen Abschneidens in „Turnieren" für die unterschiedlichen Arbeitsmarktergebnisse von Frauen und Männern, mit z. T. konträren Ergebnissen (vgl. Örs/Palomino/Peyrache 2008).

Allerdings belegen Manning und Robinson (2004) anhand umfangreicher Daten für Großbritannien, dass die Einkommen von Frauen und Männern, die den Arbeitsmarkt nach vergleichbarer Ausbildung betreten, sehr ähnlich sind und dass auch die Einkommenssteigerungen bei dauerhafter Beschäftigung keine Geschlechterunterschiede aufweisen. Stattdessen kommen die geschlechtsspezifischen Einkommensunterschiede ausschließlich durch Unterschiede in den Erwerbsunterbrechungen zustande. Zwar sind die Einkommensverluste bei Frauen nach einer Erwerbsunterbrechung größer als bei Männern, doch auch Männer erfahren solche Verluste. Letztlich entstehen die Lohndifferenziale vor allem dadurch, dass Frauen eine weit höhere Wahrscheinlichkeit von Erwerbsunterbrechungen aufweisen.

Abbildung 16 belegt, dass ein ähnlicher Zusammenhang auch in Deutschland vorliegen dürfte. Unter den 25- bis 29-Jährigen beträgt der geschlechtsspezifische Verdienstabstand nämlich noch rund zehn Prozent.

Erst nach der Geburt des ersten Kindes, bei der Frauen im Durchschnitt derzeit knapp 30 Jahre alt sind, und der damit verbundenen schwangerschafts-, mutterschutz- und erziehungszeitbedingten Erwerbsunterbrechung beginnt sich dieser Abstand auszuweiten.

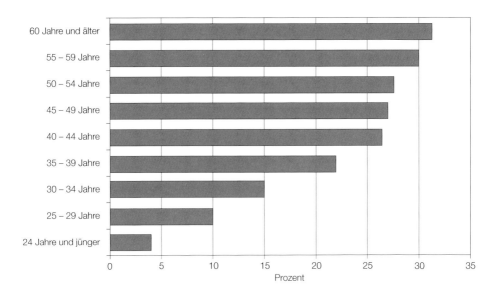

Abbildung 16: Verdienstabstand zwischen Frauen und Männern nach Alter, 2006
(vgl. Statistisches Bundesamt 2008c, S. 2)

Damit erweisen sich die geschlechtsspezifischen Einkommensunterschiede als nicht unausweichlich (vgl. Manning/Robinson 2004): Nicht in allen Ländern müssen Frauen in gleichem Maße zwischen Beruf und Kindern wählen. So könnte eine Ausweitung der Bildungs- und Betreuungsmöglichkeiten im frühkindlichen Bereich, der schon aus Gründen der Bildungsgerechtigkeit höchste Priorität zukommt (vgl. vbw 2007), zu einer Verringerung der Erwerbsunterbrechungen von Frauen beitragen. Damit könnte dem Stopp in der Ansammlung von Erfahrungswissen und der Entwertung der bestehenden Bildung von Frauen, die derzeit für einen großen Teil der geschlechtsspezifischen Einkommensunterschiede verantwortlich sind, Einhalt geboten werden.

Partnerwahlverhalten. Sogar bei der Partnerwahl zeigen sich trotz zunehmender Homogamietendenzen vielfach noch Anzeichen traditioneller Rollenmuster. Aktuelle Studien verweisen auf nach wie vor geschlechtsspezifisch geprägte Partnerwahlstrategien. So findet sich etwa trotz zunehmender Angleichung von Bildungs- und Arbeitsmarktressourcen zwischen den Geschlechtern immer noch eine überproportionale Tendenz von Frauen, einen besser gebildeten Partner als „Vollzeiternährer" einer gemeinsamen Familie auszuwählen: Männer hingegen vermeiden weitestgehend eine Partnerschaft mit Frauen eines höheren Bildungsstatus und wählen stattdessen eher eine Frau mit gleichem oder niedrigerem Ausbildungsniveau (vgl. Blossfeld/Timm 1997). Jüngere Studien belegen, dass sich diese Reproduktion traditioneller Partnerschaftsmuster auch bei neuen Formen der Partnersuche durch virtuelle Medien (Online-Kontaktbörsen) finden lässt und sich somit traditionelle geschlechtsspezifische Strukturen auch auf neuen, digitalen Heiratsmärkten reproduzieren (vgl. Skopek/Schulz/Blossfeld im Erscheinen).

Fazit:
Die vorangegangene Analyse von Geschlechterdifferenzen in Arbeitsmarkt und Familie zeichnet ein Bild, in dem Tendenzen zur Angleichung zwischen den Geschlechtern in Bildung und Ausbildung einhergehen mit persistenten Geschlechterunterschieden in der Aufteilung von Familien- und Erwerbsarbeit. Die geschlechtsspezifischen Unterschiede scheinen sich dabei im Lebensverlauf kumulativ zu verstärken: Während Frauen in der schulischen, beruflichen und universitären Ausbildung mit den Männern gleichgezogen bzw. diese sogar überholt haben, zeigen sich bei der Berufs- und Studienfachwahl bereits erkennbare Unterschiede. Frauen finden sich demzufolge häufiger in „frauentypischen Berufen" wieder, die zumeist geringer vergütet werden als „typische Männerberufe" (horizontale Segregation). Auch in ähnlichen oder identischen Berufsfeldern zeigen sich zudem Lohnunterschiede zwischen den Geschlechtern (vertikale Segregation).

In den vergangenen Jahrzehnten hat zwar allgemein die Erwerbsbeteiligung von Frauen in Deutschland stetig zugenommen; insbesondere bei der Geburt von Kindern verstärken sich jedoch die Geschlechterdifferenzen am Arbeitsmarkt. Trotz geringfügig steigender Beteiligung von Vätern an Hausarbeit und Erziehung übernehmen Frauen nach wie vor den „Löwenanteil" der familiären Aufgaben und reduzieren ihre Erwerbstätigkeit auf eine Teilzeitstelle oder geben diese vollständig auf. Dieser (Teil-)Rückzug aus dem Arbeitsmarkt verstärkt vielfach die unterschiedlichen Lohnniveaus von Frauen und Männern im weiteren Karriereverlauf. Dieses Muster zeigt sich insbesondere in den durch geringere Kinderbetreuungsangebote und vielfach noch traditionell geprägte Familiennormen gekennzeichneten alten Bundesländern. Weiterführende Studien (vgl. z. B. Almendinger 2000) weisen zudem darauf hin, dass die im Lebenslauf zunehmenden Ungleichheiten im Erwerbseinkommen von Frauen und Männern sich biographisch langfristig betrachtet auch in unterschiedlichen Rentenhöhen im Alter widerspiegeln.

2.2 Soziologisch

Das Verfügen über Bildung bestimmt fundamental die Lebenschancen der Individuen und ist auf gesellschaftlicher Ebene einer der zentralen Mechanismen von Ungleichheitsprozessen. Wenn Soziologen von sozialer Ungleichheit sprechen, meinen sie damit die gesellschaftlich verankerten Formen der Begünstigung einiger und der Benachteiligung und Diskriminierung anderer Gruppen. Soziale Ungleichheit bezeichnet also einen Zustand, bei dem die Chancen der Individuen, gesellschaftlich produzierte wertvolle Güter zu erlangen, ungleich verteilt sind. Die Einschränkungen des Zugangs zu den erstrebenswerten Gütern oder die ungleiche Ausstattung mit Handlungsmöglichkeiten und -ressourcen sind auf Dauer angelegt und laufen nach gesellschaftlich institutionalisierten Strukturmustern ab.

Die Diskussion um die Ursachen und Beständigkeit sozialer Ungleichheit hat eine lange Tradition, insbesondere bezüglich der *vertikalen* Konzeption der Ungleichheit, die sich in den Klassen- und Schichttheorien oder in Theorien zu sozialen Milieus wiederfindet. Zu dieser Tradition können die in den Sozialwissenschaften sehr gut untermauerten Analysen des Zusammenhangs zwischen sozialer Herkunft und Bildungsbeteiligung gezählt werden (vgl. Shavit/Blossfeld 1993), die in Deutschland nach der PISA-Studie[4] auch in den öffentlichen Debatten eine wichtige Rolle spielen.

---

[4] Siehe Verzeichnis der Studien.

In den 1970er und 1980er Jahren verlagerten sich die Schwerpunkte der Ungleichheitsforschung auf die Analyse von nichtvertikalen, *horizontalen* Disparitäten. Damit wurden alters- und geschlechtsspezifische Ungleichheiten, aber auch Ungleichheiten zwischen Regionen, nach Familienformen oder nach ethnischer Zugehörigkeit in der wissenschaftlichen Debatte immer wichtiger. Geschlecht wurde als soziale Kategorie „entdeckt", die entscheidend die Lebenschancen der Individuen prägt und mit der auch Disparitäten in der Bildungsbeteiligung und den Bildungsergebnissen verbunden werden. Bis zu dieser intellektuellen Wende blieben Frauen in der Ungleichheitsforschung weitgehend unberücksichtigt (vgl. Acker 1973).

2.2.1 Ausprägungen sozialen Geschlechts

Soziales Geschlecht bzw. gesellschaftlich bedingte Unterschiede zwischen Frauen und Männern, geschlechtsspezifisches Rollenverständnis und Rollenverhalten sind nicht „natürlich" bedingt. Sie können sich im Laufe der Zeit ändern und unterscheiden sich sowohl innerhalb einer Kultur als auch zwischen den einzelnen Kulturen erheblich voneinander. Um die Beispiele für die unterschiedlichen Ausprägungen des sozialen Geschlechts und der Geschlechterrollen nicht in fernen Kulturen zu suchen, kann man die Unterschiede in Berufsrolle und Erwerbstätigkeit zwischen den Frauen in den neuen und alten Bundesländern vergleichen. Schwächere Berufssegregation und signifikant höhere Erwerbsbeteiligung der ostdeutschen im Vergleich zu den westdeutschen Frauen (siehe Kapitel 2.1) sind natürlich nicht in biologischen Differenzen, sondern wesentlich in den Unterschieden der politischen Systeme begründet. Zu den Idealen des Sozialismus und damit auch zur Staatsdoktrin der DDR gehörte die Gleichberechtigung von Frau und Mann. Erklärtes Ziel der Politik war ein hoher Grad an Berufstätigkeit von Frauen und Ziel der Bildungspolitik war es, den Familieneinfluss auf die Berufsentscheidung zurückzudrängen. Dies veränderte die berufliche Rollenverteilung und die Einkommensunterschiede zwischen den Geschlechtern erheblich, nicht aber die Rollenverteilung im privaten Bereich. Während im Jahr 1990 beispielsweise 56 Prozent der Paare in den neuen Bundesländern in Haushalten lebten, in denen beide Partner vollzeitbeschäftigt waren, waren es in den alten Bundesländern nur 19 Prozent. Die größte Gruppe waren in Westdeutschland die Haushalte mit vollzeitbeschäftigten Männern und nichterwerbstätigen Frauen (41 Prozent) (vgl. Trappe/Sørensen 2006, S. 651). Diese Konstellationen haben sich seit dem Jahr 1990 deutlich verändert und es ist eine Konvergenz in den Erwerbstätigkeitsmustern erkennbar. Dennoch bleibt Deutschland im internationalen Vergleich ein Land mit einer sehr ausgeprägten traditionellen Geschlechterrollenverteilung (vgl. Blossfeld/Drobnič 2001).

2.2.2 Wandel und Stabilität der Geschlechterrollen und Ungleichheiten

Parallel zu einer in der Öffentlichkeit diskutierten „Identitätskrise" der Geschlechter beobachten Soziologen, dass sich in zahlreichen Bereichen die geschlechtsspezifischen Ungleichheiten seit der zweiten Hälfte des 20. Jahrhunderts verringert haben und sich gleichzeitig das Bewusstsein ausbreitet, dass die weiter bestehenden Gender-Ungleichheiten nicht legitim seien.

Dennoch ist die Relevanz der geschlechtsspezifischen Ungleichheiten noch immer sehr hoch, da es weiterhin zu strukturellen Benachteiligungen von Frauen kommt. Sie zeigen sich in Unterschieden bezüglich Soziallagen und gesellschaftlicher Rollenanforderungen, die sich über geschlechtsspezifische Sozialisationsprozesse auch auf die Persönlichkeit, auf Einstellungen, Motivationen und Verhaltensweisen niederschlagen (vgl. Geißler 2006, S. 301). Die Forschung liefert eine Vielzahl von Befunden zu unterschiedlichen Aspekten geschlechtsspezifischer Ungleichheiten (vgl. Mau/Verwiebe 2009): Bildungsungleichheit, Armutsrisiken, die Relevanz wohlfahrtsstaatlicher Absicherung für Frauen mit Kindern, Biographien von Migranten und Migrantinnen, Zugänge zu attraktiven Berufspositionen, Einkommensungleichheit oder Arbeitsteilung im Haushalt. Besonders folgenreich sind solche Differenzen, die die Geschlechterunterschiede unmittelbar in eine Form von vertikaler sozialer Ungleichheit transformieren.

2.2.3 Geschlechterrevolution im Bildungssystem?

Die bestehenden und weitgehend verfestigten Geschlechterdifferenzen und -ungleichheiten im Alltag wirken fast wie eine Art Puzzle, wenn man die Entwicklung im Bereich des Bildungssystems näher verfolgt. In den 1950er und 1960er Jahren hatten, neben Kindern aus Arbeiterhaushalten und Kindern in ländlichen Regionen mit mangelhafter Bildungsinfrastruktur, insbesondere Mädchen schlechte Bildungschancen. Im „katholischen Arbeitermädchen vom Lande" als idealtypische Figur des unterprivilegierten Kindes kommt dieser Sachverhalt deutlich zum Ausdruck (vgl. Feldmann 2006). Dieses Bild hat sich heute stark gewandelt. Die Bildungsnachteile von jungen Frauen gehören in Deutschland und anderen EU-Ländern weitgehend der Vergangenheit an. Diese Veränderungen können als Ergebnis der Bildungsexpansion gesehen werden, mit der die Öffnung der Sekundär- und Tertiärstufe für breitere Schichten der Bevölkerung verbunden war (vgl. Müller/Steinmann/Schneider 1997). Die Veränderungen dieser Benachteiligungsstrukturen bezeichnet Geißler (2005) als die „Metamorphose von der Arbeitertochter zum Migrantensohn". Von einer Benachteiligung von Mädchen im Schulsystem und auch beim Zugang zur tertiären Bildung kann nicht mehr gesprochen werden. Mädchen sind in den meisten Bildungsstufen erfolgreicher als Jungen.

Dieser rasante Anstieg des Frauenanteils in höheren Bildungseinrichtungen und die Umkehr des vorhandenen Ungleichheitsmusters in einigen wenigen Dekaden stellt eine einmalige gesellschaftliche Entwicklung dar. Noch vor zehn Jahren schrieb Jacobs (1996), dass die Behandlung des Geschlechts in der Bildungsforschung in der Regel so vorgenommen wird, als ob das Bildungssystem die Frauen systematisch benachteiligt. Die Umkehr ist in der Forschung kaum betrachtet worden. Dies ist umso mehr verwunderlich, als sich die potenziellen Konsequenzen dieses Phänomens auf die Situation am Arbeitsmarkt und am Heiratsmarkt, auf Familienbildung und Fertilität sowie auf die generationsübergreifende Übertragung von sozialen Ungleichheiten auswirken dürften.

Auch sind die genauen Mechanismen, die die Bildungskarrieren von Frauen und Männern beeinflussen, kaum bekannt. Eine Ausnahme bildet die Studie von Buchmann und DiPrete aus den USA, die systematisch die Rolle von Ressourcen analysiert, um die Mechanismen hinter dem neuen „gender-gap" zu verstehen. Die Ergebnisse zeigen ein komplexes

Bild: Die wichtigsten Faktoren, die den relativ größeren Hochschulerfolg junger Frauen gegenüber Männern beeinflussen, beruhen auf der Benachteiligung junger Männer in Familien, in denen der Vater ein niedriges Bildungsniveau aufweist oder abwesend ist (vgl. Buchmann/ DiPrete 2006, S. 533; Sax 2007, S. B46).

Der zweite wichtige Faktor ist, dass Mädchen in der Schule erfolgreicher sind als Jungen (siehe Kapitel 6). Dieser Vorteil, der schon sehr lange bekannt ist, gewann über die Zeit mehr und mehr an Gewicht und wirkt sich zunehmend beim Hochschulzugang aus (siehe Kapitel 8).

Die Trends in der Entwicklung von Bildungsunterschieden in modernen Gesellschaften zeigen, dass sich in Deutschland die Bildungsvorteile von Frauen sehr wahrscheinlich vergrößern werden. Es ist zu erwarten, dass sich diese Vorteile auch auf andere gesellschaftliche Bereiche – insbesondere Arbeitsmarktposition, Einkommen, Haushaltsarbeitsteilung – auswirken werden. Wann und in welchem Umfang dies geschehen wird, ist jedoch noch eine offene Frage. Wie die Erfahrung zeigt, lässt sich die „Bildungsrendite" nicht geschlechtsneutral berechnen. Wie Blumberg (1984) beobachtete, werden Ressourcen von Frauen in der Regel diskontiert.

Fazit:
Geht man der Frage der sozialen Ungleichheit nach, so zeigte sich in den letzten 30 Jahren ein verstärktes Interesse an horizontalen Disparitäten und damit auch an geschlechtsspezifischen Ungleichheiten. Besonders deutlich werden diese in der – hauptsächlich in Deutschland – noch stark ausgeprägten traditionellen Geschlechterrollenverteilung. Daraus ergibt sich häufig auch eine strukturelle Benachteiligung von Frauen insbesondere im Arbeitsleben, die den Erfolgen der Mädchen im Bildungssystem gegenübersteht. Bei Jungen hingegen zeigt sich eine Chancenspreizung: Männer haben günstigere Chancen auf dem Arbeitsmarkt, verfügen über ein besseres Einkommen und sind weit überproportional in Führungspositionen vertreten. Aber auch überproportional viele junge Männer verlassen das Schulsystem ohne Schulabschluss. Dies ist eine sehr beunruhigende Entwicklung, insbesondere weil sie – noch mehr als junge Frauen ohne Ausbildung – Schwierigkeiten haben werden, eine gesellschaftlich anerkannte Tätigkeit und Position zu erlangen.

2.3   Neurowissenschaftlich

Am Beispiel der Hirnforschung wird in diesem Kapitel der häufig diskutierten Frage nachgegangen, ob Befunde aus den Neurowissenschaften Erklärungsansätze für Geschlechterdifferenzen in Bezug auf pädagogische Fragen liefern können.

Denn es geschieht immer wieder, dass geschlechtsspezifische Unterschiede im Gehirn, ganz besonders die Tatsache, dass das weibliche Gehirn im Durchschnitt kleiner ist als das männliche, mit den gesellschaftlichen Rollen der Geschlechter in Verbindung gebracht werden. Mit dem Hirngrößenunterschied hat schon im 19. Jahrhundert der angesehene Münchner Anatom Theodor von Bischoff (1872) „wissenschaftlich" begründet, dass Frauen nicht zum Medizinstudium befähigt seien. Auch heute wird gelegentlich argumentiert, dass Männer aufgrund der größeren Anzahl an Nervenzellen im Gehirn eventuell einen Intelligenzvorteil haben könnten (vgl. Güntürkün/Hausmann 2007, S. 90).

Gibt es Fakten aus der Hirnforschung, die für die pädagogischen Fragen zu Bildung und Geschlecht von Nutzen sein könnten?

2.3.1 Anatomische Befunde und Konzepte zu Unterschieden bei Hirngrößen und Hemisphärenasymmetrien – Bezüge zu Hirnleistungen und Phylogenese

Schon seit dem 19. Jahrhundert ist bekannt, dass das Gehirn von Männern im Durchschnitt zehn Prozent größer ist als das von Frauen. Auch mit modernen Messungen wurde dieser Unterschied bestätigt (vgl. Pakkenberg/Gundersen 1997). Ob im männlichen Gehirn die Anzahl der Nervenzellen größer ist oder ob der Gewichtsunterschied vor allem auf die längeren Verbindungen und ihre entsprechend stärkere Myelinisierung[5] zurückzuführen ist, ist noch offen (vgl. Passe/Rajagopalan/Tupler 1997). Korrelationen zwischen Hirngröße und Bildungsstand wurden in neueren Untersuchungen nicht gefunden.

Das Hauptproblem beim Versuch, die Hirngröße mit Intelligenz zusammenzubringen, bilden aber Vergleiche mit und bei Tieren: Sollte etwa die Ratte nur ein Zweitausendstel so intelligent sein wie der Elefant und der Elefant viermal so intelligent wie der Mensch? Dieses Problem ist immer noch virulent (vgl. Hart/Hart/Pinter-Wollmann 2008).

Genauso bekannt wie der Hirngrößenunterschied zwischen Frau und Mann ist auch, dass das männliche Gehirn asymmetrischer organisiert sein soll als das weibliche. Das rührt von der Beobachtung her, dass linksseitige Schlaganfälle bei Männern häufiger Sprachstörungen zur Folge haben als bei Frauen. Ist also die Sprachfunktion bei Männern stärker links lokalisiert und bei Frauen eher auf beide Seiten verteilt? Diese Hypothese ist interessant, denn man nimmt an, dass sich die Lateralisierung höherer Hirnfunktionen erst beim Menschen stark ausgebildet hat; das männliche Gehirn wäre also sozusagen phylogenetisch weiter entwickelt als das weibliche. Es wurde jedoch später festgestellt, dass Schlaganfälle bei Frauen deshalb weniger Sprachstörungen zur Folge haben, weil die Sprachfunktion bei Frauen innerhalb der linken Hemisphäre stärker lokalisiert ist und deshalb von Schlaganfällen seltener betroffen ist (vgl. Kimura 1992).

Metaanalysen, die die Studienqualitäten einbeziehen, lassen die Geschlechterunterschiede in Fähigkeiten und Verhaltensweisen (vgl. Hyde 2005), in ihren genetischen Assoziationen (vgl. Patsopoulos/Tatsioni/Ioannidis 2007) oder auch in der Lateralität der Sprachfunktion, gemessen mit modernen bildgebenden Verfahren (vgl. Sommer/Aleman/Bouma 2004), als weit überzogen erkennen.

Bleier (1984) und Fausto-Sterling (1988) haben schon angemerkt, dass es sinnlos ist, nach Geschlechterunterschieden zu suchen, wenn sich Unterschiede nur in statistischen Differenzen zeigen, der größte Teil der Frauen und der Männer bezüglich dieser Qualitäten also ununterscheidbar ist. Viel sinnvoller wäre es, die Ursachen der Streuungen der Daten zu erfassen (vgl. dazu auch Hamann/Canli 2004).

2.3.2 Hirnentwicklung und geschlechtsspezifische Unterschiede

Über die Entwicklung des Gehirns ist relativ viel bekannt. Alle Nervenzellen und ihre Hauptverbindungen existieren zum Geburtszeitpunkt. Nach der Geburt differenzieren sich die Zellen weiter aus bis etwa zum zweiten Lebensjahr. Bis zu diesem Zeitpunkt haben sich fast doppelt

---

[5] Myelinisierung bezeichnet die Umhüllung vieler Verbindungen, die die Signalleitungsgeschwindigkeit erhöht.

so viele Verbindungen ausgebildet, wie im erwachsenen Hirn vorhanden sind (vgl. Huttenlocher 1990). Die starke Zunahme der Gehirngröße bis zum zweiten Lebensjahr ist vor allem auf die Zelldifferenzierung und die Synapsenbildung zurückzuführen; die weitere Zunahme bewirkt dann vor allem die Myelinisierung. Dieser Prozess dauert bis zum 20. Lebensjahr an.

Schon im Fötus, aber verstärkt nach der Geburt führen die Umwelteinflüsse zur Feinregulierung der Verbindungen zwischen den Nervenzellen. In diesen „Prägungsphasen" erfolgen, zu unterschiedlichen Zeiten für unterschiedliche Leistungsbereiche, die Feinabstimmungen der verschiedenen Teilsysteme des Gehirns durch ihre Nutzung. Sie bewirken insgesamt einen starken Abbau von Verbindungen.

Im Wesentlichen *eine* Arbeitsgruppe hat sich in den letzten Jahren mit der geschlechtsspezifischen Hirnentwicklung befasst. Sie hat die Gesamtgrößen und Größen von Teilbereichen der Gehirne ermittelt, indem sie MRI-Messungen[6] durchführte. Repräsentativ für die Messdaten ist Abbildung 17.

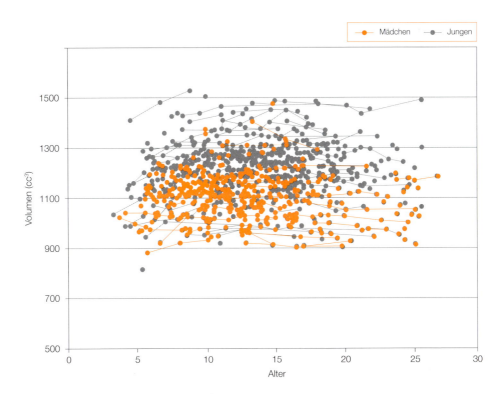

Abbildung 17: Einzel- und Längsschnittmessungen des Hirnvolumens von Mädchen (N = 354 Gehirne, markiert in Orange) und Jungen (N = 475 Gehirne, markiert in Grau) im Altersbereich von fünf bis 25 Jahren (vgl. Lenroot u. a. 2007)

---

[6] MRI-Messungen (Magnetic-Resonance-Imaging-Messungen) sind bildgebende Verfahren zur Darstellung der Gewebestrukturen im Körperinneren.

Die Abbildung veranschaulicht die große Streubreite der individuellen Werte und zeigt, dass die Altersabhängigkeit der Gehirnvolumen zwischen fünf und 25 Jahren sehr gering ist. Eine Mittelung der Daten, getrennt nach Geschlecht, ergab, dass die Gehirne der Mädchen im Durchschnitt kleiner sind als die der Jungen. Die leicht gekrümmten Verläufe dieser Mittelwerte erreichen ihr Maximum bei den Mädchen ein bis zwei Jahre früher als bei den Jungen. Das entspricht in etwa der mittleren Altersdifferenz bei der Pubertät.

Fazit:
So wie Logothetis (2008) die experimentell-methodischen Beschränkungen der bildgebenden Verfahren dargelegt hat, so hat Coltheart (2006) die Probleme der Hirnbilder von psychologischer Seite beleuchtet. Er legt dar, dass der Versuch, kognitive Phänomene mit neuronaler Bildgebung zu erfassen, an einem kategorialen Fehler scheitern muss: Der konzeptionelle Abstand zwischen symbolischen Regeln und Neuronenaktivitäten sei zu groß, dass Wissen nicht auf der einen Ebene zu Verständnis auf der anderen Ebene beitragen könnte. Als Analogie führt er an, dass die Hardware eines Computers keine Auskunft über die Software liefern kann. Einen pragmatischen Beitrag zu dieser Unüberwindbarkeit der beiden Ebenen liefern Vellutino, Fletcher und Snowling (2004): Sie haben die Befunde zu Dyslexie zusammengetragen. Bezüglich der biologischen Grundlagen führen sie eine Studie an, in der die Aktivitätsverteilungen im Gehirn von Kindern mit Lesestörung ermittelt wurden, und zwar sowohl vor als auch nach einer erfolgreichen Lesenachhilfe. Bei der zweiten Messung hatten sich die Aktivitätsverteilungen denen von Kindern ohne Lesestörungen angeglichen. Daraus folgern sie zu Recht nicht mehr als etwas, was allerdings auch ohne die Hirnaktivitätsmessungen feststellbar gewesen wäre: Gehirn und frühe Leseunterstützung aus der Umwelt bewirken, dass sich die neuronalen Netzwerke ausbilden, die die Fähigkeit des Lesens ergeben.

2.4 Psychologisch

2.4.1 Systematisierte Beschreibungen von Unterschieden zwischen den Geschlechtern

Gender-typing oder *Geschlechtstypisierung* bezeichnet sämtliche Phänomene, die mit der Differenzierung zwischen den beiden Geschlechtern zusammenhängen, d. h. sowohl Unterschiede in biologischen, sozialen und psychologischen Merkmalen als auch die Wahrnehmung dieser Unterschiede durch das Individuum. Ruble, Martin und Berenbaum (2006) haben eine Taxonomie entwickelt, die die Dimensionen erschöpfend beschreiben soll, hinsichtlich derer *theoretisch* Unterschiede zwischen den Geschlechtern bestehen können (siehe Abbildung 18).

In dieser Taxonomie sind für Bildungsprozesse besonders die drei Dimensionen „*Identität und Selbstwahrnehmung*", „*Präferenzen*" und „*Verhaltensmanifestationen*" relevant. Die vorzugsweise über Metaanalysen gesicherten empirischen Erkenntnisse zu diesen Dimensionen sind genau beschrieben worden. Die Metaanalyse baut nicht mehr auf der statistischen Signifikanz der in den einzelnen Studien gefundenen Geschlechterunterschiede auf. Vielmehr errechnet sie durch Mittelung der jeweils gefundenen Effektgrößen der Geschlechterunterschiede eine zentrale Tendenz, die auf einem quantitativen Kontinuum beschrieben werden kann. Mit der Metaanalyse kann die Frage, ob auf einer bestimmten Dimension ein Geschlechterunterschied existiert, nicht nur bejaht oder verneint werden. Vielmehr kann die Stärke des Unterschieds quantifiziert werden, und zwar unabhängig von den Stichprobengrößen, die in die einzelnen Studien eingegangen sind.

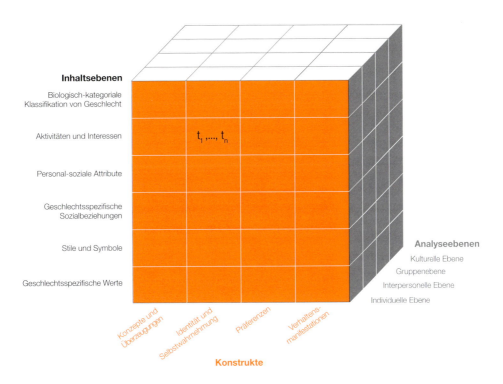

Abbildung 18: Taxonomie von Ruble, Martin und Berenbaum (2006)

Zur Dimension *Identität und Selbstwahrnehmung* zeigt sich, dass schon im Vorschulalter beginnend weibliche Personen sich stärker über Expressivität und ihre Verbundenheit mit anderen Menschen betonende Merkmale (z. B. herzlich, hilfsbereit) beschreiben, während männliche Personen ihre Selbstdefinition vor allem auf instrumentellen Eigenschaften und ihre Verschiedenheit von anderen betonenden Merkmalen (z. B. mutig, einzigartig) aufbauen. Gleichzeitig bewerten Mädchen und Frauen die eigene Person in vielen Inhaltsdomänen negativer als Jungen und Männer, und zwar besonders dann, wenn es sich um Inhaltsdomänen handelt, die maskulin konnotiert sind. So unterschätzen Mädchen und Frauen ihre Fähigkeiten in Mathematik und Naturwissenschaften, sie halten sich für weniger intelligent, sie halten ihre physische Attraktivität für geringer und haben ein geringeres Selbstwertgefühl als Jungen und Männer (vgl. Kling u. a. 1999; Skaalvik/Skaalvik 2004).

Zur Dimension *Präferenzen* belegen zahlreiche Studien, dass Mädchen und Jungen bereits vor dem Schuleintritt Vorlieben entwickeln, die mit Geschlechtsstereotypen übereinstimmen. Geschlechtsstereotype sind Überzeugungen von Personen darüber, welche Merkmale weibliche und männliche Personen wahrscheinlich besitzen oder haben sollten (für einen Überblick siehe Deaux/Kite 1993; Fiske/Stevens 1993). Geschlechtsstereotype stimmen über verschiedene Kulturen und über verschiedene historische Zeitpunkte hinweg in hohem Maße überein. Wie Williams und Kollegen zeigen konnten, werden in verschiedensten Ländern der Welt (zu verschiedenen historischen Zeitpunkten) männlichen Personen stärker auf Dominanz und Aktivität bezogene Eigenschaften, wie z. B. Überlegenheit, Autonomie, Aggressivität, Leistungsbereitschaft und Ausdauer, zugeschrieben als weiblichen Personen, die umgekehrt vergleichsweise stärker mit Fürsorglichkeit, Zugehörigkeitsbedürfnis und Unterordnungsbereitschaft in Zusammenhang gebracht werden (vgl. Williams/Best 1982; Williams/Satterwhite/Best 1999). Geschlechtsstereotypkonsistente Präferenzen bei der Wahl von Spielzeugen oder Spielaktivitäten können bereits im Alter von zwei Jahren nachgewiesen werden und sind im Alter von fünf Jahren vollständig ausgeprägt. In der Schulzeit zeigen sich geschlechtsstereotypkonsistente Unterschiede zwischen Mädchen und Jungen in ihren Präferenzen für verschiedene Unterrichtsfächer oder Ausbildungswege (vgl. Abele/Schute/Andrä 1999). Die unterschiedlichen Fachpräferenzen korrespondieren mit geschlechtstypisierten Berufswünschen: Bereits im Alter von fünf Jahren bevorzugen Kinder Berufe, die konsistent mit dem Stereotyp über die eigene Geschlechtsgruppe sind, d. h. Mädchen und Frauen präferieren helfende und Dienstleistungsberufe, Jungen und Männer hingegen Berufe, die mit Unabhängigkeit und Instrumentalität verbunden werden (vgl. Etaugh/Liss 1992).

Die geschlechtstypisierten Präferenzen schlagen sich auch in der Dimension *Verhaltensmanifestationen* in der Taxonomie von Ruble, Martin und Berenbaum (2006) nieder: Es werden sehr viel häufiger geschlechtsstereotypkonsistente Spielzeuge, Spielaktivitäten, Schulfächer, Ausbildungsberufe und Studienfächer gewählt als geschlechtsstereotypinkonsistente (vgl. Bussey/Bandura 1984; Köller u. a. 2000; siehe Kapitel 3 bis 8). Schließlich wählen Kinder im Alter von ca. drei Jahren bis in die Adoleszenz hinein sehr viel wahrscheinlicher gleichgeschlechtliche als gegengeschlechtliche Freunde (vgl. Maccoby 1998, siehe auch Kapitel 3). Männliche Personen sind über Altersgruppen hinweg häufiger physisch aggressiv als weibliche Personen (vgl. Hyde 1986); ab der Pubertät zeigen männliche Personen eine Überlegenheit in bestimmten mathematischen Fähigkeiten (vgl. Hyde/Fennema/Lamon 1990; Hyde/Frost 1993) und im räumlichen Denken (vgl. Feingold 1993), während weibliche Personen mit dem Schuleintritt in bestimmten Bereichen bessere verbale Fähigkeiten entwickeln als männliche (vgl. Hedges/Nowell 1995; Hyde/Linn 1986; Linn/Hyde 1989).

Interessant ist, dass a) in allen anderen aus der Taxonomie von Ruble, Martin und Berenbaum (2006) ableitbaren Dimensionen nicht von empirisch gesicherten Geschlechterunterschieden gesprochen werden kann und b) Geschlechterunterschiede in mathematischen und verbalen Fähigkeiten – vermutlich bedingt durch eine Angleichung in den Sozialisationsbedingungen – über die letzten 20 Jahre deutlich kleiner geworden sind (vgl. Feingold 1988, 1993; Hyde/Fennema/Lamon 1990; Hyde/Linn 1986; Hyde/Plant 1995).

2.4.2 Psychologische Theorien zur Erklärung von Geschlechterunterschieden

Der AKTIONSRAT**BILDUNG** möchte aus seinen Analysen zum Stand des deutschen Bildungssystems Handlungsempfehlungen für die Politik ableiten. Für die Entwicklung von Vorschlägen, wie Benachteiligungen in Bildungsprozessen, die sich aus der Geschlechtszugehörigkeit einer Person ergeben, vermieden bzw. abgebaut werden können, ist es unerlässlich, auf wissenschaftliche Theorien zurückzugreifen, die die Entstehung von Unterschieden zwischen den Geschlechtern erklären. Sie ermöglichen es, Maßnahmen abzuleiten, die an den Ursachen ansetzen, und verhindern es somit, dass lediglich „Symptome" kuriert werden.

Aus der Vielzahl wissenschaftlicher Erklärungsansätze werden im Folgenden diejenigen dargestellt, die Ursachen für Geschlechterunterschiede benennen, die durch bildungspolitische oder pädagogisch-psychologische Maßnahmen beeinflusst werden können: Für die Entwicklung von Maßnahmen zur Reduktion von Benachteiligungen bieten insbesondere die lerntheoretischen, die kognitiven und die sozialpsychologischen Theorien Ansatzpunkte. In Abhängigkeit von dort beschriebenen Situationsfaktoren wird geschlechtstypisiertes Verhalten gelernt bzw. variiert die psychologische Bedeutsamkeit der sozialen Kategorie „männlich/weiblich".

Lerntheoretischer Erklärungsansatz. Die Lerntheorie nimmt an, dass geschlechtstypisiertes Verhalten auf die gleiche Weise gelernt wird wie anderes Verhalten auch. Dabei spielt einerseits *Lernen durch direkte Bekräftigung* eine Rolle: Verhalten, das zu positiven Konsequenzen führt, wird in der Zukunft häufiger gezeigt, wohingegen die Auftretenswahrscheinlichkeit von Verhalten, das bestraft oder ignoriert wird, sinkt. Das zweite bedeutsame Lerngesetz bezieht sich auf das *Lernen am Modell:* Verhalten kann auch dadurch erlernt werden, dass es bei anderen beobachtet wird. Dabei wird das durch Beobachtung erlernte Verhalten allerdings nur dann auch gezeigt, wenn das Modell für sein Verhalten positive Konsequenzen erfahren hat *(stellvertretende Bekräftigung).*

Wendet man diese lerntheoretischen Gesetze für die Erklärung von Geschlechterunterschieden an, so lernt das Kind geschlechtstypisiertes Verhalten, weil es dafür belohnt wird. Geschlechtsuntypisches Verhalten hingegen wird weniger wahrscheinlich gelernt, weil das Kind für dieses entweder nicht belohnt oder gar bestraft wird *(Lernen durch direkte Bekräftigung).* Außerdem ist das Kind besonders wahrscheinlich mit Modellen konfrontiert, die geschlechts-typisiertes Verhalten zeigen *(Lernen am Modell)* und es imitiert selektiv im eigenen Verhalten solche Modelle, die für das jeweilige Verhalten bekräftigt worden sind *(stellvertretende Bekräftigung).*

Für die Ableitung von Handlungsempfehlungen zur Aufhebung geschlechtsbedingter Benachteiligungen im Bildungssystem heißen diese Erkenntnisse das Folgende: Die differentielle Bekräftigung geschlechtstypisierten Verhaltens kann von Eltern, Erziehern und Lehrkräften ausgehen: Sie tragen zur Entwicklung und Aufrechterhaltung von Geschlechterunterschieden in dem Maße bei, wie sie Mädchen und Jungen für geschlechtstypisiertes Verhalten differentiell bekräftigen. Die Förderung von Gender-Kompetenz schließt demnach ein, Eltern, Erzieher und Lehrkräfte für diese Zusammenhänge zu sensibilisieren. So sollten sie beispielsweise darauf achten, Spiel- und Lernumgebungen so zu gestalten, dass sie Kinder zu geschlechtsuntypischen Aktivitäten ermuntern. Differentielle Bekräftigungen und Modelleinflüsse, die geschlechtstypisiertes Verhalten begünstigen, können aber auch von gleichaltrigen Bezugspersonen (so genannte Peers), z. B. von Spielkameraden oder Mitschülern, ausgehen. Um diesen Einflüssen entgegenzuwirken, sollten Eltern und pädagogisch tätiges Personal darauf achten, selbst positive „Gegenmodelle" zu sein, also z. B. geschlechtstypisierte Aufgabenverteilungen untereinander vermeiden (z. B. sitzt der Vater nicht immer am Steuer, wenn die Eltern mit den Kindern im Auto unterwegs sind).

Kognitiver Erklärungsansatz. Die kognitiven Theorien (vgl. Kohlberg 1966; Martin/Halverson 1987) gehen davon aus, dass kognitive Konzepte, nämlich Wissen über Geschlecht, die Geschlechtstypisierung steuern und somit Präferenzen und Verhalten der Person beeinflussen. Gemeinsam ist allen kognitiven Ansätzen die Annahme, dass das Kind in dem Maße, wie es erfährt, dass die soziale Kategorie „Geschlecht" bedeutsam ist, um seine eigene Umwelt zu verstehen, an Informationen darüber interessiert ist, was „Geschlecht" bedeutet. Sichtbar wird dieser Prozess beispielsweise darin, dass Kinder bereits im Alter von zweieinhalb Jahren Aktivitäten und Interessen differentiell den beiden Geschlechtern zuordnen können (vgl. Serbin u. a. 1994) und beginnend mit etwa fünf Jahren Geschlechtsstereotype über „typisch weibliche" oder „typisch männliche" Eigenschaften entwickeln (vgl. Powlishta u. a. 1994).

Auf der Grundlage des Vergleichs der eigenen Person mit Merkmalen anderer Personen, die in der sozialen Umwelt als männlich oder weiblich klassifiziert werden, erkennt das Kind im Alter von ca. zwei Jahren seine eigene Geschlechtszugehörigkeit. In dem Maße, wie das Kind Geschlechterrollenkonstanz – d. h. ein Verständnis davon, dass das eigene Geschlecht zeitlich und situational unveränderlich ist – erwirbt, ist es motiviert, sich selbst die entsprechende Geschlechterrolle anzueignen. Dazu sucht es nun bevorzugt Informationen darüber, was für das eigene Geschlecht angemessen ist, bewertet all jene Informationen positiv, die die eigene Wahrnehmung von Unterschieden zwischen den Geschlechtern bestätigen *(Präferenzen)* und lässt sich in seinem Verhalten davon leiten, wie geschlechtsangemessen es ist *(Verhaltensmanifestationen)*.

Es ist ein großer Verdienst der kognitiven Entwicklungstheorie, den aktiven Part des Kindes in der Geschlechtstypisierung zu betonen. Das Kind zeigt geschlechtstypisiertes Verhalten und imitiert gleichgeschlechtliche Modelle demnach nicht, wie in der Lerntheorie angenommen, weil es dafür von anderen belohnt wird, sondern weil es auf diese Weise seine eigene Geschlechtsidentität etablieren und bestätigen kann. Für die Entwicklung von Handlungsempfehlungen bedeutet dies, dass alle Maßnahmen fehlschlagen müssen, die dieses Bedürfnis von Kindern ignorieren: Wenn beispielsweise Erzieher klagen, die Jungen wollten sich nicht am Basteln beteiligen und die Mädchen würden das gemeinsame Fußballspiel verweigern, oder Lehrkräfte darauf verweisen, dass Mädchen schon vor Beginn des naturwissenschaftlichen Unterrichts behaupten würden, von diesen Fächern nichts zu verstehen, dann zeigt dies, dass diese Aktivitäten bzw. Fachdomänen in den Augen der Kinder „Mädchen"- bzw. „Jungen"-Aktivitäten-Fachdomänen sind. Lernangebote müssen so gestaltet werden, dass solcherlei Geschlechtskonnotationen vermieden werden bzw. ihnen aktiv entgegengesteuert wird, z. B. durch die gezielte gendersensitive Gestaltung von Lehrmaterialien.

Sozialpsychologischer Erklärungsansatz. In der sozialpsychologischen Perspektive wird Geschlecht nicht als stabiles Merkmal der Person untersucht, sondern als im sozialen Kontext konstruiert betrachtet; nämlich durch Erwartungen oder *Geschlechtsstereotype,* die Personen an Menschen weiblichen bzw. männlichen Geschlechts – oder an die eigene Person als weiblich oder männlich – in einer konkreten Situation herantragen. Gemeinsamer Gegenstand verschiedener sozialpsychologischer Ansätze ist somit die Untersuchung situationaler und struktureller Faktoren, die die Entstehung und Aufrechterhaltung von Geschlechtstypisierung erklären.

Personen schätzen die Größe von realen Geschlechterunterschieden sehr akkurat ein, d. h., Geschlechtsstereotype beschreiben die Realität angemessen (vgl. Hall/Carter 1999; Swim 1994). Dennoch muss davon ausgegangen werden, dass durch Geschlechtsstereotype Geschlechterunterschiede erzeugt und aufrechterhalten werden. Denn sie werden auf konkrete Individuen (und nicht nur auf die Gruppe männlicher bzw. weiblicher Personen) angewendet. Dies beeinflusst dann nicht nur das Verhalten des Wahrnehmenden, sondern auch das der Zielperson: Diese verhält sich wahrscheinlicher entsprechend als entgegen den Erwartungen des Wahrnehmenden (so genannte *self-fulfilling prophecy*). Zahlreiche sozialpsychologische Untersuchungen zeigen, dass Stereotype *automatisch,* d. h. ohne Absicht oder bewusstes Zutun des Wahrnehmers, aktiviert werden und dann beeinflussen, wie die Zielperson wahrgenommen wird (für einen Überblick vgl. Bargh 1997).

Ein Beispiel für eine einflussreiche sozialpsychologische Theorie ist das Konzept der *Stereotypenbedrohung* (vgl. Steele 1997). Steele hat angenommen, dass Personen dann, wenn sie Mitglied einer Gruppe sind, über die ein negatives Stereotyp besteht (z. B. Frauen in Mathematik), befürchten, durch ihr eigenes Verhalten das Stereotyp bestätigen zu können. Diese „Bedrohung" führt nun dazu, dass die Person tatsächlich wahrscheinlicher das Stereotyp durch ihr eigenes Verhalten bestätigt, als es zu widerlegen – vermittelt darüber, dass sie in einer Leistungssituation durch die Auseinandersetzung mit dem Stereotyp aufgabenirrelevante Gedanken produziert, die ihre Verarbeitungskapazität bei der mentalen Auseinandersetzung mit der zu lösenden Aufgabe beeinträchtigen. So konnten beispielsweise Spencer, Steele und Quinn (1999) für Mathematikstudentinnen zeigen, dass sie nur dann (stereotypkonsistent) schlechtere Leistungen als ihre männlichen Kommilitonen in einem schwierigen Mathematiktest produzierten, wenn zuvor das negative Stereotyp über Frauen in der Mathematik subtil aktiviert worden war (dadurch, dass die Testpersonen aufgefordert worden waren, auf dem Klausurbogen zunächst ihr Geschlecht anzukreuzen). In der Kontrollgruppe ohne entsprechende Aktivierung des Stereotyps erzielten männliche und weibliche Studierende vergleichbar gute Klausurergebnisse.

Aus den sozialpsychologischen Ansätzen ergibt sich, wie die Förderung von Gender-Kompetenz bei pädagogisch tätigen Personen aussehen sollte: In welchem Maße die Geschlechtszugehörigkeit der Lernenden in einer Lehr-Lern-Situation psychologisch hervorgehoben ist, ist ganz wesentlich vom Verhalten der Lehrperson abhängig. So können sich beispielsweise geschlechtstypisierte Erwartungen der Lehrperson in entsprechenden Rückmeldungen an die Lernenden (z. B. unterschiedliche Zensuren für gleiche Leistungen bei Mädchen und Jungen) und vermittelt darüber in geschlechtstypisierten akademischen Selbstkonzepten der Lernenden niederschlagen.

Kultur- und geschlechtsspezifische Konstruktion des Selbst. In der Psychologie wird das Selbst als eine Gedächtnisstruktur aufgefasst, die alles Wissen enthält, das das Individuum im Laufe seines Lebens über die eigene Person erwirbt (vgl. Hannover 1997; Markus 1977). Das Selbst steuert und motiviert einerseits menschliches Verhalten, andererseits ist es aber ein Produkt der sozialen Kontexte, in denen die Person agiert (vgl. Hannover 2000). So ist beispielsweise gezeigt worden, dass Menschen in Abhängigkeit davon, ob sie in einer so genannten individualistischen Kultur (z. B. Nordamerika, Deutschland) oder einer kollektivistischen Kultur (z. B. Asien, Lateinamerika) sozialisiert worden sind, ihr Selbst unterschiedlich definieren (vgl. Markus/Kitayama 1991). In beiden Kulturtypen existieren unterschiedliche Auffassungen darüber, „wie man sein sollte", entsprechend erfährt die Person unterschiedliche Anforderungen, wie sie ihr Selbst im Laufe ihres Lebens konstruieren soll. In individualistischen Kulturen herrscht die Norm vor, ein einzigartiges und von anderen unabhängiges Individuum zu sein (so genannte *independente Selbstkonstruktion*). Seiner Einzigartigkeit und Unabhängigkeit kann das Individuum dadurch Ausdruck verleihen, dass es internale Attribute wie Personeneigenschaften, Fähigkeiten und Einstellungen entwickelt und sich nicht an verschiedene soziale Kontexte anpasst. Demgegenüber fordert die soziale Norm kollektivistischer Kulturen, bei der Selbstkonstruktion die eigene Verbundenheit mit anderen Menschen, z. B. also die Ähnlichkeit zwischen sich selbst und anderen, zu betonen (so genannte *interdependente Selbstkonstruktion*). Dieses Ziel wird dadurch erreicht, dass das Individuum das eigene Verhalten flexibel an den Erwartungen anderer bzw. an den Anforderungen des jeweiligen sozialen Kontextes ausrichtet.

Cross und Madson (1997) argumentieren, dass die von Markus und Kitayama (1991) vorgeschlagene Differenzierung zwischen independenten und interdependenten Selbstkonstruktionen auch geeignet ist, Geschlechterunterschiede in der Selbstkonstruktion zu beschreiben: Nach Cross und Madson führen unterschiedliche Lebenserfahrungen dazu, dass weibliche Personen ihre Identität stärker in der Verbundenheit mit anderen Menschen sehen, denen sie in konkreten sozialen Kontexten begegnen. Männliche Personen hingegen bauen ihr Selbst eher auf persönlichen Eigenschaften und Merkmalen, die sie unabhängig von anderen und unabhängig von konkreten sozialen Kontexten auszeichnen, auf. Das Modell von Cross und Madson bietet eine integrative Perspektive zur Erklärung der Entstehung und Aufrechterhaltung von Geschlechterunterschieden, indem es die unterschiedlichen Sozialisationseinflüsse, die innerhalb verschiedener Theorien zur Erklärung von Geschlechterunterschieden identifiziert worden sind, auf ein gemeinsames Prinzip zurückführt: Sie tragen dazu bei, dass weibliche Personen eher ein interdependentes und männliche eher ein independentes Selbst entwickeln. Weil das Selbst Wahrnehmung, Informationsverarbeitung, Emotion und Motivation steuert, können damit Geschlechterunterschiede in Identität, Präferenzen und Verhaltensmanifestationen auf eine gemeinsame Ursache zurückgeführt werden, nämlich auf die geschlechtsabhängige Konstruktion des Selbstkonzepts (vgl. auch Hannover/Kühnen 2008).

Fazit:
Für die Ableitung von Handlungsempfehlungen bedeuten diese Erkenntnisse das Folgende: Die Grundlagen für die Herausbildung manifester Geschlechterunterschiede im Verhalten und in Kompetenzen sowie in Fähigkeiten werden mit einer geschlechtsabhängigen Konstruktion des Selbst und damit in Kindheit und Jugend gelegt. Dies ist die Zeit, in der durch pädagogische Interventionen in institutionalisierten Bildungskontexten Einfluss genommen werden kann auf das Ausmaß, in dem Lernende die Investition von Lernzeit, Anstrengung und Interesse von ihrer Geschlechtszugehörigkeit abhängig machen (vgl. Kessels/Hannover 2004). Im Erwachsenenalter spielt die Geschlechtszugehörigkeit für die Identität des Menschen eine

vergleichsweise geringere Rolle als in Kindheit und Jugend (während der das eigene Selbst noch sehr viel stärker aktiv konstruiert und erweitert wird). Im Erwachsenenalter sind dann aber oft schon Festlegungen erfolgt, die geschlechtsuntypische berufliche Karrieren verunmöglichen. So empfiehlt sich beispielsweise ein Mathematikstudium nicht für ein Mädchen, das Mathematik in der Schule nicht als Leistungskurs belegt hat. Damit unterstreicht die Theorie der kulturspezifischen Selbstkonstruktion die besondere Bedeutung pädagogischer Interventionen im vorschulischen und schulischen Bereich.

3 Geschlechterdifferenzen in der frühkindlichen Bildung und Erziehung

3.1 Elterliches Verhalten

In früheren Arbeiten galt die Familie als der hauptsächliche Sozialisationskontext, in dem geschlechtstypisches Verhalten gefördert zu werden schien. Durch den Sozialisationsdruck der Eltern entwickeln sich geschlechtstypisches Verhalten und Interessen sowie die Geschlechtsidentität. Aus dieser Perspektive kann gefolgert werden, dass sich Eltern abhängig vom Geschlecht unterschiedlich gegenüber ihren Töchtern bzw. Söhnen verhalten (vgl. Keppler 2003). Nach Maccoby (2000a) scheint der unterschiedliche Sozialisationsdruck in Abhängigkeit des Geschlechts mit der Geburt zu beginnen, recht stark zu sein und mit kleinen Ausnahmen innerhalb einer Kultur sehr konsistent zu bleiben. Beispielsweise geben Eltern ihren Mädchen und Jungen geschlechtstypische Namen, ziehen sie unterschiedlich an und richten ihre Kinderzimmer unterschiedlich ein. Aber es erweist sich als überaus schwierig, eine unterschiedliche Behandlung von Mädchen und Jungen durch ihre Eltern festzustellen, vor allem wenn die Kinder noch sehr jung sind. Es findet sich nur wenig empirische Evidenz dafür, dass Eltern als Gestalter von geschlechtstypischem Verhalten angesehen werden können. In ein paar Verhaltensweisen unterscheiden Eltern konsistent abhängig vom Geschlecht: Sie toben und balgen öfter mit ihren Söhnen, stellen Mädchen häufiger Puppen und Jungen häufiger Spielzeugautos zur Verfügung, außerdem sprechen sie mit Mädchen öfter über Gefühle. Väter scheinen dabei mehr zwischen Mädchen und Jungen zu unterscheiden als Mütter (vgl. Lytton/Romney 1991). Im Hinblick auf traditionelle Dimensionen der Kindererziehung (z. B. Responsivität, Permissivität, Wärme) wurden nur wenige Unterschiede in der Art und Weise gefunden, wie Eltern mit ihren Töchtern im Vergleich zu ihren Söhnen umgehen (vgl. Maccoby 2000a).

3.1.1 Bindungsverhalten der Eltern

Eine Möglichkeit der systematischen Erforschung von Geschlechterunterschieden in der Eltern-Kind-Beziehung bildet die Bindungstheorie von John Bowlby (1969). Die Bindungstheorie liefert nicht nur Aussagen über die grundlegende Bindungsentwicklung, sondern sie geht auch davon aus, dass die Bindungssicherheit bzw. -unsicherheit Auswirkungen auf die weitere Entwicklung des Kindes hat. Die Aussagen der Bindungstheorie sind dabei unabhängig vom Geschlecht eines Kindes. Es werden für Mädchen und Jungen auch keine unterschiedlichen Auswirkungen der frühkindlichen Bindungssicherheit auf die sozioemotionale Entwicklung postuliert. Allerdings beschäftigen sich immer mehr Studien zur Bindungsforschung mit der Fragestellung, ob sich nicht doch geschlechtsspezifische Gesichtspunkte in der Bindungsentwicklung und sozioemotionalen Entwicklung zeigen (vgl. Keppler 2003).

In der Bindungsforschung gibt es in Bezug auf die zentralen Konstrukte und Methoden so gut wie keine Geschlechterunterschiede. Die Bindungsqualität zwischen dem Kind und seiner primären Bindungsfigur ist nicht vom Geschlecht des Kindes abhängig, sondern in erster Linie von der Feinfühligkeit der Bindungsfigur und teilweise von seinem Temperament.

Kleine Mädchen sind nicht häufiger sicher gebunden als kleine Jungen und umgekehrt. Die Bindungsqualität zwischen dem Kind und seiner Mutter oder zwischen dem Kind und seinem Vater ist unabhängig und steht weder mit dem Geschlecht des Kindes noch mit dem Geschlecht des Elternteiles in Zusammenhang. Bei Erwachsenen gibt es keine durchgängigen Geschlechterunterschiede in Bezug auf die Bindungsrepräsentation: Frauen haben nicht häufiger eine sichere Bindungsrepräsentation als Männer. Mütter und Väter unterscheiden sich bei der elterlichen Feinfühligkeit nicht im Ausmaß ihrer Feinfühligkeit gegenüber dem Kind. Mütter sind also nicht feinfühliger als Väter. Allerdings unterscheiden sie sich in der Art ihrer Feinfühligkeit. Während Mütter eher die Bindungsbedürfnisse des Kindes befriedigen, unterstützen Väter eher die Explorationsbedürfnisse des Kindes. Die Feinfühligkeit des Elternteils ist jedoch unabhängig vom Geschlecht des eigenen Kindes (vgl. Grossmann/Kindler 2001).

3.1.2 Geschlechtsspezifische Effekte der Bindungsqualität

Obwohl es nur eine schwache empirische Grundlage dafür gibt, dass Eltern die Gestalter von geschlechtstypischem Verhalten sind, weist Maccoby (2000a) auch darauf hin, dass es zweifellos subtile Unterschiede in der Behandlung von Mädchen und Jungen durch ihre Eltern gibt, die in dem grobkörnigen Netz der Forscher nicht erfasst werden. Des Weiteren können sich scheinbar kleine Unterschiede über mehrere Wiederholungen durchaus zu signifikanten Einflüssen akkumulieren. Hinzu kommt, dass in traditionellen Gesellschaften mit starren Statusunterschieden zwischen Frauen und Männern deutlichere Sozialisationsunterschiede gefunden werden.

Auch die aktuellen Ergebnisse der Bindungsforschung zeigen keine Geschlechterunterschiede bezüglich mütterlicher und väterlicher Feinfühligkeit sowie der Bindungsqualität von Mädchen und Jungen. Es fanden sich allerdings geschlechtsspezifische Effekte der Bindungssicherheit auf die Anpassungsleistungen: Bindungssicherheit und -unsicherheit haben bei Mädchen und Jungen unterschiedliche Auswirkungen auf verschiedene Bereiche der sozialen Kompetenz. Es zeigte sich eine Wechselwirkung zwischen Geschlechterrollenverhalten und Bindungsqualität dahingehend, dass bei Bindungssicherheit weder die Mädchen noch die Jungen auf geschlechtsstereotype Verhaltensmuster angewiesen sind. Sie können ihre Verhaltensstrategie flexibel an die Situation anpassen. Bei Bindungsunsicherheit hingegen beschränken sich Jungen eher auf den männlich-aggressiven Verhaltensstil und Mädchen auf den weiblich-passiven Verhaltensstil. Außerdem steht bei den Mädchen eine sichere Mutterbindung in Verbindung mit sozialer Kompetenz im Spiel. Bei den Jungen wird dagegen immer wieder der Zusammenhang zwischen Bindungsunsicherheit und Verhaltensauffälligkeiten betont (vgl. Keppler 2003).

3.2 Kindliche Entwicklung

Die auffälligsten Unterschiede zwischen Mädchen und Jungen betreffen die Gruppenbildung, die Interaktion sowie das Spielverhalten. Während Kinder in den ersten Lebensjahren noch etwa genauso häufig zu Kindern des anderen wie des gleichen Geschlechts Kontakt aufnehmen und sich relativ oft auch in gemischtgeschlechtlichen Spielgruppen aufhalten, zeigen Kinder ab dem dritten Lebensjahr eine Bevorzugung gleichgeschlechtlicher Spielkameraden (vgl. Howes/Phillipsen 1992; Fagot 1991). Diese Präferenzen treten bei Jungen etwas später auf als bei Mädchen. Die Bevorzugung gleichgeschlechtlicher sozialer Partner bei Mädchen und Jungen führt in der Kindheit zu einer Trennung zwischen den beiden Geschlechtern (siehe Abbildung 19). Im Vorschul- und Kindergartenalter bilden Kinder im freien Spiel hauptsächlich nach dem Geschlecht getrennte Spielgruppen. Dabei gibt es einige Kinder, die sehr häufig zu zweit miteinander spielen und mit der besten Freundin oder dem besten Freund ein stabiles Spielpaar bilden. Dieses Spielpaar setzt sich gewöhnlich aus gleichgeschlechtlichen Partnern zusammen. Zu dieser Gruppe gehören außerdem noch ein oder zwei weitere Kinder, die meist dem gleichen Geschlecht angehören. Martin und Fabes (2001) beobachteten bei viereinhalbjährigen Kindern ebenfalls eine gleichgeschlechtliche Spielpartnerwahl, und je mehr die Mädchen und Jungen mit gleichgeschlechtlichen Freunden spielten, desto geschlechtstypischer wurde das Verhalten.

Zusammenfassend lässt sich festhalten, dass durch die Bevorzugung von gleichgeschlechtlichen Spielgefährten im Vorschulalter eine zunehmende konsequente Geschlechtertrennung zu beobachten ist, die sich in der mittleren Kindheit noch verstärkt und im Alter zwischen acht und elf Jahren am größten ist (vgl. Maccoby 2000b). Wenn Mädchen und Jungen sich ihre Spielgefährten selbst aussuchen können, schließen sie sich überwiegend in gleichgeschlechtlichen Paaren oder Gruppen zusammen. In den gleichgeschlechtlichen Mädchen- bzw. Jungengruppen entstehen unterschiedliche Kulturen.

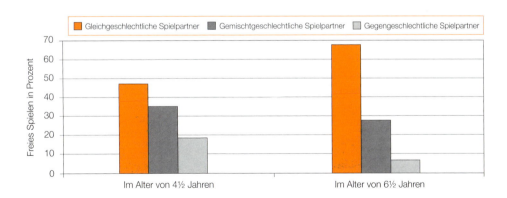

Abbildung 19: Prozentualer Anteil der Zeit, die Kinder auf Spielplätzen mit Spielkameraden des gleichen bzw. des anderen Geschlechts zubringen (vgl. Maccoby 2000b, S. 35)

Nach Maccoby (2000a) gibt es deutliche empirische Belege, dass sich die dyadischen Gruppen von Mädchen im Vergleich zu den Dyaden der Jungen in ihren „Interaktionsstilen" unterscheiden. Hierbei können folgende Trends festgestellt werden (vgl. Maccoby 2000a, b):
1. In den Geschichten, Fantasien und Spielen von Jungen geht es um Gefahr, Zerstörung, Heldentaten und Krafterprobungen. Die Mädchen beschäftigen sich in ihren Fantasien und Spielen mit häuslichen und romantischen Themen sowie sozialen Beziehungen und der Aufrechterhaltung oder Wiederherstellung von Sicherheit und Ordnung.
2. In den Interaktionen geht es bei Jungen häufiger als bei Mädchen um Raufen und Toben, Wettbewerb und Konflikt, Übernahme von Risiken, Dominanzstreben, Machtgehabe und Bildung von Hierarchien. Im Gegensatz dazu sind Mädchen responsiver gegenüber den Signalen ihrer Interaktionspartner, verwenden eher Vorschläge als Befehle und entwickeln häufiger gemeinschaftliche Spielszenarien mit reziproken Spielhandlungen. Außerdem tendieren sie in ihren Interaktionen zu einem kommunikativen, kompromissbereiten und konfliktabschwächenden Interaktionsstil und versuchen dadurch die Harmonie in der Gruppe aufrechtzuerhalten.
3. Die Freundschaften von Mädchen und Jungen sind qualitativ unterschiedlich: Die Freundschaften von Mädchen sind intimer, in dem Sinn, dass sie mehr Informationen über Details aus ihrem Leben und ihre Angelegenheiten teilen. Jungen wissen dagegen typischerweise weniger über das Leben ihrer Freunde und ihre Freundschaften basieren auf gemeinsamen Aktivitäten. Das Ende von Mädchenfreundschaften ist emotional intensiver als bei Jungenfreundschaften.
4. Jungen spielen typischerweise sowohl in gleichgeschlechtlichen Dyaden als auch in größeren Gruppen, während Mädchen mehr Freude in dyadischen Interaktionen zeigen. Jungengruppen sind dabei kohärenter mit stärkerer Ingroup-Identifikation und stärkerer Abgrenzung sowie Ausschluss von Mädchen und Erwachsenen. Mädchen interagieren mit Erwachsenen häufiger als Jungen.

Für beide Geschlechter ist im Vorschulalter das Spiel die wichtigste soziale Aktivität. Mädchen und Jungen beanspruchen dabei aber unterschiedliche „Spielräume" (vgl. Maccoby 2000b): Jungen spielen häufiger in größeren Gruppen und häufiger im Freien, während sich Mädchen dagegen überwiegend im Haus aufhalten und in kleineren Gruppen zu zweit oder zu dritt spielen. Befinden sich sowohl Jungen als auch Mädchen gemeinsam in einem Raum, nehmen die Jungen für ihre Beschäftigungen und Aktivitäten mehr Raum ein als die Mädchen, entfernen sich weiter von den Erziehern und bewegen sich wilder. Toben, Jagen und Balgen gehören zu den Lieblingsbeschäftigungen der Jungen (vgl. Rohrmann/Thoma 1998).

Ab dem dritten Lebensjahr beschäftigen sich Kinder zunehmend mit geschlechtstypischem Spielmaterial (vgl. Nickel/Schmidt-Denter 1988). Mädchen favorisieren Puppen und Spielhaushaltsgeräte; Jungen bevorzugen Baukästen, Werkzeuge und technisches Spielmaterial (vgl. Einsiedler 1999; siehe Abbildung 20).

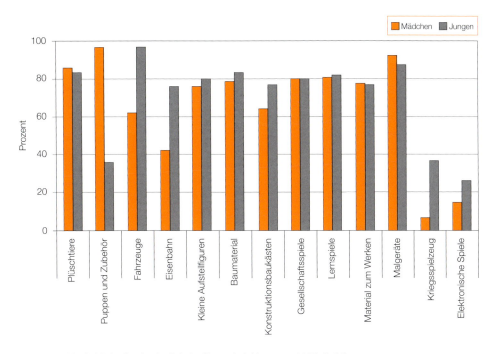

Abbildung 20: Spielmittelbesitz der Schulanfänger (vgl. Hartmann 2000, S. 92)

Scheu (1995) weist darauf hin, dass beim gemeinsamen Spiel von Mädchen und Jungen meist mit geschlechtsneutralen Spielsachen gespielt wird. Geschlechtsneutrales Spielzeug scheint somit die Interaktion zwischen Mädchen und Jungen anzuregen, während geschlechtstypisches Spielzeug eher zu getrenntgeschlechtlichem Spiel führt. Geschlechtstypisches Spielmaterial hat außerdem geschlechtstypische Spielformen und Interessen zur Folge (vgl. Scheu 1995). Das Konstruktionsspiel in der Bauecke und das Toben in Bewegungs- und Sportspielen kann als Lieblingsspiel von Jungen angesehen werden, wohingegen Mädchen sich häufiger in der Puppenecke aufhalten und dort Fantasie- und Rollenspiele durchführen sowie gerne malen und basteln (vgl. Rohrmann/Thoma 1998).

Nickel und Schmidt-Denter (1988) nehmen einen wesentlichen, entwicklungsfördernden Einfluss des Kinderspiels an, so dass geringe Förderung oder sogar Behinderung des Spielverhaltens zu einer Beeinträchtigung der Gesamtentwicklung des Kindes führt. So finden sich folgende Zusammenhänge zwischen den geschlechtstypischen Spielformen und Geschlechterunterschieden in der kindlichen Kompetenzentwicklung (vgl. Eliot 2001): Eine häufige Beschäftigung mit dreidimensionalen Spielmaterialien (Bauklötze, geometrische Formen etc.) fördert die visuell-räumliche Koordination und führt zu besseren Leistungen bei räumlichen Aufgaben. Konstruktionsspiele werden vor allem von Jungen bevorzugt und dadurch könnte auch der Vorsprung der Jungen im räumlichen Aufgabenbereich zu erklären sein. Im Gegensatz dazu favorisieren Mädchen gewöhnlich Rollenspiele, in denen sie gesellschaftliche Rollen imitieren, sowie Fantasiespiele mit Puppen. Diese Spielformen haben eine fördernde Wirkung sowohl auf verbale als auch auf soziale Fähigkeiten. Weitere, empirisch belegte Unterschiede zwischen der Kompetenzentwicklung und dem Verhalten von Mädchen und Jungen in Kindertageseinrichtungen liegen für den Bereich der Kindertagesbetreuung in Deutschland zu folgenden Bereichen vor:

Im Beobachtungsbogen für Kinder im Vorschulalter (BBK) zeigen sich signifikante Geschlechterunterschiede in den Skalen Aufgabenorientierung, aggressives Verhalten und Sprachentwicklung. Verglichen mit den Jungen haben Mädchen eine bessere Aufgabenorientierung, sie zeigen weniger aggressives Verhalten und sind in ihrer sprachlichen Entwicklung weiter fortgeschritten (vgl. Mayr 2000).

In Bezug auf die Engagiertheit von Kindern in Kindertageseinrichtungen zeigen sich unterschiedliche Engagiertheitsschwerpunkte bei Mädchen und Jungen. Mädchen sind stärker engagiert in den Bereichen Kneten/Formen, Malen, Basteln, Regel-/Gesellschaftsspiele, Geduldsspiele, Arbeitsblätter, Rollenspiele, Darstellende Spiele, Musikhören und Routineaktivitäten. Jungen zeigen mehr Engagement in den Bereichen Bewegungsaktivitäten, Wasser/Sand, Werken, technische Geräte, großes und kleines Konstruktionsmaterial (vgl. Mayr/Ulich 2003). Für den Bereich der sozial-emotionalen Kompetenz kann folgender Geschlechterunterschied festgestellt werden: Bei Mädchen werden im Bereich der sozialen Kompetenz und der emotionalen Regulationsfähigkeit höhere Kompetenzen beobachtet als bei Jungen (vgl. Mayr/Ulich in Druck). Im Hinblick auf Sprachentwicklung (vgl. Mayr/Ulich in Druck) ergeben die Beobachtungen in den Kindertageseinrichtungen in allen Bereichen der Sprachentwicklung, die nicht struktureller Natur sind (Grammatik, Satzbau), für Mädchen eine höhere altersbezogene Sprachkompetenz als für Jungen.

Für die in der Kindheit übliche Trennung zwischen den Geschlechtern führt Maccoby (2000b) mögliche Gründe auf:

Erstens scheinen die Spielstile gleichgeschlechtlicher Spielgefährten besser miteinander vereinbar zu sein. Zweitens scheinen kognitive Faktoren wie Geschlechterwahrnehmung, Geschlechtsidentität, Geschlechterrollen und Geschlechtsstereotype ursächlich an der Geschlechtertrennung beteiligt zu sein (siehe Kapitel 2.4). Drittens ist schließlich noch der Sozialisierungsdruck zu geschlechtstypischem Verhalten durch Eltern, Lehrer und Peers zu nennen. Dabei geht der Druck, sich gegen das andere Geschlecht abzugrenzen, vor allem von den Gleichaltrigen aus. Darüber hinaus ist die Neigung zur Geschlechtertrennung noch von anderen Faktoren wie zum Beispiel der Umwelt abhängig: So ist das Ausmaß der sozialen Interaktion zwischen den Geschlechtern in verschiedenartigen Settings durchaus unterschiedlich. Das Geschlecht ist dann von geringerer Bedeutung und Mädchen sowie Jungen können sowohl konstruktiv als auch harmonisch miteinander interagieren.

Um der Geschlechtertrennung und dem geschlechtstypischen Spielverhalten sowie den damit in Zusammenhang stehenden Geschlechterunterschieden in Interessens- und Kompetenzentwicklung entgegenzuwirken, ist die Umgestaltung der Räume der Kindertagesbetreuung und des Materialangebots eine entscheidende Maßnahme. In bestimmten geschlechtsneutral gestalteten Settings und Situationen kommt es leichter zu einer sozialen Interaktion zwischen den Geschlechtern und Mädchen sowie Jungen sind imstande, kompetent miteinander zu interagieren (vgl. Maccoby 2000b).

So konnte gezeigt werden, dass Mädchen und Jungen zu rollen- und kompetenzerweiterndem Spielverhalten angeregt werden können (vgl. Mayer 2006). Eine verhältnismäßig kleine räumliche Umgestaltungsmaßnahme in einem Gruppenraum, und zwar die Zusammenlegung der von den Mädchen bevorzugten Puppenecke und der von den Jungen dominierten

Bauecke zu einem weniger geschlechtstypisch gestalteten Spielbereich, kann dies bereits bewirken. Durch die Umgestaltungsmaßnahme steigt das gemeinsame Spiel von Mädchen und Jungen nach zwei Monaten signifikant an und im Spielverhalten sind keine Geschlechterunterschiede mehr zu beobachten (siehe Abbildung 21). Außerdem verbessern sich die Mädchen im räumlichen Vorstellungsvermögen und die Jungen in der sozial-emotionalen Kompetenz signifikant.

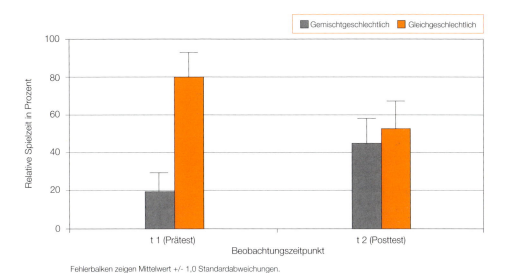

Abbildung 21: Relative Spielzeit von gleich- und gemischtgeschlechtlichem Spiel in Prä- und Posttest (vgl. Mayer 2006, S. 52)

Daher betrachtet Maccoby (2000b) die Geschlechtertrennung, trotz der starken Bevorzugung gleichgeschlechtlicher Spielkameraden, nicht als starr, sondern sieht vielmehr in bestimmten Situationen und Settings eine Möglichkeit, die soziale Interaktion zwischen Mädchen und Jungen anzuregen.

3.3 Kindertagesbetreuung

3.3.1 Erzieherin-Kind-Beziehung

Zusammenhang zwischen Bindungsqualität und Bildungsfähigkeit des Kindes. Während in der Eltern-Kind-Bindung kein Einfluss des kindlichen Geschlechts auf die Bindungsqualität nachgewiesen werden konnte, zeigt sich, dass sich Erzieherin-Mädchen-Beziehungen leichter entwickeln und ausgeprägter sind als Erzieherin-Jungen-Beziehungen. Außerdem bauen Mädchen häufiger sichere Bindungen zu Erzieherinnen auf als Jungen (vgl. Ahnert u. a. 2006; siehe Abbildung 22).

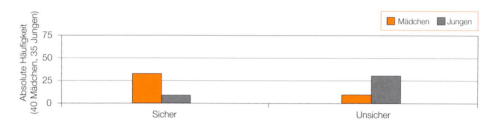

Abbildung 22: Bindungssicherheit von Mädchen und Jungen zur Erzieherin
(Attachment Questionnaire Style (AQS); vgl. Glüer/Wolter/Hannover 2008)

Der Einfluss der Bindungsqualität zur Erzieherin auf die Bildungsfähigkeit des Kindes ist bisher empirisch kaum untersucht worden. In einer Studie von Glüer, Wolter und Hannover (2008) erzielten die Jungen erwartungsgemäß geringere Leistungswerte in den Vorläuferkompetenzen zum Lesen und Schreiben als Mädchen. In der Bindungsqualität zur Erzieherin wurde ein Zusammenhang mit den Vorläuferkompetenzen im Lesen und Schreiben festgestellt, der über das Geschlecht des Kindes vermittelt wird. In den mathematischen Vorläuferkompetenzen zeigten sich keine geschlechtsspezifischen Unterschiede im Kindergarten. Möglicherweise machen Erzieherinnen vor dem Hintergrund ihrer eigenen geschlechtsspezifischen Kompetenzen eher Lern- und Interaktionsangebote für Mädchen.

Neueste Ergebnisse aus der Bildungsforschung (vgl. Ahnert 2008) zeigen, dass Mädchen eher von beziehungsorientierten Lernangeboten profitieren und Jungen eher von sachorientierten Lernangeboten. Erzieherinnen neigen jedoch dazu, wenn sie ihre pädagogische Arbeit nicht in Bezug auf Geschlechterunterschiede reflektiert haben, vorwiegend beziehungsorientierte Lernangebote zu machen, die dann auch eher von Mädchen angenommen werden.

Geschlechtsspezifische Qualität der Erzieherin-Kind-Beziehung. Dass in der Kindertagesbetreuung leichter und ausgeprägtere Beziehungen der Erzieherinnen zu den Mädchen festzustellen sind, lässt sich mit Ahnert (2007) folgendermaßen erklären: In den gleichgeschlechtlichen Mädchengruppen zeigt sich im Vergleich zu den Jungengruppen, dass Mädchen eher egalitäre Strukturen bilden, ihr Aktivitätsniveau besser regulieren können und mehr prosoziales Verhalten zeigen. Diese Eigenschaften der Mädchen führen bei der Beziehungsgestaltung zu einem geringeren Aufwand für die Erzieherinnen. Obwohl die Erzieherinnen durchaus auch Jungen zu ihren „Lieblingskindern" zählen, war die beobachtete Qualität der Erzieherin-Kind-Beziehung bei Mädchen signifikant höher als bei Jungen (vgl. Ahnert 2008).

Kompetenzen der Erzieherin. Sichere Erzieherin-Kind-Bindungen hängen eher mit einer professionalisierten Erziehertätigkeit für Kindergruppen als mit der summarischen Individualbetreuung einzelner Kinder zusammen. Es geht also um gruppenorientiertes versus kindzentriertes Erzieherverhalten. Dabei sollte die Gruppenatmosphäre durch ein Erzieherverhalten geprägt sein, das empathisch, gruppenbezogen und an der Gruppendynamik reguliert ist. Unter Berücksichtigung der Anforderungen der Gruppe muss auf die sozialen Bedürfnisse jedes einzelnen Kindes prompt und angemessen reagiert werden (Feinfühligkeit). Es muss ein Gleichgewicht zwischen der allgemeinen Betreuung der Kindergruppe und der feinfühligen Reaktion auf die individuellen Bedürfnisse jedes einzelnen Kindes entstehen. Das heißt, es geht um die Erfüllung der individuellen kindlichen Bedürfnisse unter Einbeziehung der Gruppenanforderungen. Während im Kleinst- und Kleinkindalter stressreduzierende und sicherheitsgebende Aspekte die Hauptrolle spielen, geht es im Vorschulalter vor allem um erzieherische Unterstützungen bei der kindlichen Exploration und beim Wissenserwerb (vgl. Ahnert 2007).

Da Mädchen und Jungen von einer unterschiedlichen Gestaltung der Lernangebote profitieren, kommt es dabei auf die „Gender-Kompetenz" der Fachkraft an, ebenso wie auf die Kompetenz, mit Heterogenität umzugehen – und nicht auf das Geschlecht.

3.3.2 Femininität der pädagogischen Fachkräfte in der Kindertagesbetreuung

Die Zahlen sprechen für sich: Der Anteil der Männer am Personal in Kindertageseinrichtungen betrug im Jahr 2007 in Deutschland drei Prozent, der der Frauen 97 Prozent (siehe Abbildung 23).

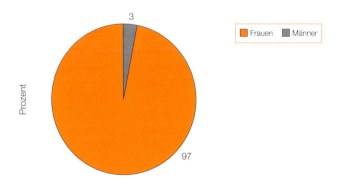

Abbildung 23: Anteil weiblicher und männlicher Erzieher in Kindertageseinrichtungen in Deutschland, 2007 (vgl. Statistisches Bundesamt/Gesellschaft Sozialwissenschaftlicher Infrastruktureinrichtungen (GESIS-ZUMA)/Wissenschaftszentrum Berlin für Sozialforschung (WZB) 2008)

In pädagogischen Arbeitsfeldern ist das Personal überwiegend weiblich, umso mehr je jünger die Kinder sind, mit denen die pädagogischen Fachkräfte arbeiten. In vielen Kindertageseinrichtungen ist kein einziger männlicher Mitarbeiter zu finden (vgl. Rohrmann 2006). Man kann also mit Rabe-Kleberg (2005) von einer „Feminisierung der Erziehung" von Kindern sprechen, die Chancen und Gefahren für die Bildungsprozesse von Mädchen und Jungen beinhaltet.

In der Öffentlichkeit ist daher der Ruf nach mehr Männern in der frühkindlichen Bildung laut geworden, vor allem angesichts des Phänomens schlechterer Schulleistungen von Jungen. Für den Ruf nach mehr Männern gibt es nach Rohrmann (2006) folgende Begründungszusammenhänge:

1. Die Lebenswelten sind hauptsächlich von Frauen geprägt. Typisch männlichen Verhaltensweisen und Interessen wird zu wenig Beachtung geschenkt oder sie werden sogar abgewertet.
2. Es wird hervorgehoben, dass Jungen männliche Vorbilder und Identifikationsfiguren zur Entwicklung einer männlichen Identität brauchen.
3. Für Veränderungen im Verhältnis der Geschlechter, im Sinne von Gender-Mainstreaming, ist das Engagement sowohl von Frauen als auch von Männern im Dialog und miteinander notwendig.

Männliche Fachkräfte in der Kindertagesbetreuung. Die so genannte „Femininisierung der Erziehung", die weibliche Geprägtheit in Erziehungseinrichtungen und das Fehlen von männlichen Ko-Konstrukteuren, wird als Benachteiligung von Jungen in ihrem Prozess der Gender-Bildung gesehen, da die Bildung der Geschlechtsidentität bei Jungen auf der Trennung vom weiblichen Geschlecht beruht. Dieses einseitig feminisierte pädagogische Arbeitsfeld ist allerdings wohl nicht als Behinderung anzusehen, wenn die familiären sowie sozialen Beziehungen und Verhältnisse den Kindern vielfältige Anregungen, moderne Vorbilder und Einstellungen für den Prozess der Gender-Bildung bieten (vgl. Rabe-Kleberg 2005).

Der Mangel an männlichen Bezugspersonen in der frühkindlichen Erziehung wird also hauptsächlich als Problem für Jungen angesehen. Damit ist die Forderung verbunden, dass die männlichen Fachkräfte in dieser Jungenarbeit in besonderer Art und Weise auf die Jungen eingehen sollen.

Es wird aber selten erklärt, wofür Jungen Männer brauchen und welche Eigenschaften diese Männer besitzen müssen, um als Vorbilder fungieren zu können. Außerdem wird kaum thematisiert, dass auch für die Entwicklung der Mädchen Männer bedeutsam sind. Laut Rohrmann (2006) gibt es keine systematischen Untersuchungen zur Wirkung männlicher Fachkräfte in Kindertagesstätten auf Kinder. Nach Praxisberichten der pädagogischen Fachkräfte aus Kindergarten und Hort kann durch die gemeinsame Erziehung durch Frauen und Männer geschlechtstypisches Verhalten in Kindertagesstätten verstärkt werden. In geschlechtsgemischten Mitarbeiterteams werden nicht selten Aufgaben und Tätigkeiten unbeabsichtigt geschlechtstypisch aufgeteilt: So fühlen sich „Männer (…) oftmals in die Rolle von Hausmeistern, Organisatoren, Handwerkern und Experten für Rauf- und Aktionsspiele gedrängt" (Stoklossa 2001, S. 63). Wohingegen es normal ist, dass Frauen auch „Männertätigkeiten" ausführen, wenn das Kollegium nur aus Frauen besteht.

Allerdings stellt sich bei weiblichen Kollegen, die sich um eine geschlechtersensible Pädagogik bemühen und von der Zusammenarbeit mit Männern in Kindertageseinrichtungen einen Abbau von stereotypen Verhaltensweisen und Einstellungen erhoffen, meist Enttäuschung ein.

Auf diesem Gebiet der Kindertagesbetreuung gibt es kaum umfassende empirische Untersuchungen hinsichtlich des Verhältnisses zwischen Bildungs- und Gender-Prozessen. Hier geht es um die Kompetenz der pädagogischen Fachkräfte in Bezug auf geschlechtsbewusste Pädagogik. Darüber gibt es kaum Daten, lediglich einige Umfrageergebnisse bei pädagogischen Fachkräften und diese weisen darauf hin, dass die meisten Fachkräfte über wenig Wissen und noch weniger Kompetenz bezüglich „Gender" verfügen und daher um eine „geschlechtsneutrale" Erziehung bemüht sind, was genau das Gegenteil von einer „genderbewussten" oder „gendersensitiven" Pädagogik ist (vgl. Niesel 2008; Rabe-Kleberg 2005). Dabei ist zu beachten, dass der Prozess der Gender-Bildung bei Mädchen und Jungen unterschiedlich verlaufen, auf beide muss in spezifischer Art und Weise eingegangen werden.

Geschlechtsbewusste Pädagogik. Rabe-Kleberg (2005) und Rohrmann (2006) zeigen zu Recht auf, dass in erster Linie eine intensive Auseinandersetzung mit dem Thema Gender, der eigenen Professionalität der pädagogischen Fachkraft und dem bedeutsamen Bildungsthema „Gender" für Kinder stattfinden muss. Es geht um die „Gender-Kompetenz" der Fachkräfte und die Bildungschancen von Mädchen und Jungen, also um eine geschlechtsbewusste Pädagogik.

Nach Faulstich-Wieland (2008) wird für eine Veränderung der Praxis zu einer geschlechtsbewussten bzw. gendersensiblen Pädagogik ein entscheidender Schritt in der Sensibilisierung der pädagogischen Fachkräfte gesehen. Es wird hierbei betont, dass es hilfreich ist, sich stereotypisierende Aspekte klarzumachen, aber im direkten Umgang mit den Kindern das Geschlecht nicht ständig in den Vordergrund zu stellen und das Geschlecht nicht als entscheidendes Bewertungskriterium heranzuziehen. Anstatt der Vereinheitlichung auf der Grundlage des Geschlechts hilft der Blick auf die Heterogenität aller Kinder und die Individualität jedes einzelnen Kindes viel mehr bei der Unterstützung von Bildungsprozessen.

3.3.3 Bildungsauftrag

Bezüglich Umfang und inhaltlicher Gestaltung des Themas Geschlecht (Mädchen und Jungen, Geschlechterrollen, geschlechtersensible Pädagogik) unterscheiden sich die Bildungspläne, -programme, -empfehlungen oder -leitlinien der einzelnen Bundesländer sehr. Die Ausführungen der Bildungspläne der einzelnen Bundesländer reichen von kurzen Erwähnungen bis zu differenzierten Darstellungen. Als Ziel wird in der Regel formuliert, den geschlechtsspezifischen Einschränkungen des Erfahrungs- und Verhaltensrepertoires von Mädchen und Jungen entgegenzuwirken.

Geschlecht wird häufig als Aspekt von Diversität verstanden; dabei wird aber übersehen, dass geschlechtersensible Erziehung die gesamte Persönlichkeit der Mädchen und Jungen und ihre Bildungsprozesse umfassen sollte, und zwar von Anfang an, und dass der Erwerb des sozialen Geschlechts einen grundlegenden Bildungsprozess in der frühen Kindheit darstellt (vgl. Niesel 2008; Rabe-Kleberg 2005). Daher wird als frühpädagogisches Ziel in Bildungsplänen wie dem bayerischen Bildungs- und Erziehungsplan (vgl. Bayerisches Staatsministerium für Arbeit und Sozialordnung, Familie und Frauen (StMAS)/Staatsinstitut für Frühpädagogik (IFP) 2006) die Förderung von Basiskompetenzen bzw. Schlüsselkompetenzen (grundlegende Fähigkeiten, Fertigkeiten, Haltungen und Persönlichkeitscharakteristika) herausgestellt. Dabei sollen Gender-Aspekte mit einbezogen werden. Den pädagogischen Fachkräften stellt sich daher die Aufgabe, Kinder bei der Entwicklung durch die Schaffung eines möglichst breiten Erfahrungsspektrums zu unterstützen.

Kindertagesstätten sind wichtige Bereiche, um Erfahrungen in Interaktionen von gleich- und gemischtgeschlechtlichen Gruppen zu machen, in denen sich Kinder selbst oder durch Erwachsene organisiert zusammenfinden. Kinder werden dabei als aktive Gestalter ihrer Geschlechtsidentität gesehen, indem sie aus den Angeboten ihrer Umwelt auswählen. Daher haben Kindertageseinrichtungen die Aufgabe, durch die Schaffung und Bereitstellung eines möglichst breiten Erfahrungsangebots die Kinder bei der Entwicklung von Basiskompetenzen und ihrer Geschlechtsidentität zu unterstützen. Hier bietet die Umstrukturierung der Räume und des Materialangebots eine entscheidende Möglichkeit, flexibleres, rollenerweiterndes und weniger geschlechtstypisches Verhalten zu fördern.

Fazit:
Zu Beginn der Bildungsphasen zeigen sich noch geringe Unterschiede zwischen Mädchen und Jungen. In dieser Phase nehmen Erzieher in Kinderkrippen und Kindertagesstätten neben den Eltern großen Einfluss auf die geschlechtsspezifische Entwicklung von Kindern. In dieser frühen Phase können sich dementsprechend erste geschlechtsstereotype Verhaltensweisen herauskristallisieren. Um eine gleichberechtigte Förderung von Mädchen und Jungen zu gewährleisten und damit einer Benachteiligung eines Geschlechts vorzubeugen, wird eine geschlechtsbewusste Pädagogik gefordert. Zum einen muss einem geschlechtergetrennten Spielverhalten durch die Veränderung von Spielsettings bewusst entgegengewirkt werden. Zum anderen zeichnet sich eine geschlechtersensible Pädagogik durch das „Bewusstmachen" geschlechtsspezifischer Rollenstereotype und damit durch die Reflexion der Erzieher über ihre Bindungsqualität zu Mädchen und Jungen sowie über das eigene geschlechtsspezifische Verhalten aus.

4 Geschlechterdifferenzen im Kindergarten

Die Bedeutung des kindlichen Geschlechts für die Bildung, Erziehung und Betreuung in der Frühpädagogik ist in den vergangenen Jahrzehnten wiederholt und unter verschiedenen Gesichtspunkten thematisiert worden. Den verschiedenen institutionellen Betreuungsformen für Kinder ab dem vollendeten zweiten oder dritten Lebensjahr bis zum Übergang in die Grundschule, die hier als „Kindergarten"[7] bezeichnet werden, kommt eine sensible Rolle zu, da sie die Altersspanne betreffen, in der sich die Geschlechtsidentität und die Übernahme kulturell bedingter Geschlechterrollen in eigene Verhaltensweisen entwickeln und festigen. Was dies für die pädagogische Praxis in Kindergärten bedeutet, wurde vielfach diskutiert und interpretiert, gleichwohl bislang nur eingeschränkt empirisch abgesichert. Es scheint die Annahme bzw. Befürchtung zu bestehen, dass die existierenden Unterschiede zwischen Mädchen und Jungen zu problematischen Situationen im pädagogischen Handeln führen, die in der Folge mit Benachteiligungen für das eine oder andere Geschlecht verbunden seien. Diesen (potenziellen) Benachteiligungen sollte dann möglichst früh „prophylaktisch" durch (empirisch wenig gesicherte) Maßnahmen entgegengetreten werden. In der Diskussion werden oftmals die Unterschiede zwischen den beiden Geschlechtern betont; damit rückt das Gros an Gemeinsamkeiten tendenziell in den Hintergrund. Angesichts der tatsächlich bestehenden Übereinstimmungen von Mädchen und Jungen in ihren Kompetenzen und Verhaltensweisen besteht die Gefahr, dass die „Differenzen-Perspektive" den Blick auf die Individualität eines Kindes verstellt und eher stereotype (Neu-)Zuschreibungen befördert werden. Damit besteht eine wichtige pädagogische Aufgabe darin, möglicherweise übertriebene Befürchtungen und Benachteiligungsängste zu problematisieren, „Überzogenes" von „Begründetem" zu trennen, die Individualität des einzelnen Kindes zu berücksichtigen und entsprechend pädagogisch zu handeln. Allerdings ist das empirische Wissen über durch Gender bedingte Unterschiede im Kindergarten sehr eingeschränkt und empirisch überprüfte Konzepte für die Kindergartenarbeit fehlen weitgehend.

Unstrittig sind Geschlechterunterschiede und potenzielle Benachteiligungen von Jungen in späteren Phasen des Bildungssystems. Allerdings bleibt unklar, ob sich diese später auftretenden Benachteiligungen bereits im Kindergarten herausbilden und vermeiden lassen.

Damit stellen sich für die Kindergartenarbeit u. a. folgende Fragen (vgl. Rohrmann 2005, S. 105):
1. Wird mit der Betonung der Geschlechterdifferenz nicht gerade eine geschlechtsbezogene Normierung verstärkt?
2. Wird die Gender-Thematik nicht erst in diese Altersgruppe hineinverlagert, indem gezielt auf die Wichtigkeit geschlechtergetrennter Angebote hingewiesen wird?
3. Handelt es sich damit beim Gender-Thema überhaupt um ein genuines frühpädagogisches Thema?
4. Stellt Gender im Kindergarten überhaupt ein Problem dar oder muss – bezogen auf das Kindergartenalter – viel vorsichtiger argumentiert werden?

---

[7] Der Begriff „Kindergarten" wird als Oberbegriff für die verschiedenen Formen institutioneller Bildung, Erziehung und Betreuung von Kindern vor Schulbeginn benutzt. Er wird anderen Bezeichnungen, wie z. B. „Kindertagesstätte", vorgezogen, da er in der Tradition von Friedrich Fröbel immer schon dem Bildungsgedanken verpflichtet ist.

4.1 Entwicklungsunterschiede zwischen Mädchen und Jungen im Kindergartenalter und bildungsbezogene Erwartungen

Entwicklungsunterschiede zwischen Mädchen und Jungen sind schon im Kindergartenalter vorhanden. Allerdings verbieten sich simplifizierende Zuschreibungen; zudem scheinen Ausmaß und Differenziertheit der festgestellten Unterschiede auch davon abzuhängen, ob sie über objektive Tests wie in entwicklungspsychologischen Untersuchungen oder über Befragungen von Bezugspersonen wie z. B. Erziehern im Kindergarten festgestellt werden.

Die entwicklungspsychologische Forschung macht seit Jahren deutlich, dass es auch im Kindergartenalter keine einfachen geschlechtsspezifischen Kompetenzunterschiede – wie „Mädchen haben Vorteile in der Sprache, Jungen dagegen in Mathematik" – gibt, sondern beide Geschlechter in allen Entwicklungsdomänen Subbereiche besser und schlechter beherrschen können. Dies lässt sich an wenigen Beispielen verdeutlichen (vgl. auch Hannover/ Schmidthals 2007; Pauen 2005; Wendt 1997): Mädchen zeigen im Allgemeinen eine bessere Feinmotorik und eine frühere Sprachentwicklung, die sich in einem größeren Wortschatz und elaborierteren Kommunikationsfähigkeiten niederschlägt. Jungen hingegen wurde lange ein genereller Vorteil in der Entwicklung grobmotorischer sowie mathematischer Fähig- und Fertigkeiten nachgesagt. Bei genauerer Betrachtung dieser Unterschiede ist allerdings festzustellen, dass die motorischen Fertigkeiten von Mädchen die der Jungen durchaus übertreffen, wenn Anforderungen z. B. mit dem Gleichgewicht koordiniert werden müssen. Ebenso differenziert muss der lange postulierte Vorteil der Jungen im mathematischen Bereich gesehen werden: In einigen Teilkompetenzen werden geschlechtsspezifische Vorteile zwar kontrovers diskutiert, in anderen – wie z. B. Zahlensymbol-Vorwissen und zahlbezogene Arbeitsgedächtnisleistung – lassen sich im Kindergartenalter nahezu durchgängig Vorteile für Jungen finden (vgl. u. a. Dornheim 2008; Krajewski 2003). In mathematischen Subbereichen aber, in denen Mädchen ihre sprachlichen Fähig- und Fertigkeiten unterstützend einsetzen können, zeigen sie vergleichbar gute oder zum Teil auch bessere Kompetenzen als Jungen. Spätere Kompetenz- und Interessensunterschiede zwischen Mädchen und Jungen können also nicht unmittelbar auf bessere Kompetenzen in allen Subbereichen eines Fachs zurückgeführt werden; möglicherweise werden sie eher von auf die jeweiligen Stärken der beiden Geschlechter ausgerichteten Förderstrategien und -methoden (mit-)verursacht. Festzuhalten bleibt aber, dass es im Kindergartenalter zwar Entwicklungsunterschiede zwischen Mädchen und Jungen gibt, diese aber weniger ausdifferenziert ausfallen als in späteren Bildungsphasen.

Bei Einschätzungen der kindlichen Kompetenzen und Verhaltensweisen durch Eltern oder Erzieher lassen sich in der Regel deutliche(re) Geschlechterunterschiede zwischen Mädchen und Jungen finden, die zum Teil weitgehend den in der Öffentlichkeit vorherrschenden Geschlechtsstereotypen entsprechen. Im SOEP wurden Eltern von Kindern im Alter von zwei bis drei Jahren danach gefragt, wie ihre Kinder alltägliche Lebenssituationen (im Hinblick auf sprachliche, motorische und soziale Entwicklung bzw. Entwicklungsaufgaben sowie Alltagsfertigkeiten) bewältigen. In dieser Hinsicht schätzen die Eltern Mädchen im Vergleich zu Jungen hoch signifikant als kompetenter ein (vgl. Mühler/Spieß 2008). Deutliche Unterschiede finden sich auch nach Einschätzung des pädagogischen Fachpersonals in Kindergärten. In der aktuellen Längsschnittuntersuchung BiKS[8] zeigt sich, dass Erzieher – bei einer insgesamt hohen Profilähnlichkeit – Mädchen im Vergleich zu Jungen im Alter von etwa dreieinhalb Jahren signifikant für weniger aggressiv, für aufmerksamer bzw. konzentrierter sowie kooperativer halten (siehe Abbildung 24). Keine signifikanten geschlechtsspezifischen Unterschiede zeigen sich im Bereich der Schüchternheit. Im Hinblick auf schulnahe Kompetenzen werden Mädchen in diesem Alter von den Erziehern bessere Fähigkeiten im Bereich der Sprache, Schriftsprache, Kreativität und der aufgabenbezogenen Selbststeuerung zugeschrieben. Umgekehrt verhält es sich im Bereich des technisch-mathematischen Interesses; dort werden die Fähigkeiten von Jungen als besser eingeschätzt.

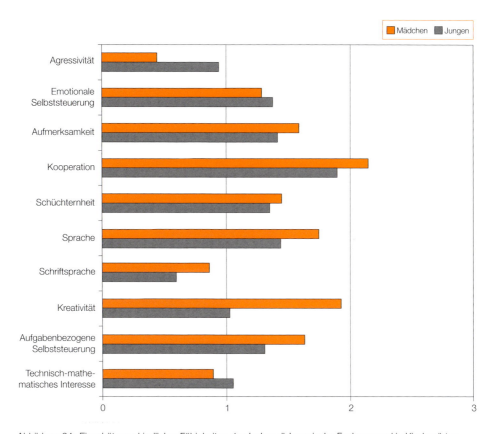

Abbildung 24: Einschätzung kindlicher Fähigkeiten durch das pädagogische Fachpersonal in Kindergärten (0 = trifft nicht zu bis 3 = trifft zu; Datenquelle: BiKS)

---

[8] Siehe Verzeichnis der Studien.

Im Alter von fünfeinhalb Jahren zeigen sich die gleichen Ergebnisse wie bei den jüngeren Kindern mit Ausnahme der Einschätzungen der Sprachfähigkeit durch die Erzieher: Hier unterschieden sich Mädchen und Jungen nicht mehr signifikant voneinander.

Es ist davon auszugehen, dass die Unterschiede in den subjektiven Wahrnehmungen auch zu differentieller Behandlung durch die Erzieher führen können (vgl. dazu auch Seebauer 2008). Damit ist vor allem auch die Notwendigkeit angesprochen, den pädagogischen Fachkräften Wissen über tatsächliche und rollenbedingte Unterschiede zwischen den Geschlechtern zu vermitteln, damit sie auf diesem Wege ihre Wahrnehmungsmöglichkeiten differenzieren und ihr pädagogisches Handeln sensibel auf die Individualität eines Kindes abstimmen können.

Im Unterschied zu den Einschätzungen der kindlichen Kompetenzen und Verhaltensweisen zeigen sich in der Längsschnittstudie BiKS nur geringe geschlechtsbezogene Bildungserwartungen bei Erziehern von Kindern im Alter von dreieinhalb Jahren: Im Hinblick auf den voraussichtlichen späteren Einschulungszeitpunkt sehen die *Erzieher* keine Unterschiede zwischen Mädchen und Jungen. Allerdings prophezeien sie bei Mädchen etwas häufiger die Mittlere Reife und das Abitur als Schulabschluss, wohingegen sie bei Jungen eher einen Hauptschulabschluss vorhersagen.[9] Die befragten *Eltern* haben keine unterschiedlichen Fördererwartungen an den Kindergarten in Abhängigkeit vom Geschlecht ihres Kindes. Ebenso gibt es äußerst geringe Unterschiede bei einzelnen Erziehungszielen (siehe Abbildung 25).

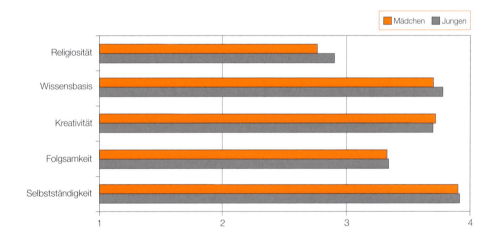

Abbildung 25: Einschätzung der Wichtigkeit ausgewählter Erziehungsziele aus Sicht der Eltern
(1 = unwichtig bis 4 = wichtig; Datenquelle: BiKS)

---

[9] Fried (2001) kommt darüber hinaus in einer Zusammenschau von sechs Diplomarbeiten an der Universität Landau zum Thema „Geschlechtsspezifische Erziehungsideale von Erzieher/-innen" zu dem Fazit, dass Erzieherinnen widersprüchlichen Leitbildern folgen.

Weiterhin erwarten die Eltern keine geschlechtsspezifischen Unterschiede in den zukünftigen Bildungskarrieren ihrer Kinder in diesem frühen Alter von dreieinhalb Jahren. Dies bezieht sich zum einen auf den voraussichtlichen Einschulungszeitpunkt ihres Kindes und zum anderen auf den voraussichtlichen Bildungsabschluss, von dem die Eltern annehmen, dass ihn das Kind einmal erreichen wird. Geringe Unterschiede zeigen sich lediglich – und hier durchaus geschlechtstypischen Bildern entsprechend – in den einzelnen Förderschwerpunkten: Bei Eltern von Jungen zeigt sich der Förderschwerpunkt bezüglich Motorik sowie Naturerfahrungen und Sachwissen als ausgeprägter. Insgesamt aber überwiegen bei Erziehern und Eltern Gemeinsamkeiten im Hinblick auf bildungsbezogene Erwartungen.

4.2 Übergang in den Kindergarten – frühe Bildungsbeteiligung

Im Hinblick auf mögliche Benachteiligungen wird der frühen Bildungsbeteiligung besondere Aufmerksamkeit geschenkt. Gefragt wird danach, ob es beim Zugang zu formellen und informellen Bildungs- und Betreuungsangeboten geschlechtsspezifische Nutzungsunterschiede gibt. Der Blick in die amtliche Statistik der Kinder- und Jugendhilfe von 2007 zeigt, dass der Anteil der Jungen (51,5 Prozent) und Mädchen (48,5 Prozent) an Kindern in Kindertageseinrichtungen insgesamt praktisch gleich ist. Generell besuchen in etwa gleich viele Mädchen mit Migrationshintergrund (48,4 Prozent, gebildet über Herkunftsland bzw. 48,0 Prozent, gebildet über Muttersprache) und Jungen mit Migrationshintergrund (51,6 Prozent, gebildet über Herkunftsland bzw. 52,0 Prozent, gebildet über Muttersprache) Kindertageseinrichtungen (vgl. Statistisches Bundesamt 2008d).

Betrachtet man die verschiedenen Altersgruppen in der Spanne von der Geburt bis zum Eintritt in die Schule, so lassen sich auch hier keine geschlechtsspezifischen Unterschiede in der Nutzung von Kindertageseinrichtungen feststellen. Die weitere Differenzierung in öffentliche und freie Trägerschaft weist ebenfalls keine geschlechtsspezifischen Nutzungsunterschiede auf (vgl. Statistisches Bundesamt 2008d). Auch in der Längsschnittstudie BiKS zeigen sich keine geschlechtsspezifischen Nutzungsunterschiede, weder beim Eintrittsalter in den Kindergarten noch bei der ersten Fremdbetreuung oder dem wöchentlichen Umfang der Kindergartennutzung (Stunden pro Woche). Ähnliches berichten Mühler und Spieß (2008) in Analysen des SOEP zur Nutzung informeller Förderangebote: Sie stellen keine Geschlechterunterschiede in der Nutzung von z. B. Eltern-Kind-Gruppen, Kinderturnen oder frühkindlicher Musik- und Kunsterziehung fest. Damit kann festgehalten werden, dass es keine Unterschiede zwischen Mädchen und Jungen in der frühen Beteiligung an formellen und informellen Bildungsangeboten gibt.

4.3 Rahmenpläne der Bundesländer für die Bildungsarbeit im Kindergarten

Zwischen Jahresende 2002 und Frühling 2006 haben alle Bundesländer Bildungspläne für den frühpädagogischen Bereich erarbeitet und veröffentlicht (vgl. Diskowski 2008). Anders als im Schulsystem haben Bildungspläne für Kindergärten keine Tradition und sind somit für die fachliche Steuerung der pädagogischen Arbeit relativ neu. Dies erklärt möglicherweise – trotz deutlicher Gemeinsamkeiten – die inhaltlichen und formalen Unterschiede zwischen den Bildungsplänen der 16 Bundesländer. Dies gilt auch für den Stellenwert und die Differenziertheit von Gender-Aspekten, die aber in allen Bildungsplänen zumindest knapp angesprochen werden. Allerdings bestehen zwischen den einzelnen Rahmenplänen erhebliche Unterschiede in der Behandlung des Themas „Gender" bezüglich der Art und Weise und des Umfangs wie auch der Intensität bzw. Differenziertheit sowie in der konkreten Bezeichnung (vgl. auch Rohrmann 2005, S. 87ff.).

Die Spannbreite der Auseinandersetzung mit Gender-Aspekten reicht von mehrseitigen, einschlägigen Kapiteln über die konsequente Berücksichtigung in der gesamten Darstellung bis hin zu wenigen, vereinzelten Nennungen. Im bayerischen Bildungs- und Erziehungsplan wird z. B. einer „geschlechtssensiblen Erziehung" mit einem eigenen Kapitel themenübergreifend Rechnung getragen. Sowohl Leitgedanken und spezifische Bildungs- und Erziehungsziele als auch Anregungen zur Umsetzung werden angesprochen. In deutlich geringerem Umfang gilt dies auch für andere Rahmenpläne (Hessen, Rheinland-Pfalz, Schleswig-Holstein, Thüringen). Demgegenüber sprechen das Berliner Bildungsprogramm und der sächsische Bildungsplan geschlechtersensible Aspekte der pädagogischen Arbeit nicht separat als einen übergeordneten Bereich an, sondern integrieren sie in die gesamten Ausführungen. In den Rahmenplänen der anderen Bundesländer kann eher von Vernachlässigung gesprochen werden, da Gender-Aspekte entweder extrem kurz und implizit angesprochen werden (Baden-Württemberg, Brandenburg, Bremen, Hamburg, Mecklenburg-Vorpommern, Niedersachsen, Nordrhein-Westfalen, Sachsen-Anhalt) oder aber gar keine Berücksichtigung finden (Saarland). Darüber hinaus wird in einigen Rahmenplänen auf die enge Verknüpfung der Gender-Thematik mit anderen Bereichen – z. B. der interkulturellen Erziehung (z. B. Bayern, Berlin) oder Mathematik und Naturwissenschaften (z. B. Hamburg, Hessen, Sachsen) – hingewiesen.

Blank-Mathieu (2006, S. 33) resümiert, „dass über eine genderbewusste Pädagogik zwar nachgedacht wird, sie aber häufig in den Bildungsbereichen und der pädagogischen Umsetzung nicht wieder auftaucht". Außerdem gibt es für die tatsächliche geschlechtersensible Bildungsarbeit in den einzelnen Bundesländern nur spekulative Hinweise; wissenschaftliche Überprüfungen der Aussagen fehlen weitgehend. Hinsichtlich der Umsetzung einer geschlechtersensiblen Erziehung verweisen die meisten Rahmenpläne auf eher allgemeine Ziele wie z. B. Chancengleichheit für Mädchen und Jungen, die Vermeidung von stereotypen Zuschreibungen und einengenden Verhaltensweisen oder auch die Förderung der (Geschlechts-)Identität bzw. des Körperbewusstseins. Dabei ist zu beachten, dass nicht in allen Rahmenplänen auch alle Ziele gleichzeitig angesprochen werden und andere Aspekte wie z. B. Geschlechtertrennung und/oder Koedukation nicht thematisiert werden. Als Voraussetzung und Grundlage für die Umsetzung einer geschlechtersensiblen Pädagogik im Kindergarten wird dabei nur in einigen Rahmenplänen (z. B. Bayern, Niedersachsen, Rheinland-Pfalz, Sachsen) die Selbstreflexion der pädagogischen Fachkräfte – als bedeutsamer Ausgangspunkt für ein verändertes pädagogisches Handeln – postuliert. Insgesamt kann damit festgehalten werden, dass die Gender-Problematik durchaus in den Bildungsplänen einen Niederschlag findet. Im Hinblick auf konkrete Umsetzungen in die pädagogische Praxis zeigen sich aber in der Regel Defizite. Allerdings stellt sich auch die Frage, inwieweit Bildungspläne geeignet sind, konkrete Maßnahmen zur Umsetzung der enthaltenen Ziele zu steuern (vgl. Diskowski 2008). Hierzu bedarf es pädagogischer Projekte und erprobter Konzepte.

4.4 Bildung und Erziehung im Kindergarten – Projekte und Konzepte

Angesichts der breiten Diskussion um eine genderbewusste oder geschlechtersensible Bildungsarbeit im Kindergarten sollte eigentlich erwartet werden können, dass es eine Vielzahl von genderbezogenen Projekten und erprobten Konzepten gibt. Allerdings gilt es hier, zweierlei festzuhalten: Zum einen gibt es nur ein begrenztes und „buntes" Feld genderbezogener Projekte und Konzepte; zum anderen zeichnet sich dieses Feld – wie viele andere Felder in der Frühpädagogik – durch einen gravierenden Mangel an wissenschaftlicher Begleitung und fehlenden Evaluationen aus, so dass empirisch basierte Empfehlungen nur begrenzt ausgesprochen werden können.

Ein Großteil der *Projekte,* die zur Gender-Thematik in Kindergärten bislang durchgeführt wurden, war in der Regel nicht wissenschaftlich begleitet (vgl. Rohrmann 2005, S. 94) und bietet deshalb nur eine begrenzte Aussagekraft. Thematisch lassen sich diese Projekte schwerpunktmäßig vor allem drei Bereichen zuordnen:

1. Projekte zur pädagogischen Arbeit mit Mädchen *und* Jungen in Kindergärten im Sinne des allgemeinen Gender-Mainstreamings,
2. Projekte zur pädagogischen Arbeit mit Mädchen *oder* Jungen in Kindergärten sowie
3. Aus- und/oder Fortbildungsprojekte für pädagogische Fachkräfte.

Der Schwerpunkt auf Fortbildungs-, Praxis- und z. T. auch Aktionsforschungsprojekten zieht gleichermaßen das Problem mangelnder empirisch-quantitativer Evaluationen mit sich. Die überwiegende Zahl der vorliegenden Ergebnisse basiert auf kleinen Stichprobenzahlen und resultiert aus z. B. gemeinsamen Reflexionen von Videobeobachtungen im Team, Erfahrungsberichten aus Fortbildungen oder Auswertungen von Gruppendiskussionen. Zum Teil schätzen die Autoren selbst ihre Projekte unter methodischen Gesichtspunkten kritisch ein (z. B. Rohrmann o. J.). Eine gewisse Ausnahme bildet das Projekt „Gender Mainstreaming in der Aus- und Fortbildung im Bereich frühkindlicher Erziehung und für Kindertageseinrichtungen", in dem über eine systematische bundesweite Online-Fragebogenerhebung an 85 Fachschulen/Fachakademien für Sozialpädagogik Informationen zu den Themen „Geschlechterreflektierte Pädagogik", „Geschlechterkompetenz", „Gender Mainstreaming in der Ausbildung von Erzieherinnen" und „Männer in der Erzieherausbildung" erhoben wurden.

Für eine geschlechtersensible Pädagogik im Kindergarten existieren verschiedene *pädagogische Leitfäden, Konzepte oder Ansätze,* die meist wenig wissenschaftliche Systematik aufweisen, tendenziell eher die Differenzen zwischen den Geschlechtern betonen und über diesen Fokus möglicherweise sogar zu sehr für eine Gender-Thematik sensibilisieren könnten, deren Bedeutung für das Kindergartenalter letztlich noch ungeklärt ist. Gleichfalls könnte sich durch ein (vermeintlich) „geschlechtergerechtes" Verhalten der pädagogischen Fachkräfte gegenüber den Kindern dieses Alters die Gefahr ergeben, dass sich möglicherweise positive Intentionen in kontraproduktivem Handeln niederschlagen, das die Unterschiede zwischen den Geschlechtern noch mehr betont als ausgleicht. Die bestehenden Ansätze unterscheiden sich auf verschiedenen Ebenen wie z. B. der Zielgruppe (Mädchen/Jungen), den ausgewählten Schwerpunkten (Partizipation, Individualtraining, Gewaltprävention, Sozialverhalten etc.), dem inhaltlichen Umfang oder den vorhandenen Praxisbausteinen.

Gleichzeitig fällt auf, dass die meisten Ansätze eine inhaltliche Ähnlichkeit insofern aufweisen, als drei in Anlehnung an Faulstich-Wieland (2008) als zentral betrachtete Mechanismen der geschlechtersensiblen Arbeit berücksichtigt werden:
1. eine grundlegende Sensibilisierung der pädagogischen Fachkräfte gegenüber dem Thema,
2. Vermittlung von Wissen über die tatsächlichen und rollenbedingten Unterschiede zwischen den Geschlechtern, das in Kombination mit einer Sensibilisierung zu objektiveren Wahrnehmungen führen dürfte, und
3. Rahmenbedingungen, die es den Kindern ermöglichen, sich in adäquater Weise mit dem Thema der Geschlechterrollen und -stereotypen auseinanderzusetzen.

Von besonderer Bedeutung sind dabei gerade zu Beginn der Auseinandersetzung mit geschlechtersensibler Pädagogik im Kindergarten die Prozesse der Selbst- und Teamreflexion. Diese Reflexionsprozesse müssen sowohl vorgeschaltet sein als auch die Veränderungsprozesse begleiten, damit das Gender-Thema angemessen im pädagogischen Alltag umgesetzt werden kann.

Derartige und darüber hinausgehende Reflexionsprozesse bilden eine wichtige Basis für ein geschlechtersensibles Arbeiten in der pädagogischen Praxis (vgl. z. B. Rohrmann 2005, S. 92). Geht man davon aus, dass es sich bei „Gender" bzw. „Geschlecht" um Konstruktionsleistungen handelt, die sozial (mit-)bestimmt werden, dann liegt das Ziel von Selbstreflexionsprozessen vor allem darin, subtile und unbewusste geschlechtypisierende Einflüsse von Erwachsenen mit möglicherweise einschränkenden Auswirkungen auf die individuelle Entwicklung einzelner Mädchen und Jungen zu reflektieren und auch zu vermeiden.

Insgesamt kommt Rabe-Kleberg (2005, S. 154) in einer einschlägigen Expertise für den zwölften Kinder- und Jugendbericht zu dem Urteil, dass „trotz vielfacher fachpolitischer Diskurse, politischer Grundsätze und Forderungen [sowie der Existenz verschiedener Leitfäden oder Konzepte] (…) offensichtlich von einer Entwicklung gendersensibler Praxen in den Kindertagesstätten nicht die Rede sein" kann. Für die notwendige Weiterentwicklung der praktischen geschlechtersensiblen Arbeit im Kindergarten fordert Faulstich-Wieland (2006, S. 227) deshalb vor allem eine intensivere theoretische Fundierung ihrer Grundlagen.

4.5 Bildungs- und Erziehungskultur im Kindergartenalltag

Eine zentrale Frage im Rahmen der Gender-Thematik bezieht sich darauf, ob es geschlechtsspezifische Unterschiede im Kindergartenalltag gibt. Sind die Aktivitäten und die sozialen Situationen, in denen sie durchgeführt werden, bei Mädchen und Jungen unterschiedlich? Verhalten sich die Erzieher unterschiedlich gegenüber Mädchen und Jungen, d. h., initiieren sie andere (bildungsförderliche) Aktivitäten für Mädchen als für Jungen? Antworten auf diese Fragen sind von hoher pädagogischer Bedeutung, da sie Hinweise auf mögliche geschlechtsbezogene Einschränkungen im Kindergartenalltag und damit auf mögliche Anbahnungen von Benachteiligungen geben können. Das empirische Wissen darüber ist – trotz verschiedentlich zu hörender Vermutungen und Unterstellungen – äußerst knapp. In der Längsschnittstudie (siehe Abbildung 26) wurden ausgewählte Zielkinder (insgesamt 102 Kinder im Alter von vier Jahren, zur Hälfte Mädchen) über einen Vormittag im Kindergarten standardisiert beobachtet im Hinblick auf ihre Aktivitäten, die sozialen Situationen und die an sie gerichteten Fördermaßnahmen (Zeitstichprobe). Die Ergebnisse zeigen bei differentieller Einflussnahme der Erzieher durchaus schon rollensterotype Verhaltensmuster. Betrachtet wird im Folgenden, was die Kinder tun, wer die Initiative zu dieser Aktivität gegeben hat und in welcher sozialen Situation dies geschieht.

Bei der differenzierten Betrachtung des Kindergartenalltags fällt zunächst die Vielzahl an *Gemeinsamkeiten* auf: Art und Form der kindlichen Interaktionen und Aktivitäten von Mädchen und Jungen im Alter von vier Jahren unterscheiden sich in vielen Bereichen nicht voneinander. Kinder beiderlei Geschlechts verbringen gleich viel Zeit in unmittelbarer Interaktion mit dem Erzieher und führen eine Reihe von Aktivitäten gleich häufig und lange aus (z. B. „Musizieren und Singen" und „Schulvorbereitung im engeren Sinne"). Aus eigener Initiative suchen Kinder auch „Bewegungsspiele" gleich häufig auf. Ebenfalls lassen sich keine geschlechtsspezifischen Unterschiede finden, wenn die Qualität der auf ein Kind gerichteten Fördermaßnahmen durch den Erzieher (z. B. im Hinblick auf kognitive und sprachliche Stimulation und die Förderung mathematischer Vorläuferfähigkeiten) betrachtet wird.

Vor dem Hintergrund dieser großen Gemeinsamkeiten finden sich aber auch geschlechtsspezifische Verhaltensmuster im Kindergartenalltag wieder, deren differentielle Betrachtung für pädagogisches Handeln wichtig ist. Hier ist eine Unterscheidung danach sinnvoll, ob die Kinder oder die Erzieher als Akteure betrachtet werden:

- *Kinder als Akteure:* Jungen spielen (siehe Abbildung 26) häufiger als Mädchen kooperativ und seltener parallel (im Vergleich zu individuellen Spielformen), und dies am ehesten in einer Gruppe (hier mit mindestens sieben Kindern) bzw. allein; demgegenüber spielen Mädchen eher in dyadischen Beziehungen (siehe Abbildung 27). Gleichzeitig befinden sich Mädchen im Alltag häufiger in offenen und weniger strukturierten Situationen (z. B. Rollenspiele) als Jungen.

  Die von den Kindern aus eigener Initiative durchgeführten Aktivitäten zeigen teilweise durchaus schon eine geschlechtsstereotype Prägung. So beschäftigen sich Mädchen deutlich häufiger mit „Rollenspielen", „Künstlerischem Gestalten", „Freier Sprache" und „Schlaf, Ruhezeit und Kuscheln", ebenso hören sie häufiger bei Geschichten und Kinderliedern zu. Jungen führen häufiger Aktivitäten aus den Bereichen „Puzzeln", „Gesellschafts- und Brettspiele", „Bau- und Konstruktionsspiele", „Experimente und Naturerfahrungen" sowie „Aktivitäten mit Sand und Wasser" durch.

Kapitel 4

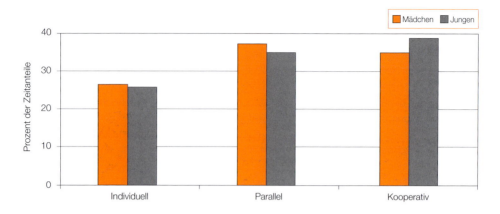

Abbildung 26: Zeitanteile, die Mädchen und Jungen jeweils individuell, parallel und kooperativ spielen
(Datenquelle: BiKS)

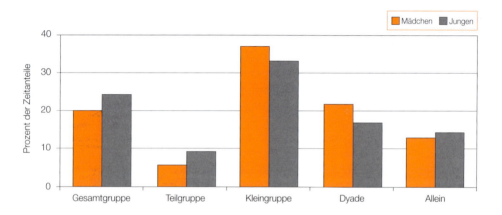

Abbildung 27: Zeitanteile, die Mädchen und Jungen jeweils in der Gesamtgruppe, einer Teilgruppe (mind. sieben Kinder), einer Kleingruppe (drei bis sechs Kinder), in einer Dyade oder allein spielen
(Datenquelle: BiKS)

■ *Erzieher als Akteure:* Erzieher zeigen in einigen Bereichen durchaus geschlechterdifferenzierendes Verhalten. Sie üben z. B. eine größere Kontrolle über das (Spiel-)Verhalten der Jungen als über das der Mädchen aus. Sie initiieren insgesamt häufiger die Aktivitäten von Jungen, während Mädchen dagegen ihre Aktivitäten häufiger selbst initiieren. Der deutlichste geschlechtsspezifische Unterschied in den Interaktionen zwischen Erzieher und Kind zeigt sich in der Rolle, die der Erzieher einem Kind gegenüber einnimmt: Erzieher sind gegenüber Mädchen häufiger ermutigend und aufmunternd als gegenüber Jungen. Gleichzeitig verhalten sie sich gegenüber vierjährigen Mädchen weniger kontrollierend, zurechtweisend und weniger im spielerischen Austausch als gegenüber gleichaltrigen Jungen. Im Gros der alltäglichen Interaktionen scheinen Erzieher Jungen gegenüber direktiver und einschränkender zu sein, während Mädchen in ihrem Verhalten mehr Freiheiten zu haben scheinen und in diesem Verhalten auch mehr Unterstützung erfahren.[10] Der von Faulstich-Wieland (2008, S. 196) angeführte Wahrnehmungsbias auf Seiten des pädagogischen Personals, der zu unterschiedlicher Behandlung der Geschlechter führt, scheint hier empirisch bestätigt werden zu können. Es ist nicht auszuschließen, dass dann hinter diesem geschlechterdifferenzierenden Verhalten von Erziehern zwar die „gute" Absicht steht, geschlechtersensibel zu handeln, dies möglicherweise aber dann kontraproduktiv wirkt und Geschlechtsstereotype verstärkt.

Im Hinblick auf die Initiierung der kindlichen Aktivitäten durch die Erzieher zeigt sich noch ein interessanter Befund: In den meisten Bereichen initiieren sie Aktivitäten für alle Kinder – unabhängig vom Geschlecht – gleich häufig. Hierunter fallen die Aktivitätsbereiche „Rollenspiele", „künstlerisches Gestalten", „Geschichten- und Kinderliedern-Zuhören", „Puzzeln", „Gesellschafts- und Brettspiele", „Bau- und Konstruktionsspiele", „Experimente und Naturerfahrungen", „Aktivitäten mit Sand und Wasser", „freie Sprache" sowie „Schlaf, Ruhezeit und Kuscheln". Möglicherweise werden durch das gleiche Ausmaß an Initiative durch die Erzieher geschlechtsspezifische Aktivitätsmuster da verstärkt, wo ein Geschlecht diese Aktivität schon aus eigener Initiative mehr ausübt als das andere Geschlecht. Andererseits versuchen Erzieher aber offensichtlich auch, geschlechtsstereotypen Aktivitäten entgegenzuwirken, indem sie solche Aktivitäten gegenläufig initiieren. Dies betrifft z. B. die Bereiche „pflegerische Aktivitäten" (hier auch die Vorbereitung von Nahrung oder Reinigung der Essensplätze) und „Tanz- und Kreisspiele", die von Jungen aus eigener Initiative deutlich weniger ausgeübt werden, aber durch die Initiative der Erzieher schließlich sogar noch häufiger stattfinden als bei Mädchen.

Die – vor dem Hintergrund eines Gros an Gemeinsamkeiten – im Kindergartenalltag gefundenen geschlechtsspezifischen Unterschiede sollten nicht überbetont werden. Gleichwohl sind sie ein Indikator dafür, dass Kinder schon im Alter von vier Jahren gewisse rollentypische Aktivitätsmuster zeigen und dass es geschlechtsspezifische Verhaltensweisen von Erziehern gibt, die teilweise solche Muster fördern, teilweise aber auch ihnen entgegensteuern. Es drängen sich an einigen Stellen zwei Schattierungen des pädagogischen Denkens der Erzieher auf:
1. Jungen brauchen stärker die Unterstützung und (An-)Leitung durch die pädagogischen Fachkräfte im Kindergarten und sollen darüber hinaus auch bislang „typische" weibliche Aktivitäten vermehrt in ihre Verhaltensmuster integrieren.
2. Mädchen sollen keinesfalls in irgendeinem Bereich benachteiligt werden.

Beiden Haltungen liegen vermutlich gute Intentionen zugrunde, die, falls überschießend, möglicherweise wieder zu Problemen anderer Art führen können. Damit wird erneut auf die

---

[10] Über die möglichen Auswirkungen einer solchen differentiellen Behandlung auf die Beziehungsgestaltung zwischen Erzieher und Kind ist nur wenig bekannt. Möglicherweise führt dies zu Unterschieden in den Bindungen der Kinder gegenüber dem Erzieher. In einer Metaanalyse finden Ahnert, Pinquart und Lamb (2006) bei Mädchen deutlich häufiger sichere Bindungen zu ihren Erziehern als bei Jungen (siehe auch Kapitel 3).

Notwendigkeit der beiden von Faulstich-Wieland (2008) genannten Mechanismen geschlechtersensiblen Arbeitens (themenspezifische Sensibilisierung und Wissensbasis der Fachkräfte) hingewiesen. Die gefundenen geschlechtsspezifischen Unterschiede in den Aktivitätsmustern der Kinder und Erzieher sollten von den pädagogisch Handelnden sorgfältig wahrgenommen und reflektiert werden.

4.6 Pädagogisches Fachpersonal im Kindergarten

Die pädagogische Arbeit im Kindergartenbereich liegt nahezu ausschließlich in der Hand weiblicher Fachkräfte. Nur drei Prozent des gesamten pädagogischen Personals sind Männer; am häufigsten arbeiten diese in der Förderung behinderter Kinder (5,9 Prozent) und in Leitungsfunktionen (4,1 Prozent). Die geschlechtsspezifische Ungleichverteilung im Arbeitsfeld Kindergarten mag auch daran liegen, dass der Beruf „Erzieher" typische Merkmale eines Frauenberufes aufweist, wie z. B. geringe Bezahlung, niedriges Berufsprestige und fehlende Aufstiegsmöglichkeiten (vgl. Deutsches Jugendinstitut (DJI)/Dortmunder Arbeitsstelle Kinder- und Jugendhilfestatistik 2008). Ursprünglich hatte der Begründer des Kindergartens, Friedrich Fröbel, vorgesehen, ausschließlich junge Männer auszubilden (vgl. Fröbel 1986). Aufgrund geringer Bezahlung und mangelnden Interesses der Männer musste er allerdings ab 1840 das Feld des Kindergartens auch für die Frauen öffnen. Für die weitere Entwicklung zu einem reinen Frauenberuf spielte die herrschende „Familien- bzw. Mütterideologie" eine wesentliche Rolle, nach der kleine Kinder zur Mutter gehören (vgl. Bader 1981). Die Kindergartenkinder sind zwar nicht die leiblichen Kinder der Erzieherinnen, gleichwohl aber sollten diese im Sinne einer „geistigen Mütterlichkeit" für die Kinder in diesem Alter sorgen.

Fragen nach den Chancen, Gefahren und/oder Auswirkungen des hohen Feminisierungsgrades in Kindergärten und Grundschulen[11] für bzw. auf die Bildung, Erziehung und Betreuung von Mädchen und Jungen stehen gegenwärtig noch relativ unbeantwortet im Raum. Rabe-Kleberg (2005) sieht mögliche Nachteile für Jungen, überträgt dabei aber Ergebnisse aus der Grundschule auf den Kindergartenbereich. Insgesamt muss festgehalten werden, dass im Hinblick auf differentielle Auswirkungen des hohen Feminisierungsgrades auf Mädchen und Jungen noch ein erheblicher Forschungsbedarf besteht (vgl. auch Rabe-Kleberg 2005).

Eine Erwartung an die Bestrebungen, die Ausbildung des frühpädagogischen Fachpersonals auf Hochschulebene anzuheben, ist, den Beruf dadurch für Männer attraktiver zu machen. Inwieweit dies tatsächlich gelingt, ist eine offene Frage – vor allem, wenn man den hohen Feminisierungsgrad im Grundschulbereich betrachtet, in dem das Personal schon jetzt universitär ausgebildet wird. Zudem kann allein durch eine höhere Beteiligung von Männern am Beruf „Erzieher" nicht automatisch eine Verbesserung der geschlechtersensiblen Arbeit im Kindergarten erwartet werden.

Gegenwärtig kann kaum davon ausgegangen werden, dass der Männeranteil schnell und deutlich ansteigen wird. Und unabhängig davon, ob die Ausbildung des Fachpersonals auf der Ebene von Hochschulen oder Fachschulen/Fachakademien für Sozialpädagogik stattfindet, bedarf die Gender-Thematik einer ausdrücklichen Berücksichtigung. Dies gilt auch für

---

[11] Auch in der Grundschule findet sich der Trend der Feminisierung des Personals. Dort lag der Anteil an weiblichen Lehrkräften im Schuljahr 2006/2007 bei insgesamt 86,9 Prozent (vgl. Statistisches Bundesamt 2008d).

gezielte Fort- und Weiterbildungsangebote. Neben genderbezogenen Wissensbestandteilen spielen dabei auch Selbstreflexionsprozesse eine wichtige Rolle. Dabei dürfte auch die Auseinandersetzung mit der geschichtlich gewachsenen Denkfigur der „geistigen Mütterlichkeit" zu berücksichtigen sein, die spätestens unter professionstheoretischer Perspektive durch geschlechtsunabhängige Anforderungen an die pädagogische Arbeit und darauf bezogene Professionalisierungsbestrebungen ihre Dominanz einbüßen sollte (vgl. Rendtorff 2003). Insgesamt ist eine weitergehende Professionalisierung des Berufes „Erzieher/-in" sowie seine gesellschaftliche Aufwertung erforderlich (vgl. Rabe-Kleberg 2005).

Fazit:
Für den Kindergartenbereich gibt es eine genderbezogene Diskussion, in der Annahmen oder Befürchtungen über Benachteiligungen eines Geschlechts – heute der Jungen – geäußert werden. Allerdings haben wir es hier gleichzeitig mit einer weitgehend unerforschten Thematik zu tun, so dass alle Aussagen mit einer gewissen Vorsicht zu betrachten sind. In der Diskussion werden in der Regel die Unterschiede zwischen Mädchen und Jungen betont, während die vielen Gemeinsamkeiten eher in den Hintergrund rücken. Dadurch besteht die Gefahr, zugunsten einer „Geschlechterbrille" die Individualität des einzelnen Kindes und seine Bedürfnisse zu vernachlässigen. Wie bedeutsam der Kindergartenbereich für Benachteiligungen in späteren Bildungsphasen ist, muss ebenfalls offenbleiben. Es finden sich zwar Hinweise für einige geschlechtsspezifische Unterschiede in den kindlichen Aktivitäten und den Verhaltensweisen der Erzieher im Kindergartenalltag, die mögliche spätere Benachteiligungen eines Geschlechts anbahnen können – oder auch nicht. Die Forschungsbasis für eine belastbare Aussage ist äußerst gering.

Nach Rabe-Kleberg (2005) gibt es Hinweise, nach denen Erzieher – möglicherweise aufgrund von mangelnder Gender-Kompetenz – ein falsch verstandenes Gleichheitsbedürfnis an den Tag legen und (vermeintlich) „geschlechtsneutral" (vgl. auch Fried 2001) erziehen wollen. Eine „gutes Wollen" kann dann leicht zu einem „falschen Tun" werden. Erzieher benötigen deshalb zum einen mehr Fachwissen über die Gender-Thematik, speziell im Hinblick auf die möglichen Differenzen von tatsächlichem und rollenbedingtem Verhalten von Kindern, und sie müssen zum anderen ihr eigenes, möglicherweise geschlechterdifferenzierendes Verhalten gegenüber Mädchen und Jungen einer kritischen Selbstreflexion unterziehen. Zudem muss ihnen auch ein entsprechend wissenschaftlich basiertes und empirisch erprobtes Handlungsrepertoire – mit den dafür nötigen Rahmenbedingungen in der Praxis – angeboten werden. Eine „Entwarnung" ist noch besonders wichtig: In dieser frühen Bildungsphase bestehen keine Unterschiede zwischen Mädchen und Jungen in der Beteiligung an formellen und informellen Bildungsangeboten, und die Eltern erwarten in diesem frühen Alter (noch) keine geschlechtsspezifischen Unterschiede in den zukünftigen Bildungskarrieren ihrer Kinder.

5 Geschlechterdifferenzen in der Primarschule

5.1 Übergang in die Primarschule

Die Primarschule ist in Deutschland die Schulform, die von allen Schülern gemeinsam besucht wird. Von dieser Regel abweichend gibt es für Kinder mit besonderem Förderungsbedarf Schulen mit sonderpädagogischen Förderschwerpunkten, z. B. im Hinblick auf das Sehen, Hören, die körperliche, motorische, geistige, soziale und emotionale Entwicklung (KMK 1994). Die Primarschule umfasst in der Bundesrepublik Deutschland in 14 Ländern vier, in Berlin und Brandenburg sechs Schuljahre.

Fristgemäß wurden im Schuljahr 2002/2003 85,9 Prozent der Mädchen und 86,1 Prozent der Jungen eingeschult. Daten des Statistischen Bundesamtes belegen, dass Mädchen im Durchschnitt früher eingeschult werden als Jungen (siehe Abbildung 28). Im Vergleich zu den letzten Jahren steigt die Tendenz bei Mädchen wie auch bei Jungen zu einer früheren Einschulung. Betrachtet man die Anzahl der verspäteten Einschulungen, sind die Jungen eindeutig überrepräsentiert: Im Bundesdurchschnitt wurden von allen Schülern 3,5 Prozent der Mädchen, jedoch 5,9 Prozent der Jungen verspätet eingeschult (siehe Abbildung 28).

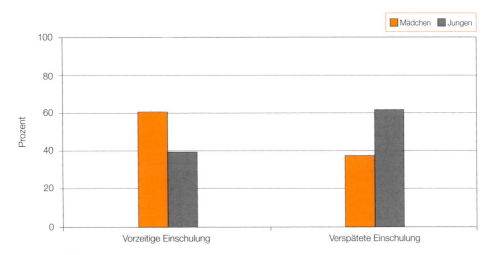

Abbildung 28: Anteil der Mädchen und Jungen an vorzeitiger und verspäteter Einschulung (vgl. Statistisches Bundesamt 2008e)

Kapitel 5

5.2 Geschlechtsspezifische Leistungsunterschiede

Zu den Kernaufgaben der Primarschule gehört es, den Schülern die Beherrschung der deutschen Sprache in Wort und Schrift, das Lesen und grundlegende Kenntnisse der Mathematik zu vermitteln. Dabei hat sich in der Vergangenheit immer wieder gezeigt, dass Mädchen und Jungen in diesen Bereichen divergierende Kompetenzen aufweisen, wenngleich eine Annäherung der Kompetenzen der Geschlechter in diesen Domänen, und das heißt im Zeitverlauf eine Abnahme von Geschlechterdifferenzen, zu beobachten ist. Die Bundesrepublik Deutschland hat sich seit den 1990er Jahren an drei internationalen Schulleistungsstudien beteiligt, die repräsentativ für die Primarschule Auskunft geben über die von Schülern am Ende des vierten Jahrgangs erworbenen Kompetenzen in den Domänen Lesen, Mathematik und Naturwissenschaften: an zwei Zyklen (2001, 2006) der Internationalen Grundschul-Lese-Untersuchung (IGLU)[12] (Bos u. a. 2003, 2004, 2005; Bos u. a. 2007, 2008a), die international unter der Bezeichnung PIRLS (Progress in International Reading Literacy Study) firmiert und Lesekompetenzen erfasst, sowie 2007 an der Trends in International Mathematics and Science Study (TIMSS 2007)[13] (Bos u. a. 2008b), die Fachleistungen in den Bereichen Mathematik und Naturwissenschaften erhebt. Beide Studien finden international unter der Leitung der International Association for the Evaluation of Educational Achievement (IEA) statt. Deutschland hat im Rahmen von IGLU-E 2001, der nationalen Erweiterungsstudie von IGLU 2001, ferner Fachleistungen in den Domänen Mathematik und Naturwissenschaften erhoben. Allerdings sind die in diesem Kontext gewonnenen Daten zwar für Deutschland insgesamt, jedoch nicht für alle deutschen Länder repräsentativ, da sich nur sechs von 16 Bundesländern (Baden-Württemberg, Bayern, Brandenburg, Bremen, Hessen und Nordrhein-Westfalen) für eine in diesem Sinne notwendige Erweiterung ihrer Stichprobe entschieden.

Um einen Überblick über die von Mädchen und Jungen in diesen zentralen Domänen erreichten Kompetenzen zu gewinnen, wird auf Ergebnisse dieser Studien zurückgegriffen, und dies macht es notwendig, einige Bemerkungen vorauszuschicken: Für die im Folgenden dargestellten Abbildungen wurden, sofern sich die präsentierten Befunde nicht nur auf die deutsche Situation beziehen, sondern einen internationalen Vergleich darstellen, Vergleichsgruppen gebildet. An IGLU 2006 haben sich weltweit 45 für den Bildungsbereich verantwortliche Regionen beteiligt, dies waren 35 Staaten und zehn Regionen mit ihren Bildungssystemen, z. B. die Provinz Alberta in Kanada oder Schottland im Vereinigten Königreich. Im Hinblick auf eine bessere Vergleichbarkeit von Bildungssystemen wurden für die Berichterstattung zu IGLU 2006 in Deutschland Vergleichsgruppen (VG) gebildet. Der Vergleichsgruppe 1 (VG 1) gehören die an IGLU 2006 beteiligten 21 Staaten aus der EU an, Vergleichsgruppe 2 (VG 2) setzt sich aus den 25 Staaten zusammen, die der Organisation for Economic Co-Operation and Development (OECD) angehören. Vergleichsgruppe 3 (VG 3) bilden acht Staaten, deren mittlere Lesekompetenz mehr als eine halbe Standardabweichung unterhalb des internationalen Mittelwertes liegt. Vergleichsgruppe 4 (VG 4) entspricht der im Rahmen der Berichterstattung für Deutschland zu IGLU 2001 gebildeten Vergleichsgruppe 1 (VG 1), allerdings ohne Griechenland, das sich 2006 nicht an IGLU beteiligt hat. Vergleichsgruppe 5 (VG 5) gehören sämtliche Staaten der Vergleichsgruppe 2 (VG 2) aus IGLU 2001 an.

---

[12] Siehe Verzeichnis der Studien.
[13] Siehe Verzeichnis der Studien.

Ausgenommen hiervon sind Griechenland, Tschechien und Zypern, die nicht an IGLU 2006 teilgenommen haben (für eine vertiefende Erörterung hierzu vgl. Hornberg u. a. 2007).

Wie stellen sich die von Mädchen und Jungen in der Primarschule am Ende der vierten Jahrgangsstufe in den hier interessierenden Domänen erreichten Kompetenzen dar? Zunächst werden die von den Kindern im Rahmen von IGLU 2006 erbrachten Lesekompetenzen betrachtet. Auch 2006 unterscheiden sich die Leseleistungen von Grundschülern, und zwar zugunsten eines Leistungsvorsprungs der Mädchen (siehe Abbildung 29). Auf der in IGLU 2006 gebildeten Gesamtskala Lesen erreichen Mädchen im internationalen wie auch im Vergleich mit den teilnehmenden Staaten der EU (VG 1) 13 Punkte mehr als Jungen; in der VG 2, den in der OECD zusammengeschlossenen Staaten, beträgt die Differenz zugunsten der Mädchen zwölf Punkte. In Deutschland beträgt der Leistungsvorsprung der Mädchen sieben Punkte. In keinem IGLU-2006-Teilnehmerstaat ist die Differenz zwischen den Lesekompetenzen von Mädchen und Jungen signifikant kleiner als in Deutschland. Abbildung 29 zeigt mithin nicht nur, dass die Viertklässler in Deutschland bei IGLU 2006 insgesamt gute Lesekompetenzen dokumentiert haben, sondern auch nur geringe Differenzen zwischen den Lesekompetenzen von Mädchen und Jungen.

Kapitel 5

Teilnehmerstaat	Mittelwert Mädchen	Mittelwert Jungen	Differenz**
Luxemburg	559	556	3
Spanien	515	511	4
Belgien (Fr.)	502	497	5
Ungarn	554	548	5
Belgien (Fl.)	550	544	6
Italien	555	548	7
Niederlande	551	543	7
Deutschland	**551**	**544**	**7**
Kanada (A)	564	556	8
Kanada (BK)	562	554	9
Österreich	543	533	10
USA	545	535	10
Frankreich	527	516	11
Slowakei	537	525	11
VG 2	**543**	**531**	**12**
VG 1	**541**	**528**	**13**
Kanada (Q)	539	527	13
Kanada (O)	562	549	13
International*	**542**	**528**	**13**
Dänemark	553	539	14
Rumänien	497	483	14
Polen	528	511	17
Schweden	559	541	18
Litauen	546	528	18
Island	520	501	19
Norwegen	508	489	19
England	549	530	19
Slowenien	532	512	19
Bulgarien	558	537	21
Kanada (N)	553	531	21
Schottland	538	516	22
Lettland	553	530	23
Neuseeland	544	520	24

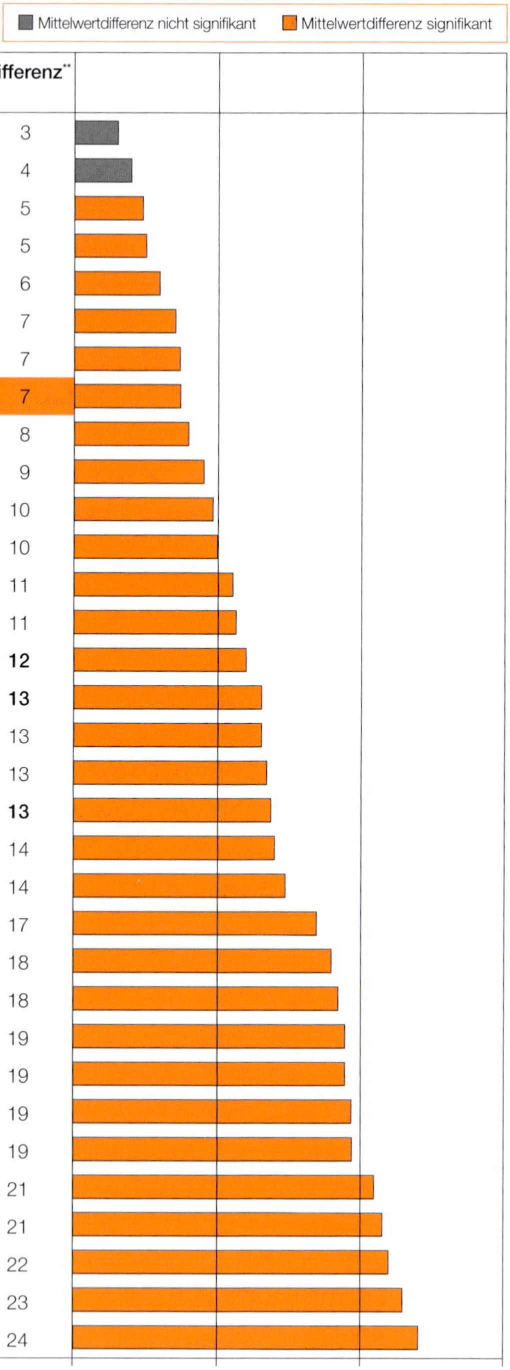

* Der internationale Mittelwert bezieht sich nur auf die hier dargestellten Staaten.
** Inkonsistenzen in den berichteten Differenzen beruhen auf Rundungsfehlern. Abweichungen zu den in Bos u. a. (2007) berichteten Signifikanzen der Differenzen erklären sich durch ein optimiertes Schätzverfahren.
Balkendarstellung berücksichtigt Nachkommastellen.

Abbildung 29: Leistungsvorsprung der Mädchen – Gesamtskala Lesen (Differenz der mittleren Testwerte; vgl. Bos u. a. 2007)

Im Rahmen von IGLU 2001 wurden, wie eingangs bereits erwähnt, nicht nur die Lesekompetenzen von Viertklässlern erhoben, sondern auch ihre Kompetenzen in den Domänen Mathematik und Naturwissenschaften. Insofern ist es zum einen möglich, die in den Jahren 2001 und 2006 erfassten Lesekompetenzen zu vergleichen, zum anderen können empirisch abgesicherte Informationen hinsichtlich der Leistungen in den beiden anderen Kernbereichen der Primarschule herangezogen werden. Abbildung 30 zeigt die Lese-, mathematische und naturwissenschaftliche Kompetenz von Mädchen und Jungen in den drei Domänen. Dort zeigt sich ein Bild, wie es auch aus den PISA-Studien (Baumert u. a. 2001) bekannt ist: Mädchen erreichen höhere Kompetenzwerte im Lesen, Jungen hingegen in den Bereichen Mathematik und Naturwissenschaften.

Die Leseleistungen der Mädchen und Jungen unterschieden sich in IGLU 2001 noch signifikant. Im Jahr 2006 ist dies nicht mehr der Fall – beide Geschlechter haben sich im Vergleich zu 2001 verbessert, insbesondere jedoch die Jungen. In den Naturwissenschaften und in Mathematik haben Jungen in Deutschland sowohl im Jahr 2001 als auch im Jahr 2006 signifikant bessere Leistungen dokumentiert als Mädchen (siehe Abbildung 30).

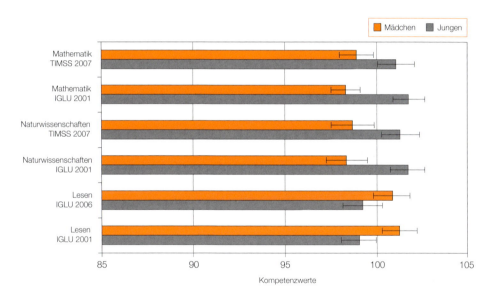

Abbildung 30: Geschlechterunterschiede in Mathematik, Naturwissenschaften und Lesen über verschiedene Erhebungszyklen von TIMSS und IGLU (Datenquellen: IGLU 2001, IGLU 2006, TIMSS 2007; eigene Berechnungen)

Um Hinweise für Verbesserungen in der Schulpraxis zu gewinnen, ist es notwendig, Aufschluss darüber zu bekommen, in welcher Hinsicht für Mädchen und Jungen Förderbedarf besteht. Im Rahmen von IGLU wurden deshalb Kompetenzstufen des Leseverständnisses gebildet, um zu verdeutlichen, was die getesteten Kinder können und über welche Kompetenzen sie in den getesteten Domänen verfügen (vgl. Bos u. a. 2007). In Abbildung 31 sind die Anteile von Mädchen und Jungen auf der höchsten in IGLU 2006 erreichbaren Kompetenzstufe V dargestellt. Auf dieser Kompetenzstufe können die Viertklässler bei der Bearbeitung eines Lesetextes „Abstrahieren, Verallgemeinern und Präferenzen begründen" (vgl. Bos u. a. 2007, S. 103f.). Eine von ihnen auf dieser Kompetenzstufe erfolgreich bearbeitete Aufgabe lautet zum Beispiel (aus IGLU 2006 „Unglaubliche Nacht"):

„An dem, was Anina tut, merkt man, was für ein Mensch sie war. Beschreibe, wie Anina war, und nenne zwei Beispiele für Handlungen, die dies deutlich machen." (3 Pkt.)

Um diese Aufgabe erfolgreich zu bearbeiten, müssen die Kinder verstehen, dass mit den Aussagen „was für ein Mensch sie war" und „wie Anina war" typische Persönlichkeitsmerkmale von Anina gemeint sind. Des Weiteren müssen sie Merkmale, die nicht wörtlich im Text zu finden sind, aus dem Gesamtzusammenhang ableiten und anhand von Beispielen belegen. Wie aus Abbildung 31 hervorgeht, erreichen im internationalen Vergleich durchgängig mehr Mädchen (elf Prozent) als Jungen (acht Prozent) in IGLU 2006 diese höchste Kompetenzstufe V; in VG 1 sind es insgesamt zehn Prozent der Mädchen und acht Prozent der Jungen und in VG 2 trifft dies auf elf Prozent der Mädchen und neun Prozent der Jungen zu. In Deutschland zeigt sich in Hinblick auf die Leseleistung der Kinder ein positives Bild: Zwölf Prozent der Mädchen und zehn Prozent der Jungen erreichen die Kompetenzstufe V; die Differenz zwischen den Geschlechtern ist in dieser leistungsstarken Gruppe mithin gering.

Geschlechterdifferenzen in der Primarschule

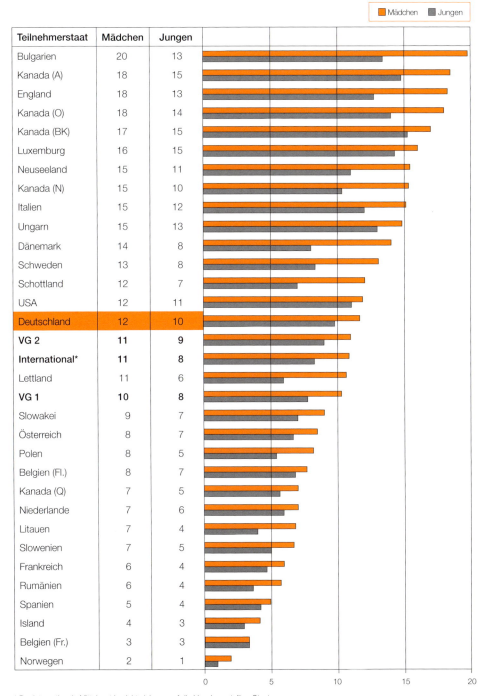

* Der internationale Mittelwert bezieht sich nur auf die hier dargestellten Staaten.
Balkendarstellung berücksichtigt Nachkommastellen.

Abbildung 31: Schüler auf Kompetenzstufe V – Gesamtskala Lesen, Mädchen und Jungen im Vergleich (Angaben in Prozent; vgl. Bos u. a. 2007)

Aber nicht nur die im Lesen leistungsstarken Kinder sind hier von Interesse, sondern insbesondere auch die zu fördernden Kinder, deren Lesekompetenz nicht zufrieden stellend ist. Dazu müssen die Anteile derjenigen Kinder in den Blick genommen werden, die nicht die in IGLU 2006 gebildete Kompetenzstufe III erreichen. Kinder, die die Kompetenzstufe I erreichen, können bei der Bearbeitung eines Textes Wörter und Sätze dekodieren; sie verfügen mithin über basale Lesefähigkeiten. Kompetenzstufe II setzt demgegenüber voraus, dass die Lesenden „Explizit angegebene Einzelinformationen in Texten identifizieren" können (vgl. Bos u. a. 2007, S. 100f.). Eine auf Kompetenzstufe II zu bearbeitende Aufgabe lautet beispielsweise (aus IGLU 2006 „Antarktis"):

„Wo kannst du die Antarktis auf dem Globus finden?" (1 Pkt.)

Zur Beantwortung dieser offenen Frage müssen die Kinder aufschreiben, wo auf der Erde die Antarktis in etwa liegt. Die Information ist im Text explizit angegeben oder kann der Abbildung im Testheft entnommen werden.

Der Vollständigkeit halber sollen auch die Kompetenzen knapp benannt werden, die die Kinder erworben haben müssen, um die Anforderungen für die im Rahmen von IGLU 2006 gebildeten Kompetenzstufen III und IV bewältigen zu können. Um Aufgaben auf Kompetenzstufe III lösen zu können, muss ein Kind „Relevante Einzelheiten und Informationen im Text auffinden und miteinander in Beziehung setzen"; Kompetenzstufe IV setzt voraus, dass Kinder „Zentrale Handlungsabläufe auffinden und die Hauptgedanken des Textes erfassen und erläutern" können (Bos u. a. 2007, S. 101f.).

Im Rahmen von IGLU 2006 hat sich gezeigt, dass in allen an dieser Studie beteiligten Bildungssystemen mehr Jungen als Mädchen nur solche Lesekompetenzen dokumentieren, die sie die Kompetenzstufe III nicht erreichen lassen (siehe Abbildung 32). Dies bedeutet, dass im internationalen Vergleich mehr Jungen (22 Prozent) als Mädchen (16 Prozent) lediglich die Handlung eines Textes auf rein sprachlicher Ebene erfassen, textübergreifend einige Schlussfolgerungen ziehen und Verbindungen herstellen (Kompetenzstufe II). In VG 1 trifft dies auf 21 Prozent der Jungen und 17 Prozent der Mädchen zu, in VG 2 auf 21 Prozent der Jungen und 16 Prozent der Mädchen. Auch hier zeigt sich für Deutschland ein vergleichsweise günstiges Bild: „Lediglich" 14 Prozent der Jungen und zwölf Prozent der Mädchen an Primarschulen in Deutschland haben in IGLU 2006 Kompetenzstufe III nicht erreicht.

Geschlechterdifferenzen in der Primarschule

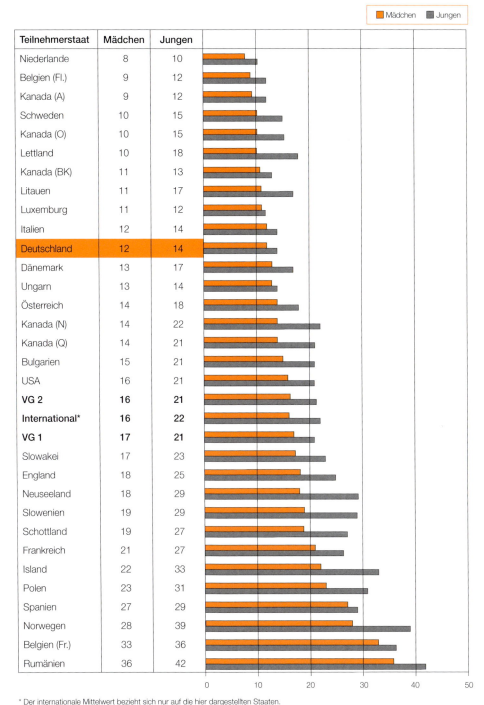

* Der internationale Mittelwert bezieht sich nur auf die hier dargestellten Staaten.
Balkendarstellung berücksichtigt Nachkommastellen.

Abbildung 32: Schüler unter Kompetenzstufe III – Gesamtskala Lesen, Mädchen und Jungen im Vergleich (Angaben in Prozent; vgl. Bos u. a. 2007)

Wie dieser erste Überblick gezeigt hat, unterscheiden sich Mädchen und Jungen hinsichtlich ihrer Kompetenzen in den Domänen Lesen, Mathematik und Naturwissenschaften. Mädchen weisen häufiger als Jungen Stärken im Lesen auf, Jungen hingegen mehr in den mathematischen und naturwissenschaftlichen Bereichen. Im Hinblick auf die Lesekompetenz, die die Grundlage für das Lernen bildet, wird das Augenmerk zukünftig insbesondere auf die Gruppe der schwachen Leser zu richten sein, um für sie adäquate Lernförderungen bereitzustellen; aber auch die Gruppe der leistungsstarken Schüler gilt es auszuweiten. Hinsichtlich der Förderung der Geschlechter scheinen Primarschulen in Deutschland auf einem guten Weg zu sein, zumindest weisen dies die im internationalen Vergleich eher geringen Unterschiede zwischen den Geschlechtern aus.

5.3   Unterricht in der Primarschule

Die insgesamt durchaus positiven Ergebnisse, die IGLU 2006 im Hinblick auf die Lesekompetenz von Mädchen und Jungen dokumentiert hat, werfen die Frage danach auf, welche Formen der Lesekompetenzförderung in der Schule und im Klassenverband verfolgt werden und ob diese bei Mädchen und Jungen in einer unterschiedlichen Intensität der Ausübung münden. Mit Blick auf diese Frage wurden die an IGLU 2006 beteiligten Schüler danach gefragt, wie häufig sie folgende, das Lesenlernen fördernde Aktivitäten erleben: „Eigenes Vorlesen in der Klasse", „Leise für sich selbst lesen" und „Selbst gewählte Bücher lesen". Die Kinder konnten angeben, ob sie diesen Aktivitäten „Jeden Tag oder fast jeden Tag", „Ein- bis zweimal pro Woche", „Ein- bis zweimal pro Monat" oder „Nie oder fast nie" nachgehen. In Abbildung 33 sind die Aktivitäten für Mädchen und Jungen in Deutschland getrennt ausgewiesen. Dort zeigt sich: Mehr Mädchen (elf Prozent) als Jungen (neun Prozent) gaben in IGLU 2006 an, jeden Tag oder fast jeden Tag in der Klasse laut vorzulesen. Ein- bis zweimal pro Woche tun dies nach Auskunft der Kinder 28 Prozent der Mädchen und 23 Prozent der Jungen; 36 Prozent der Mädchen und 44 Prozent der Jungen gaben an, nie oder fast nie in der Klasse laut vorzulesen. Leise für sich selbst zu lesen, scheint für Mädchen attraktiver zu sein als für Jungen; immerhin 65 Prozent der Mädchen tun dies täglich oder fast täglich gegenüber 57 Prozent der Jungen. Jeweils mehr als ein Viertel der Kinder kommt dazu nur ein- bis zweimal pro Woche, fünf Prozent der Mädchen und zehn Prozent der Jungen sogar nur ein- bis zweimal im Monat und sogar drei Prozent der Mädchen und fünf Prozent der Jungen lesen nie oder fast nie leise für sich selbst. Dabei scheinen Mädchen insgesamt größeren Wert auf das Lesen selbst gewählter Bücher zu legen, zumindest legen dies die von Mädchen und Jungen in IGLU gemachten Angaben nahe (siehe Abbildung 33).

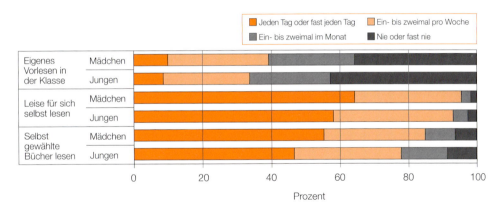

Abbildung 33: Schulische Leseaktivitäten aus der Sicht von Mädchen und Jungen in Deutschland
(Datenquelle: IGLU 2006; eigene Berechnungen)

5.4 Lernkultur und -zeit in der Primarschule

Steht das Geschlecht der Kinder im Zusammenhang mit den Beurteilungen ihrer Leistungen durch ihre Lehrkräfte? Oder noch konkreter gefragt: Können anhand von Schulzensuren geschlechtsspezifische Beurteilungstendenzen bei Lehrkräften an Grundschulen identifiziert werden, z. B. aufgrund von geschlechtsspezifischen Wahrnehmungen von Lehrkräften hinsichtlich der Lesekompetenzen von Mädchen und Jungen? In Abbildung 34 sind die in IGLU 2006 erhobenen Lesekompetenzen dargestellt, die Mädchen und Jungen in Deutschland auf der IGLU-Leseskala im Fach „Deutsch" erbringen müssen, für eine Benotung von 1 (= sehr gut) bis 4 (= ausreichend) und darunter (5 = mangelhaft, 6 = ungenügend). Demnach zeigt sich: Mädchen mussten in IGLU 2006 mindestens 613 Punkte auf der IGLU-Leseskala erreichen, um von ihren Lehrkräften die bestmögliche Note, eine 1 (= sehr gut), im Fach „Deutsch" zu bekommen, Jungen mindestens 612 Punkte. Hier zeigt sich ein leichter, aber statistisch zu vernachlässigender Vorteil der Jungen. Um die zweitbeste Note, eine 2 (= gut), zu erhalten, mussten Mädchen mindestens 580 Punkte auf der IGLU-Leseskala erreichen, Jungen hingegen 582 Punkte. Um eine 3 (= befriedigend) in Deutsch zu erhalten, mussten wiederum die Jungen (541 Punkte) eine höhere Punktzahl auf der IGLU-Leseskala dokumentieren als die Mädchen (536 Punkte). Bei einer auf der IGLU-Leseskala erreichten Punktzahl von 496 Punkten gaben die Lehrkräfte in IGLU 2006 den Jungen eine 4 (= ausreichend) oder sogar eine darunterliegende Zensur; bei den Mädchen traf dies hingegen ab einem kritischen Wert von 488 Punkten zu. Hier zeigt sich mithin im Bereich der Zensurengebung „befriedigend", „ausreichend und schlechter" eine Benachteiligung der Jungen.

Kapitel 5

Note		M	(SE)	SD
1	Mädchen	613	(3,4)	44
	Jungen	612	(4,1)	44
2	Mädchen	580	(2,1)	49
	Jungen	582	(2,9)	51
3	Mädchen	536	(2,4)	52
	Jungen	541	(3,2)	55
4 und schlechter	Mädchen	488	(4,3)	50
	Jungen	496	(3,9)	54

Abbildung 34: Geschlechtsspezifische Beurteilungstendenzen (Benotung) und Leseleistung (vgl. Bos u. a. 2007)

5.5 Geschlechterdifferenzen in den Lernvoraussetzungen

Die geschilderten Leistungsdifferenzen zwischen Mädchen und Jungen legen die Annahme nahe, dass der Unterricht in der Primarschule Geschlechterdifferenzen, die die Kinder bereits in die Primarschule mitbringen, ausgleichen sollte. Mit Blick auf die Lesekompetenz ist in diesem Zusammenhang beispielsweise von Interesse, wie häufig die Kinder außerhalb der Schule zum Spaß lesen. Dieser Faktor hat sich auch im Kontext von PISA als bedeutsam herausgestellt (vgl. Möller/Schiefele 2004). Dort wurde gezeigt, dass die beträchtlichen Differenzen in der Lesekompetenz der 15-jährigen Schüler in Deutschland unter Berücksichtigung der Einstellung zum Lesen abnehmen (Stanat/Kunter 2001). Abbildung 35 zeigt die Unterschiede in der Einstellung von Mädchen und Jungen im internationalen Vergleich, wie sie im Rahmen von IGLU 2006 gefunden wurden. Demnach sind sowohl im internationalen Vergleich als auch in den Mitgliedstaaten der EU (VG 1) und den Mitgliedstaaten der OECD (VG 2) mit 24 Prozent der Jungen und 13 Prozent der Mädchen die Anteile der Jungen, die angeben, nie aus Freude zu lesen, deutlich höher.

Hier zeigt sich ein internationaler Trend, vor dessen Hintergrund die Lesefreudigkeit bzw. -unlust der Mädchen und Jungen in Deutschland vergleichsweise moderat ausfällt: 19 Prozent der Viertklässler in Deutschland gaben 2006 an, nie oder fast nie zu ihrem Vergnügen zu lesen, und neun Prozent der Viertklässlerinnen (siehe Abbildung 35). Die Primarschule in Deutschland sollte bemüht sein, insbesondere für diese Kinder stärker als bisher Leseanreize zu schaffen.

Geschlechterdifferenzen in der Primarschule

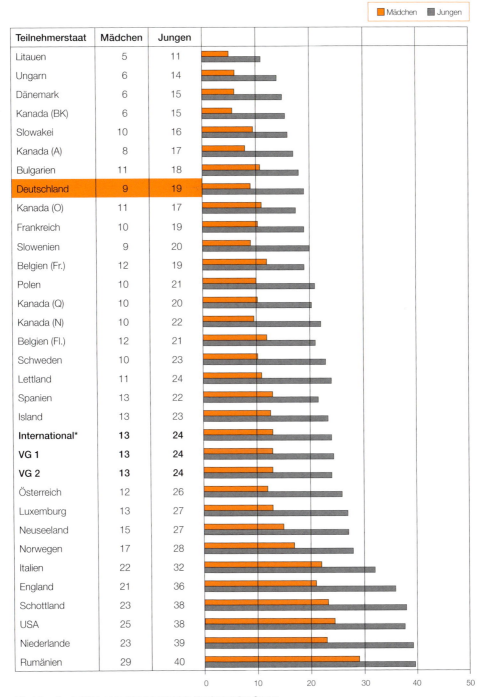

Teilnehmerstaat	Mädchen	Jungen
Litauen	5	11
Ungarn	6	14
Dänemark	6	15
Kanada (BK)	6	15
Slowakei	10	16
Kanada (A)	8	17
Bulgarien	11	18
Deutschland	**9**	**19**
Kanada (O)	11	17
Frankreich	10	19
Slowenien	9	20
Belgien (Fr.)	12	19
Polen	10	21
Kanada (Q)	10	20
Kanada (N)	10	22
Belgien (Fl.)	12	21
Schweden	10	23
Lettland	11	24
Spanien	13	22
Island	13	23
International*	**13**	**24**
VG 1	**13**	**24**
VG 2	**13**	**24**
Österreich	12	26
Luxemburg	13	27
Neuseeland	15	27
Norwegen	17	28
Italien	22	32
England	21	36
Schottland	23	38
USA	25	38
Niederlande	23	39
Rumänien	29	40

* Der internationale Mittelwert bezieht sich nur auf die hier dargestellten Staaten.
Balkendarstellung berücksichtigt Nachkommastellen.

Abbildung 35: Schüler, die außerhalb der Schule nie oder fast nie zum Spaß lesen – Mädchen und Jungen im Vergleich (Angaben in Prozent; vgl. Bos u. a. 2007)

Wie Abbildung 36 zeigt, schneiden bei den Dimensionen selbst eingeschätzter sozialer Kompetenz bis auf die „Durchsetzungsfähigkeit" immer die Mädchen signifikant besser ab als die Jungen. Insbesondere bei dem prosozialen Verhalten, der Regulation der Gefühle anderer, der Perspektivenübernahme und der Empathie sind die Unterschiede beträchtlich.

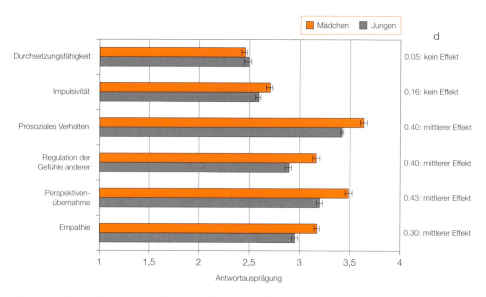

Abbildung 36: Geschlechterunterschiede in der Selbsteinschätzung sozialer Kompetenz (sechs Skalen; Datenquelle: TIMSS 2007; eigene Berechnungen)

5.6   Lehrkräfte in der Primarschule

Die Bedeutung geschlechtsspezifischer Identifikationsangebote für Mädchen und Jungen in der Schule wird seit Jahren schon diskutiert (vgl. Horstkemper/Tillmann/Wagner-Winterhage 1990). Aufgrund der historischen Entwicklung sind die Lehrkräfte insbesondere im Primarschulbereich traditionell weiblich, dies belegen auch 2006 die für die an IGLU beteiligten Bildungssysteme erhobenen Daten zu diesem Aspekt (siehe Abbildung 37). Demnach stellen Frauen 89 Prozent der Lehrkräfte an Primarschulen in Deutschland, d. h., dass nur ca. jede zehnte Lehrkraft im Primarschulbereich als ein männliches Identifikationsangebot fungieren kann (siehe Abbildung 37). Im internationalen Vergleich zeigen sich diesbezüglich zum Teil andere Anteile, so zum Beispiel frappierend in Luxemburg, wo die männlichen Lehrkräfte immerhin mit 45 Prozent an Primarschulen vertreten sind. Hat dies Auswirkungen auf die in IGLU 2006 erhobenen Lesekompetenzen der Kinder? Die IGLU-2006-Befunde können eine solche Hypothese nicht stützen: So zeigen in Deutschland wie auch in den Niederlanden sowohl Mädchen als auch Jungen nominell höhere Lesekompetenzen, wenn sie von einer weiblichen Lehrkraft unterrichtet werden; andererseits dokumentieren in Luxemburg sowohl Mädchen als auch Jungen nominell höhere Lesekompetenzen, wenn sie von einer männlichen Lehrkraft unterrichtet werden (siehe Abbildung 37). Keine dieser Differenzen ist aber signifikant.

Länder	Frauen		Männer	
	Prozent	(SE)	Prozent	(SE)
Belgien (Fl.)	75	(3,0)	25	(3,0)
Belgien (Fr.)	80	(3,0)	20	(3,0)
Bulgarien	94	(1,8)	6	(1,8)
Dänemark	90	(2,1)	10	(2,1)
Deutschland	89	(2,4)	11	(2,4)
England	75	(3,5)	25	(3,5)
Frankreich	71	(3,3)	29	(3,3)
Italien	98	(1,1)	2	(1,1)
Lettland	99	(0,6)	1	(0,0)
Litauen	99	(0,5)	1	(0,5)
Luxemburg	55	(0,2)	45	(0,2)
Niederlande	68	(3,4)	32	(3,4)
Österreich	88	(2,1)	12	(2,1)
Polen	100	(0,3)	0	(0,3)
Rumänien	89	(2,4)	11	(2,4)
Schottland	96	(1,6)	4	(1,6)
Schweden	84	(2,8)	16	(2,8)
Slowakei	93	(1,7)	7	(1,7)
Slowenien	98	(1,1)	2	(1,1)
Spanien	78	(3,6)	22	(3,6)
Ungarn	97	(1,6)	3	(1,6)

Abbildung 37: Geschlecht der Lehrkräfte an Grundschulen im internationalen Vergleich (vgl. Bos u. a. 2007)

5.7 Geschlechterdifferenzen bei Schullaufbahnpräferenzen von Lehrkräften

In der Bundesrepublik Deutschland gehen die Schüler in 14 Ländern nach einer erfolgreich abgeschlossenen vierten Jahrgangsstufe traditionell auf eine der drei weiterführenden Schulformen der Sekundarstufe I: auf die Haupt- oder Realschule oder das Gymnasium. In Berlin und Brandenburg erfolgt der Schulformwechsel nach sechs Schuljahren. In einigen Ländern können sie darüber hinaus auch die diese zwei oder drei traditionellen Schulformen in sich vereinigende Gesamtschule in ihren unterschiedlichen Organisationsformen besuchen. Darüber hinaus sind in jüngerer Zeit in einigen Ländern Sekundarschulformen wie die Mittelstufe entstanden, die überwiegend Haupt- und Realschulen umfassen.

2006 wurden Lehrkräfte und Eltern der an IGLU beteiligten Schüler nach den für ein/ihr Kind präferierten, künftig zu besuchenden Schulformen der Sekundarstufe I befragt. In Abbildung 38 sind die diesbezüglich erhobenen Auskünfte ausgewiesen, und zwar unter Berücksichtigung der von den Mädchen und Jungen auf der IGLU-Leseskala erbrachten Lesekompetenzen. Demnach zeigt sich: Der kritische Wert, dies ist der Wert, den die Kinder mindestens aufweisen müssen, um eine Gymnasialpräferenz zugesprochen zu bekommen, liegt im Falle der Lehrkräfte im Hinblick auf die Mädchen bei 557 Punkten und bei den Jungen bei 585 Punkten auf der IGLU-2006-Leseskala. Hier zeigt sich also eine Bevorzugung der Mädchen im Hinblick auf den möglichen Besuch eines Gymnasiums. Diese Ergebnisse sind theoriekonform und zeigen an, dass Jungen eine höhere Lesekompetenz erreichen müssen, damit ihre Lehrer eine Gymnasialpräferenz für sie aussprechen (vgl. Stubbe in Druck). Aus Abbildung 38 geht hervor, dass Mädchen eine 1,25-fache Chance auf die Gymnasialpräferenz der Lehrkräfte im Vergleich zu Jungen haben. Dieser Vorteil bleibt auch bei Kontrolle von Intelligenz und Kompetenz erhalten.

| | Gymnasialpräferenz der Lehrkräfte | | |
	Modell I	Modell II	Modell III
Mädchen	1,25**	1,18**	1,14*
Jungen	Referenzgruppe (odds ratio = 1)		
McFadden-R^2	0,00	0,10	0,22

** $p < 0.01$; * $p < 0.05$
Modell I: Ohne Kontrolle von Kovarianten
Modell II: Kontrolle von kognitiven Fähigkeiten
Modell III: Kontrolle von kognitiven Fähigkeiten und Lesekompetenz

Abbildung 38: Relative Chancen [odds ratios] für eine Gymnasialpräferenz der Lehrkräfte – Mädchen und Jungen im Vergleich (vgl. Bos u. a. 2007)

Fazit:
Wie die hier berichteten Befunde gezeigt haben, sind in der hiesigen Grundschule Jungen in vielerlei Hinsicht benachteiligt. Mehr als fünf Dekaden nach Beginn einer gezielten Förderung von Mädchen in der Schule scheint es mithin an der Zeit zu sein, Angebote und Maßnahmen für eine explizite Förderung von Jungen zu schaffen, beispielsweise im Hinblick auf ihre Leseinteressen und ihre Lesefreude. Allerdings sollten darüber auch die Mädchen nicht außer Acht gelassen werden, wie die hier berichteten Ergebnisse zu ihren Kompetenzen in den Domänen Mathematik und Naturwissenschaften gezeigt haben; hier wäre beispielsweise stärker bei den Interessen von Mädchen anzusetzen. Mit Blick auf beide Geschlechter und vor dem Hintergrund ihrer je spezifischen Ausgangslagen ist mithin für eine geschlechtersensible Förderung bereits in der Grundschule zu plädieren. Denn wie internationale Vergleiche zeigen, sind gleiche Leistungen von Mädchen und Jungen in allen Fächern durchaus möglich.

6 Geschlechterdifferenzen im Sekundarbereich

Im Verlauf der Sekundarschulzeit vergrößern sich die Disparitäten zwischen den Geschlechtern, und zwar sowohl im Bereich schulischer Leistungen als auch in motivationalen Orientierungen.

Unterschiedliche Ausprägungen von Fähigkeiten und Interessen im Sekundarbereich wirken sich auf Entscheidungen über Ausbildungen oder Studiengänge aus. Wenn bedeutsame Mittelwertsunterschiede in entsprechenden Merkmalen gefunden werden, schlagen sich diese in unterschiedlichen Berufsorientierungen von Frauen und Männern nieder. Entsprechende Merkmalsunterschiede beschreiben aber auch unterschiedliche Voraussetzungen für das Handeln und Lernen in anderen Lebensbereichen und – damit verbunden – für die weitere Persönlichkeitsentwicklung.

Eine differentielle Kompetenz- und Interessenentwicklung in der Sekundarschulzeit lässt sich auf unterschiedliche Einflüsse zurückführen. Neben gesellschaftlichen Rollenbildern (siehe Kapitel 2.2) und Geschlechtermodellen in der Familie und im Freundeskreis interessieren besonders Einflüsse der Schule auf Geschlechterdifferenzen. Gerade das Jugendalter ist mit seinen Entwicklungsaufgaben und den kritischen Phasen der Selbstfindung und Identitätsbildung besonders anfällig für die Ausprägung von Geschlechterdifferenzen. Doch welche Rolle spielt dabei die Schule, die aufgrund ihres Bildungsauftrags den Geschlechtern gleiche Chancen geben soll? Inwieweit gelingt es ihr, der Entstehung oder Verstärkung von Geschlechterdisparitäten in Kompetenzen und motivationalen Orientierungen entgegenzuwirken, die für die weiteren Lebenschancen relevant sind?

6.1 Bildungsbeteiligung von Mädchen und Jungen

Der Bildungserfolg von Schülern in der Sekundarschulzeit lässt sich an mehreren Indikatoren festmachen. Als grober Indikator für den Bildungserfolg können in einem gegliederten Schulsystem die Anteile von Mädchen und Jungen herangezogen werden, die weiterführende Schularten mit unterschiedlichen Möglichkeiten zum Erwerb von Abschlüssen besuchen.

Betrachtet man gegen Ende der Sekundarschulzeit die Beteiligung von Mädchen und Jungen an den Schularten, so stellt man fest, dass die Gymnasialbeteiligung unter den Mädchen mit etwa 36 Prozent um etwa fünf Prozentpunkte höher als die Beteiligung der Jungen ist (siehe Abbildung 39). Umgekehrt besucht ein größerer Anteil männlicher Schüler die Hauptschule: Die Beteiligungsquote der Jungen liegt mit etwa 23 Prozent um vier Prozentpunkte über der Beteiligungsquote von Mädchen. In den anderen Schularten sind die Unterschiede geringer, fügen sich aber in das gleiche Befundmuster: Jungen besuchen tendenziell häufiger als Mädchen Schulen, die zu weniger qualifizierenden Schulabschlüssen führen (siehe Abbildung 39).

Der einfache Indikator der Bildungsbeteiligung zeigt den Erfolg der Bemühungen um gleiche Chancen von Mädchen und Jungen in der Schule an: Während die Mädchen vor 50 Jahren an den Gymnasien noch deutlich unterrepräsentiert waren (vgl. Cortina u. a. 2003), sind sie dort heute überrepräsentiert. Insgesamt betrachtet haben Mädchen heute damit eher bessere Chancen als Jungen, im Verlauf der Schulzeit weiterführende Kompetenzen und

Abschlüsse zu erwerben. Der tendenziell größere Bildungserfolg der Mädchen drückt sich aber auch in einem anderen Indikator aus: Jungen müssen in Deutschland häufiger Klassenstufen wiederholen als Mädchen (vgl. Ehmke/Drechsel/Carstensen 2008) und verlängern damit ihre Schulzeit.

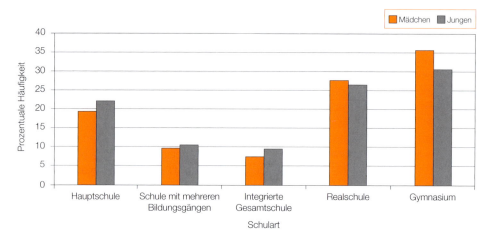

Abbildung 39: Beteiligungsquoten von Mädchen und Jungen an den Schularten in Deutschland (Datenquelle: PISA 2006; eigene Berechnungen)

Bekanntlich hängt die Bildungsbeteiligung an den verschiedenen Schularten in Deutschland eng mit der sozialen Herkunft der Schüler zusammen: Kinder aus sozial besser gestellten Familien besuchen häufiger das Gymnasium als Kinder aus sozial schwächer situierten Familien (vgl. z. B. Ehmke/Baumert 2007). Damit stellt sich die Frage, ob die größere gymnasiale Beteiligung der Mädchen gegenüber den Jungen eventuell darauf zurückzuführen ist, dass mehr Mädchen aus sozial schwächeren Schichten das Gymnasium besuchen. Dies ist jedoch nicht der Fall: Sowohl bei Mädchen als auch bei Jungen sind die relativen Chancen, das Gymnasium zu besuchen, in den verschiedenen Sozialschichten („EGP"-Klassen) ähnlich groß (Zusatzanalyse der Daten aus PISA 2006).

Neben der Beteiligung an den Schularten kommt auch dem Umfang des Fachunterrichts eine wesentliche Bedeutung für den Bildungserfolg zu: Schulisch relevante Kompetenzen werden in erster Linie im Unterricht vermittelt und sind, neben einer Vielzahl von anderen Faktoren, auch von der Unterrichtszeit abhängig (vgl. z. B. Slavin 1994; Fraser u. a. 1987). Während für die Hauptfächer im Sekundarbereich nur geringe Unterschiede in der Unterrichtszeit angenommen werden können, lässt sich dies für Nebenfächer wie beispielsweise die naturwissenschaftlichen Fächer nicht voraussetzen. Da die Naturwissenschaften für den Arbeitsmarkt im Hinblick auf den Bedarf an naturwissenschaftlich gebildeten Fachkräften (wie beispielsweise Ingenieuren) eine immer größere Rolle spielen, kommt der Zeit, die diesen Fächern im Schulsystem zuteil wird, eine nicht zu unterschätzende Bedeutung zu (vgl. Seidel u. a. 2007): Haben Mädchen und Jungen in der Schule vergleichbare Gelegenheiten, naturwissenschaftliche Kompetenzen und naturwissenschaftsbezogene Interessen zu entwickeln?

Aufgrund des häufigeren Unterrichts naturwissenschaftlicher Fächer im Gymnasium und der höheren Gymnasialbeteiligung von Mädchen kann vermutet werden, dass Mädchen häufiger an naturwissenschaftsbezogenem Fachunterricht teilnehmen als Jungen. Geschlechtsspezifische Unterschiede in der Unterrichtszeit dieser Fächer würden unterschiedliche Rahmenbedingungen für den Erwerb naturwissenschaftsbezogenen Wissens und motivationaler Orientierungen darstellen. Tatsächlich weisen Daten aus PISA 2006 darauf hin, dass am Ende des Sekundarbereichs etwas mehr Mädchen als Jungen Pflichtunterricht in den drei naturwissenschaftlichen Fächern erhalten. Dies gilt insbesondere für die Chemie. Andererseits entscheiden sich Jungen häufiger als Mädchen, an freiwilligem Unterricht in den naturwissenschaftlichen Fächern teilzunehmen (siehe Abbildung 40). Aus diesem Grund erhalten Jungen am Ende der Sekundarschulzeit in etwa genauso häufig naturwissenschaftsbezogenen Fachunterricht wie Mädchen, so dass in dieser Hinsicht keine unterschiedlichen Voraussetzungen für den Kompetenzerwerb vorliegen. Die unter Jungen gegenüber Mädchen häufigere Entscheidung für freiwilligen naturwissenschaftlichen Fachunterricht deutet allerdings darauf hin, dass Jungen stärker als Mädchen für die Naturwissenschaften motiviert sind. Jungen weisen also eine stärkere Motivation für die Naturwissenschaften auf, obwohl sie weniger regulären Unterricht in diesen Fächern erhalten als Mädchen.

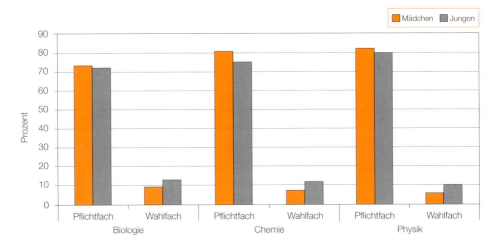

Abbildung 40: Verteilung 15-jähriger Mädchen und Jungen auf die naturwissenschaftlichen Fächer in Deutschland (Datenquelle: PISA 2006; eigene Berechnungen)

Die Bildungsbeteiligung und der Umfang des Fachunterrichts stellen wichtige Rahmenbedingungen für die Entwicklung von Kompetenzen und motivationalen Orientierungen dar. Wie sich die Kompetenzen von Mädchen und Jungen bis gegen Ende des Sekundarbereichs entwickeln, soll im Folgenden u. a. anhand von Daten aus PISA dargestellt werden.

6.2 Kompetenzen und Leistungen von Mädchen und Jungen

6.2.1 Kompetenzunterschiede gegen Ende des Sekundarbereichs

Im Hinblick auf schulbezogene Kompetenzen vergrößern sich Unterschiede zwischen Mädchen und Jungen in den Bereichen Lesen, Mathematik und Naturwissenschaften im Verlauf der Sekundarschulzeit. Insbesondere in der Lesekompetenz finden sich am Ende der Sekundarschulzeit beträchtliche Disparitäten zwischen den Geschlechtern (siehe Abbildung 41).

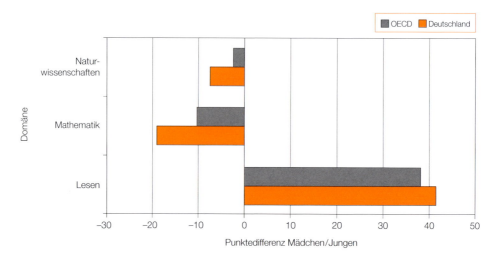

Abbildung 41: Kompetenzunterschiede zwischen 15-jährigen Mädchen und Jungen (vgl. OECD 2007)

Ergebnisse aus PISA 2006 zeigen, dass der Kompetenzunterschied zwischen Mädchen und Jungen im Lesen im OECD-Durchschnitt 38 Punkte zugunsten der Mädchen beträgt (siehe Abbildung 41). Der Abstand fällt in Deutschland mit 42 Punkten noch etwas größer aus. Jungen bleiben damit in ihren Lesekompetenzen mehr als ein Schuljahr hinter den Mädchen zurück. Da die Lesekompetenz eine der Schlüsselkompetenzen für die erfolgreiche Teilhabe auf dem Arbeitsmarkt und an der Gesellschaft insgesamt ist, stellen diese Befunde ein alarmierendes Signal für die Ausbildungs- und Berufschancen vieler Jungen dar (vgl. Drechsel/Artelt 2007; OECD 2007). Die im Mittel relativ schwache Lesekompetenz der Jungen muss als Anlass für stärkere Bemühungen um gleiche Chancen für beide Geschlechter betrachtet werden.

Entgegen einer häufigen Annahme weisen Jungen in den ihnen traditionell zugeschriebenen Kompetenzbereichen Mathematik und Naturwissenschaften bei den internationalen Leistungsvergleichen im Durchschnitt nur geringfügig höhere Kompetenzen auf als Mädchen (vgl. Frey u. a. 2007; Prenzel u. a. 2007). In der Mathematik beträgt der durchschnittliche Kompetenzvorsprung der Jungen in der gesamten OECD lediglich elf Punkte; in Deutschland allerdings signifikante 19 Punkte. Hier zeigt wiederum der internationale Vergleich, dass

Unterschiede in der mathematischen Kompetenz kein „Naturgesetz" sind, sondern vernachlässigbar gering ausfallen können (z. B. in Island, Schweden, Belgien oder auch Frankreich).

In den Naturwissenschaften unterscheiden sich die durchschnittlichen Kompetenzen von Mädchen und Jungen nur um zwei Punkte. Auch in Deutschland finden sich eher kleinere (statistisch nicht signifikante) Kompetenzunterschiede von sieben Punkten. Dieses auf den ersten Blick erfreuliche Bild stellt sich allerdings anders dar, wenn die detaillierten Ergebnisse der sehr umfangreichen Naturwissenschaftsuntersuchung bei PISA 2006 betrachtet werden.

Differenziert man die Testaufgaben zu konzeptuellem Wissen nach verschiedenen naturwissenschaftlichen Teilgebieten, dann bestätigen die Befunde aus PISA 2006 die häufig anzutreffende Annahme von relativen Stärken der Jungen in der Physik und der Mädchen in der Biologie (vgl. Prenzel u. a. 2007). Während sich Mädchen und Jungen in ihren Kompetenzen im Bereich biologischer Themen („Lebende Systeme") im Durchschnitt kaum voneinander unterscheiden, beträgt der Kompetenzunterschied bei physikalischen Themen („Physikalische Systeme", „Erd- und Weltraumsysteme") in Deutschland 20 bzw. über zehn Punkte zugunsten der Jungen. Damit ist er nur geringfügig kleiner als in der gesamten OECD mit 28 bzw. über 15 Punkten (siehe Abbildung 42).

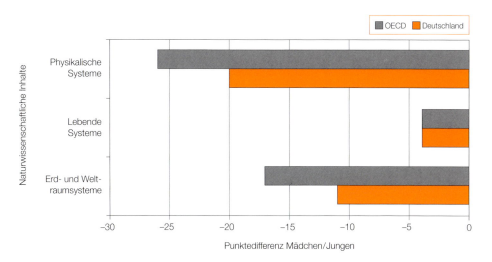

Abbildung 42: Kompetenzunterschiede in naturwissenschaftlichen Inhaltsbereichen nach Geschlecht (vgl. OECD 2007)

Die Testkonzeption von PISA 2006 gestattete auch differenzierte Analysen von Teilkompetenzen im Rahmen einer umfassenden Vorstellung von naturwissenschaftlicher Grundbildung, die in drei Teilskalen mündeten:
- naturwissenschaftliche Fragestellungen erkennen,
- naturwissenschaftliche Phänomene erklären und
- naturwissenschaftliche Evidenz nutzen.

Außerdem wurde „Wissen über die Naturwissenschaften" als Voraussetzung für ein Verständnis naturwissenschaftlicher Denk- und Arbeitsweisen erfasst (vgl. Prenzel u. a. 2007). Abbildung 43 zeigt typische Stärken von Mädchen und Jungen. Jungen (besonders in Deutschland) schneiden sehr viel besser ab als Mädchen, wenn naturwissenschaftliche Phänomene beschrieben und erklärt werden müssen. Mädchen wiederum erkennen besser, welche Fragestellungen mit naturwissenschaftlichen Zugängen beantwortet werden können, und sie zeichnen sich auch durch ein etwas besseres metatheoretisches Wissen aus.

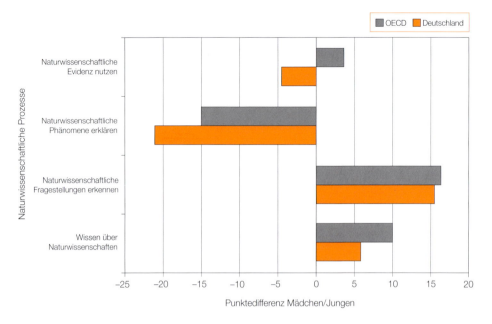

Abbildung 43: Geschlechterdifferenzen in naturwissenschaftlichen Prozessbereichen (vgl. OECD 2007)

Entsprechende Detailanalysen stehen einerseits im Gegensatz zu verbreiteten Annahmen von pauschalen Geschlechterdifferenzen. Sie zeigen vielmehr, dass Mädchen wie Jungen unter bestimmten Teilaspekten Stärken aufweisen, die gerade auch als Ansatzpunkte für einen Naturwissenschaftsunterricht dienen können, der auf unterschiedliche Lernvoraussetzungen reagiert. Andererseits weisen diese Befunde auf differentielle Fördermöglichkeiten hin, die am Ende bei beiden Geschlechtern zu einer deutlichen Stärkung der naturwissenschaftlichen Kompetenz beitragen dürften.

6.2.2 Besonders leistungsstarke und leistungsschwache Mädchen und Jungen

Der Blick auf die Verteilungen von Mädchen und Jungen auf die bei PISA untersuchten Kompetenzen informiert einerseits über Spitzenleistungen (Kompetenzstufen V und darüber), andererseits aber auch über die Anteile von Jugendlichen mit ungünstigen Prognosen für ihre weitere Entwicklung und Berufskarriere (Kompetenzstufe I und darunter). Der an den Mittelwerten im Lesetest sichtbare Kompetenzunterschied zwischen Mädchen und Jungen schlägt sich auch dramatisch in der Verteilung auf die Kompetenzstufen nieder. Die Jungen in Deutschland stellen ca. zwei Drittel der extrem schwachen Leser (Kompetenzstufe I oder darunter). In der Spitzengruppe (Kompetenzstufe V) sind die Jungen wiederum nur mit einem Drittel beteiligt.

Im mathematischen und naturwissenschaftlichen Bereich stellt sich die Situation anders dar: Während der Anteil der Geschlechter unter den niedrigkompetenten Schülern in beiden Domänen in etwa ausgeglichen ist, stellen Jungen etwa 60 Prozent der Jugendlichen mit hohen und sehr hohen Kompetenzen in der Mathematik und in den Naturwissenschaften (Kompetenzstufen V und VI). Dieser Befund mag den häufigen Eindruck widerspiegeln, dass Jungen ihre Stärken in diesen Domänen haben (vgl. Frey u. a. 2007; Prenzel u. a. 2007).

Der Eindruck kann auch dadurch zustande kommen, dass die Kompetenzunterschiede in der Mathematik und in den Naturwissenschaften *innerhalb* der meisten Schularten größer sind als im Durchschnitt aller Schüler. In den Schularten des dreigliedrigen Schulsystems beispielsweise beträgt der Kompetenzvorsprung der Jungen in der Mathematik in jeder Schulart etwa 30 Punkte, also in etwa ein Schuljahr. In den Naturwissenschaften liegt der Vorsprung zwischen 15 und 22 Punkten (siehe Abbildung 44).

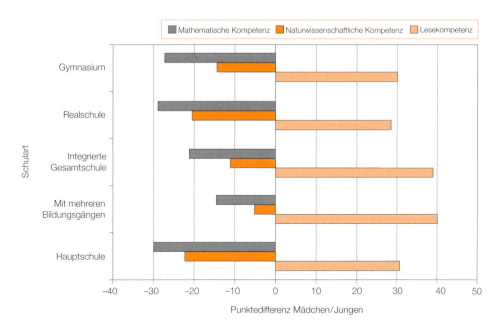

Abbildung 44: Geschlechterdifferenzen innerhalb der Schularten in den Kompetenzbereichen Lesen, Naturwissenschaften und Mathematik (Datenquelle: PISA 2006; eigene Berechnungen)

Dieser – auf den ersten Blick kontraintuitive – Befund lässt sich mit der unterschiedlichen Bildungsbeteiligung von Mädchen und Jungen erklären. Ein größerer Mädchenanteil in den Schularten, die zu höher qualifizierenden Abschlüssen führen, bedeutet gewissermaßen, dass der Jungenanteil stärker ausgelesen ist und insgesamt etwas mehr kompetenzschwächere Mädchen als Jungen auf Schulen der höheren Schularten wechseln. Dadurch steigt gleichzeitig der Anteil kompetenzstärkerer Jungen in den niedrigeren Bildungsgängen. Insgesamt ergeben sich dadurch größere Disparitäten in der Mathematik und in den Naturwissenschaften zugunsten der Jungen. Im Gegenzug nehmen die Disparitäten zugunsten der Mädchen im Lesen etwas ab. Sie betragen in der Hauptschule, in der Realschule und im Gymnasium in etwa 30 Punkte. Dadurch ergibt sich innerhalb der Schulen der Eindruck, dass Jungen in der Mathematik und in den Naturwissenschaften in etwa den gleichen Kompetenzvorsprung aufweisen wie Mädchen im Lesen. Für Lehrkräfte bedeutet dies, dass aufgrund ihrer wiederholten Erfahrungen in ihrem Unterricht der Eindruck entstehen könnte, dass Jungen tatsächlich in der Mathematik und in den Naturwissenschaften oft besser sind – was aber bei einer Betrachtung über alle Schularten nicht in diesem Ausmaß zutrifft.

6.2.3 Kompetenzen und Zensuren von Mädchen und Jungen

Die bei internationalen Vergleichsstudien verwendeten Tests erfassen grundlegende Kompetenzen. Die Tests beziehen sich auf übergeordnete Ziele schulischer Bildung und auf vorhersagbare Anforderungen im aktuellen und zukünftigen Leben der Jugendlichen und messen gewissermaßen, welches Wissen am Ende eines Schuljahres oder Schulabschnitts bei den Schülern flexibel anwendbar zur Verfügung steht. Spezielles Detailwissen, das nach wie vor gerne in schulischen Leistungsprüfungen erhoben wird, ist nicht Gegenstand von Tests in internationalen Vergleichsstudien.

Die Zensurengebung in der Schule beruht somit auf etwas anderen Leistungsanforderungen. Die Schulnoten hängen zudem von den gewählten Bezugsnormen und weiteren Faktoren bis zu persönlichen Einstellungen ab. Von daher kann ein perfekter Zusammenhang zwischen Schulnoten und PISA-Testleistungen nicht erwartet werden (obwohl sie natürlich korrelieren).

Bei PISA werden unter anderem die Schulnoten der Schüler in bestimmten Fächern von der Schule erfragt. Auf dieser Datenbasis kann zum Beispiel dargestellt werden, welche Kompetenzwerte die Jugendlichen im Mathematiktest erreichen, die in der Mathematik auf einer bestimmte Notenstufe stehen. Die Abbildung 45 stellt die Noten und Kompetenzwerte von Mädchen und Jungen für Mathematik, Deutsch, Physik und Biologie dar.

Mathematiknote	Mathematische Kompetenz		
	Mädchen	Jungen	Differenz
1	582	615	33
2	539	558	19
3	502	524	22
4	480	501	21
5 oder 6	446	466	20

Deutschnote	Lesekompetenz		
	Mädchen	Jungen	Differenz
1	626	605	–21
2	560	544	–16
3	524	498	–26
4	486	466	–20
5 oder 6	417	409	-8

Physiknote	Naturwissenschaftliche Kompetenz		
	Mädchen	Jungen	Differenz
1	598	635	37
2	563	567	4
3	529	540	11
4	499	506	7
5 oder 6	479	465	–14

Biologienote	Naturwissenschaftliche Kompetenz		
	Mädchen	Jungen	Differenz
1	593	606	13
2	545	572	27
3	515	536	21
4	474	486	12
5 oder 6	455	459	4

Abbildung 45: Verteilung der Noten nach Geschlecht und Kompetenz in Deutschland
(Datenquelle: PISA 2006; eigene Berechnungen)

Wie die Abbildung erkennen lässt, unterscheiden sich Mädchen und Jungen im Mittel in ihren Kompetenzen deutlich, auch wenn sie die gleiche Schulnote erhalten. Bei gleicher Schulnote weisen Jungen in der Mathematik und in den naturwissenschaftlichen Fächern im Mittel höhere Kompetenzen auf, in Deutsch eine niedrigere Lesekompetenz. Die mittleren Kompetenzunterschiede betragen zwischen vier und 37 Punkten und liegen in Deutsch, in der Mathematik und in der Biologie für jede Notenstufe mit Ausnahme der niedrigsten beiden Noten bei über zehn Punkten. Das Befundmuster lässt vermuten, dass die Notengebung Kompetenzunterschiede zwischen den Geschlechtern ausgleicht, weil Jungen in Deutsch und Mädchen in der Mathematik und in den naturwissenschaftlichen Fächern gemessen an ihrer Kompetenz jeweils „milder" benotet werden. Insgesamt erscheinen die Schulnoten von Mädchen und Jungen im Mittel als ausgeglichen – obwohl sich, zumindest auf der Basis der Testergebnisse aus PISA, dahinter doch zum Teil bemerkenswerte Kompetenzunterschiede verbergen. Auf jeden Fall findet sich keine Evidenz dafür, dass Mädchen in den mathematisch-naturwissenschaftlichen Fächern durch eine differentielle, benachteiligende Zensurengebung entmutigt würden. Das Gleiche gilt für Jungen im Deutschunterricht.

6.3 Wie nutzen Mädchen und Jungen den Computer?

Neben der Mathematik und den Naturwissenschaften gilt die Beschäftigung mit dem Computer als eine der klassischen Jungendomänen. Befunde aus PISA 2006 weisen in diesem Zusammenhang darauf hin, dass Mädchen am Ende der Sekundarschulzeit im Durchschnitt tatsächlich über weniger langfristige Erfahrungen mit dem Computer verfügen als Jungen. Darüber hinaus nutzen etwas mehr Jungen als Mädchen den Computer regelmäßig zu Hause und in der Schule. Allerdings sind die Unterschiede in der Nutzungshäufigkeit in Deutschland gering, da inzwischen in etwa 87 Prozent der Mädchen und 93 Prozent der Jungen angeben, zu Hause regelmäßig einen Computer zu nutzen (siehe Abbildung 46).

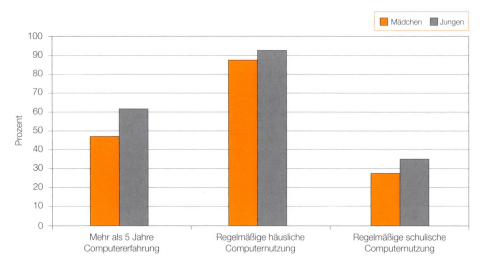

Abbildung 46: Computererfahrung und -nutzung von Mädchen und Jungen (vgl. Senkbeil/Wittwer 2007)

Trotz dieser sehr ähnlichen Häufigkeit der Computernutzung finden sich zwischen den Geschlechtern Unterschiede in der Art der Nutzung und in computerbezogenen Kompetenzen und Motivationen, die die Annahme von „Computer Literacy" als einer Jungendomäne immer noch gerechtfertigt erscheinen lassen. Während weniger als ein Drittel der Jungen den Computer nur in eingeschränktem Umfang, meistens für E-Mails, internetbezogene Aktivitäten oder den Umgang mit Textverarbeitungsprogrammen, nutzt, beträgt dieser Anteil unter den Mädchen etwas mehr als 40 Prozent. Ebenfalls etwa 40 Prozent der Mädchen setzen den Computer für Text- und Tabellenkalkulationsprogramme und Internetanwendungen ein. Demgegenüber nutzen Jungen den Computer sehr häufig für freizeitbezogene Aktivitäten wie z. B. Computerspiele. Unter den Jungen ist im Gegensatz zu den Mädchen darüber hinaus der Anteil derjenigen beträchtlich, die den Computer für sehr viele verschiedene Tätigkeiten nutzen. In Übereinstimmung mit diesen Geschlechterunterschieden in der Nutzungsart weisen Jungen im Mittel ein höheres Computerwissen, eine höhere computerbezogene Selbstwirksamkeitsüberzeugung und ein höheres Interesse am Computer als Mädchen auf. Trotz einer

Angleichung in der Nutzungshäufigkeit bestehen also weiterhin geschlechtsspezifische Unterschiede in der Art, wie der Computer eingesetzt wird, und in computerbezogenen Kompetenzen und motivationalen Orientierungen (vgl. Senkbeil/Wittwer 2007).

6.4 Motivationale Orientierungen und Interessen

Mit den Kompetenzunterschieden zwischen den Geschlechtern gehen charakteristische Muster in domänbezogenen Motivationen von Mädchen und Jungen im Sekundarschulbereich einher.

Befunde aus PISA 2006 zeigen im Bereich des Lesens ein deutlich höheres Leseinteresse bei Mädchen als bei Jungen: 48 Prozent der Mädchen, aber nur 25 Prozent der Jungen nennen das Lesen als eines ihrer liebsten Hobbys. 23 Prozent der Mädchen und 15 Prozent der Jungen sagen, dass sie jeden Tag mindestens eine Stunde lang zum Vergnügen lesen. Umgekehrt geben 15 Prozent der Mädchen, aber 35 Prozent der Jungen an, dass Lesen Zeitverschwendung sei. 45 Prozent der Jungen erklären, dass sie nicht zum Vergnügen lesen. Unter den Mädchen sind es 23 Prozent (siehe Abbildung 47). Diese Ergebnisse weisen darauf hin, dass die Voraussetzungen für den weiteren Erwerb von Lesekompetenzen bei Jungen erheblich ungünstiger als bei Mädchen sind. Würde es gelingen, Jungen in der Sekundarschulzeit stärker für das Lesen zu begeistern, könnte dies möglicherweise der unterschiedlichen Kompetenzentwicklung der Geschlechter in diesem Bereich entgegenwirken.

	Gesamt		Jungen		Mädchen	
	2000	2006	2000	2006	2000	2006
Ich lese nicht zum Vergnügen.	42	34*	55	45*	29	23*
Lesen ist Zeitverschwendung.	31	26*	41	35*	20	15*
Ich lese mindestens 1 Stunde täglich zum Vergnügen.	13	19*	9	15*	18	23*
Lesen ist eins meiner liebsten Hobbys.	29	36*	18	25*	41	48*

* $p < 0.5$ signifikante Werte.

Abbildung 47: Interesse am Lesen von Mädchen und Jungen
(Angaben in Prozent; vgl. Drechsel/Artelt 2007, S. 244)

Im Bereich der Mathematik zeigen Befunde aus PISA 2003, dass Jungen im Vergleich zu Mädchen vor allem eine deutlich höhere Selbstwirksamkeitsüberzeugung und ein deutlich ausgeprägteres Selbstkonzept besitzen. In den beiden Merkmalen betragen die Geschlechterunterschiede in Deutschland 0,46 bzw. 0,5 Effektstärken zugunsten der Jungen und sind damit sogar etwas größer als die in etwa ein Drittel Effektstärken betragenden Disparitäten im OECD-Durchschnitt (vgl. Pekrun/Zirngibl 2004).

Die Geschlechterunterschiede in motivationalen Konstrukten sind somit in der Mathematik deutlich ausgeprägter als die Kompetenzunterschiede, sowohl auf der Ebene der gesamten Schülerschaft als auch in den einzelnen Schularten. Dies spricht dafür, dass sich Selbstwirksamkeit und Selbstkonzept nicht nur an den tatsächlich bestehenden Kompetenzunterschieden zwischen Mädchen und Jungen ausrichten, sondern wahrscheinlich auch gesellschaftliche Vorstellungen über kompetenzbezogene Stärken und Schwächen der Geschlechter widerspiegeln.

Ähnlich große Unterschiede wie in der Selbstwirksamkeit und im Selbstkonzept lassen sich auch in anderen motivationalen Merkmalen wie dem Interesse und der instrumentellen Motivation finden. Jungen sind im Durchschnitt um 0.45 Effektstärken stärker instrumentell motiviert und haben ein um 0.37 Effektstärken größeres Interesse als Mädchen. In Übereinstimmung mit diesen Befunden weisen Mädchen eine deutlich höhere Ängstlichkeit gegenüber der Mathematik auf als Jungen (d = 0.37). Die motivationalen Bedingungen für den weiteren Kompetenzerwerb und die Beschäftigung mit mathematischen Themen sind also bei Jungen deutlich günstiger als bei Mädchen (siehe Abbildung 48).

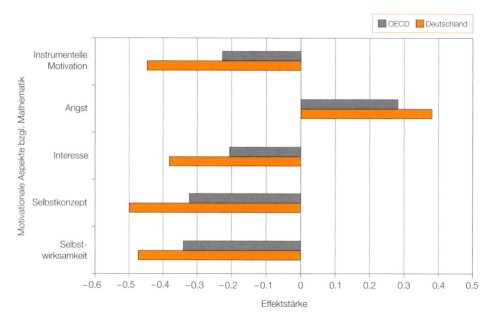

Abbildung 48: Motivationale Orientierungen gegenüber der Mathematik (vgl. OECD 2004)

Ein ähnliches Befundmuster wie für die Mathematik zeigt sich im Bereich der Naturwissenschaften (vgl. OECD 2007). Die Geschlechterunterschiede in naturwissenschaftsbezogenen motivationalen Orientierungen sind jedoch im Allgemeinen nicht so stark ausgeprägt wie in mathematikbezogenen motivationalen Merkmalen. Vergleichsweise große Geschlechterdifferenzen zugunsten der Jungen finden sich im Selbstkonzept (d = 0.38) und in der Einschätzung der allgemeinen Wichtigkeit der Naturwissenschaften (d = 0.28). Die naturwissenschaftsbezogene Selbstwirksamkeit ist demgegenüber bei Jungen nicht um so viel größer als bei Mädchen (d = 0.16) und spiegelt eher die geringen Kompetenzunterschiede wider als die Unterschiede in der mathematikbezogenen Selbstwirksamkeit. Dennoch sind auch die intrinsische und die extrinsische Motivation sowie die Freude an den Naturwissenschaften bei Jungen stärker ausgeprägt als bei Mädchen. Auch im Hinblick auf die Naturwissenschaften finden sich also bessere motivationale Voraussetzungen für das Lernen bei den Jungen als bei den Mädchen (siehe Abbildung 49).

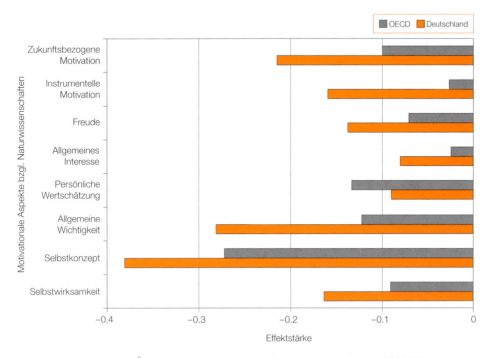

Abbildung 49: Motivationale Überzeugungen gegenüber den Naturwissenschaften (vgl. OECD 2007)

Dieser Befund findet sich auch wieder, wenn man die in den Naturwissenschaften besonders kompetenten Mädchen und Jungen betrachtet (vgl. Prenzel/Schütte/Walter 2007). Im internationalen Vergleich ist der Anteil der Mädchen unter diesen Jugendlichen mit 43,3 Prozent in Deutschland relativ gering (siehe Abbildung 50). Fragt man im Anschluss nach dem Interesse dieser Jugendlichen an den Naturwissenschaften, so finden sich etwas weniger Mädchen mit überdurchschnittlichem Interesse als mit unterdurchschnittlichem Interesse. Das bedeutet, dass selbst unter den hochkompetenten Schülern die Mädchen in der Tendenz ein etwas geringeres Interesse an den Naturwissenschaften aufweisen als die Jungen. Mädchen sind also nicht nur seltener als Jungen unter den Hochkompetenten zu finden, die hochkompetenten Mädchen weisen darüber hinaus auch noch ein geringeres Interesse als die hochkompetenten Jungen auf. Für den Nachwuchs in den naturwissenschaftsbezogenen Berufen lässt dieser Befund befürchten, dass Mädchen sich seltener als Jungen für eine solche berufliche Zukunft entscheiden werden, selbst wenn sie über die dafür notwendigen Kompetenzen verfügen.

OECD-Staat	Teilstichprobe		Interesse an den Naturwissenschaften							
			4. Quartil		3. Quartil		2. Quartil		1. Quartil	
	Prozent Mädchen	(SE)	Prozent Mädchen	(SE)	Prozent Mädchen	(SE)	Prozent Mädchen	(SE)	Prozent Mädchen	(SE)
Australien	46,7	(2,4)	45,9	(3,1)	47,4	(3,1)	47,1	(3,5)	46,2	(3,1)
Deutschland	43,3	(2,1)	42,4	(3,5)	43,4	(4,5)	44,8	(3,2)	42,6	(4,5)
Finnland	49,0	(1,7)	49,5	(2,9)	49,6	(4,0)	49,3	(3,9)	46,9	(4,2)
Kanada	46,5	(1,3)	46,5	(2,8)	47,5	(3,3)	47,3	(3,0)	43,5	(3,9)
Niederlande	45,6	(1,3)	40,5	(3,2)	45,9	(2,9)	48,1	(3,3)	50,8	(4,1)
Österreich	46,4	(2,7)	45,9	(4,4)	47,9	(4,5)	46,0	(4,0)	45,6	(4,4)
Schweiz	46,4	(1,6)	44,7	(2,8)	47,2	(2,6)	49,2	(3,8)	43,9	(4,0)
Vereinigte Staaten	46,8	(2,7)	38,3	(6,5)	46,1	(8,8)	47,8	(9,2)	55,1	(9,1)

Abbildung 50: Mädchen unter den in den Naturwissenschaften hochkompetenten Jugendlichen: Verteilung des Interesses an den Naturwissenschaften (Prenzel/Schütte/Walter 2007, S. 115)

Tatsächlich zeigen Befunde aus PISA 2006, dass Mädchen seltener als Jungen erwarten, einen Beruf aus dem MINT-Bereich (Mathematik, Informatik, Naturwissenschaften und Technik) zu ergreifen (vgl. Taskinen/Asseburg/Walter 2008). Dies gilt im akademischen Bereich insbesondere für die Berufe des Ingenieurs und des Informatikers sowie im nichtakademischen Bereich für den Beruf des Technikers. Demgegenüber erwarten Mädchen häufiger als Jungen, später im medizinischen oder pflegerischen Bereich tätig zu sein (siehe Kapitel 7 und 8). Die Unterschiede in den Berufserwartungen gehen teilweise mit Unterschieden in mathematik- und naturwissenschaftsbezogenen Kompetenzen und motivationalen Orientierungen einher, lassen sich aber nicht vollständig dadurch erklären. Dies deutet darauf hin, dass zusätzlich zu den bestehenden Disparitäten in den Kompetenzen und Motivationen weitere Bedingungsfaktoren eine Rolle spielen. Die geschlechtstypische Verteilung in den erwarteten Berufen lässt in diesem Zusammenhang vermuten, dass die Berufserwartung stark durch gesellschaftliche Geschlechtsstereotypen bedingt ist.

6.5 Bedingungen der Kompetenzentwicklung bei Mädchen und Jungen im Sekundarbereich

Die Diskussion über Bildungschancen war lange Zeit von Befürchtungen einer Benachteiligung von Mädchen geprägt. Generell belegt die Bildungsbeteiligung der Mädchen an den verschiedenen Schularten, dass ihre Zukunftsperspektiven für weiterführende Abschlüsse derzeit im Mittel eher besser sind als die von Jungen. Als großes Handicap der Jungen zeichnet sich eine relativ schwache Lesekompetenz ab, die sich auf das Lernen in allen Fach- und Sachzusammenhängen ungünstig auswirken dürfte.

Nennenswerte Unterschiede zwischen Mädchen und Jungen bestehen in Deutschland nach wie vor in der Mathematik, und dort insbesondere in motivationsrelevanten Merkmalen wie dem Selbstkonzept, der Überzeugung von der eigenen Wirksamkeit oder dem inhaltlichen Interesse. Auch bei gleicher Kompetenz trauen sich Mädchen in der Mathematik weniger zu als Jungen. Das Vorurteil, Mathematik sei nichts für Mädchen, scheint tief verankert zu sein. Ein Nebeneffekt der sich positiv entwickelt habenden Bildungsbeteiligung von Mädchen (zusammen mit dem nach wie vor bestehenden Kompetenzunterschied) führt, wie oben dargelegt, dazu, dass innerhalb der Schularten und damit auch Schulklassen die Unterschiede zwischen Mädchen und Jungen in der Mathematik als deutlich ausgeprägt erscheinen. Es kann vermutet werden, dass stereotype (und nicht zutreffende!) Überzeugungen von generellen Kompetenzunterschieden durch diese Alltagsbeobachtungen nicht widerlegt, sondern eher bekräftigt werden – sowohl auf Seiten der Lehrkräfte als auch auf Seiten der Schüler. Dennoch weisen die Zensurvergleiche darauf hin, dass an den Schulen in Deutschland zumindest bei den Leistungsbewertungen tendenziell motivierende (leicht bessere) Noten vergeben werden, bei den Jungen in Deutsch, bei den Mädchen in der Mathematik.

Wie vielfältig sich Geschlechterunterschiede ausprägen, zeigte sich bei den Naturwissenschaftskompetenzen: Je nachdem, welcher Kompetenzaspekt beleuchtet wird, verschwinden oder erscheinen Geschlechterdifferenzen in unterschiedlichen Richtungen. Aus einer pädagogischen Sicht laden solche Befunde zu differentiellen Angeboten ein, die zum Beispiel an Stärken ansetzen, um Schwächen abzubauen. Beispielsweise sind für Mädchen offensichtlich bestimmte naturwissenschaftliche Kontexte und Themen bedeutsamer. Ihr Zugang scheint eher über Fragestellungen und die Reflexion von Ansätzen zu erfolgen.

Fazit:
All diese Befunde unterstreichen, dass auch in Zukunft erhebliche, weitere (und andere) Anstrengungen zur Förderung von Mädchen und Jungen unternommen werden müssen. An erster Stelle zu nennen ist eine systematische, fächerübergreifende Leseförderung, die besonders die Ausgangs- und Motivationslagen von Jungen berücksichtigt. Die Herausforderung im Mathematikunterricht betrifft Kompetenzen und motivationale Orientierungen gleichermaßen. Auswertungen bei dem an PISA angekoppelten Längsschnitt zeigen, dass weder das Geschlecht der Lehrkraft noch der Anteil der Mädchen einer Klasse einen bedeutsamen Effekt auf die Entwicklung mathematischer Kompetenz im Verlauf eines Schuljahres haben (vgl. Schöps u. a. 2006). Insbesondere wird es im Mathematikunterricht darauf ankommen, Überzeugungen von geschlechtsspezifischen Begabungen zu überwinden. Die (wahrgenommene) Kompetenz in der Mathematik beeinflusst gerade im Sekundarbereich Überlegungen über die eigene Ausbildungs- und Berufskarriere. Sie spielt eine kritische Rolle bei der Entscheidung für Studiengänge oder Ausbildungen im naturwissenschaftlichen und technischen Bereich.

Auch in den Naturwissenschaften haben die motivationalen Orientierungen einen wichtigen Einfluss. Die vor einigen Jahren begonnene verstärkte Ausrichtung des Unterrichts auf bedeutungsvolle Kontexte, auf ein forschendes Lernen, auf das Argumentieren unterstützt die Entwicklung eines Interesses an den Naturwissenschaften – gerade auch bei Mädchen. Aber auch hier gilt, dass Einstellungen gegenüber den Naturwissenschaften nicht allein durch den Unterricht geprägt werden. Das Image von „harten" Naturwissenschaften und Technik (vgl. Kessels/Hannover 2006) beeinflusst die Bereitschaft von Mädchen und Jungen, sich mehr oder weniger auf diese Gebiete einzulassen. Entwickler von Konzepten zur Unterstützung des Interesses an Mathematik, Naturwissenschaften und Technik an Schulen sind gut beraten, entsprechende externe Einflüsse mitzudenken und auf sie zu reagieren. Vielfältige neue Möglichkeiten für andere Begegnungen mit diesen Gebieten können zum Beispiel im Rahmen von Ganztagskonzeptionen geschaffen werden.

7 Geschlechterdifferenzen in der Berufsausbildung

7.1 Übergang in die Berufsausbildung

Das Berufsausbildungssystem in Deutschland ist immer noch die prozentual häufigste Anlaufstelle für Jugendliche nach der allgemein bildenden Schule: Im Jahr 2006 strebten drei Viertel der Schulabgänger (75,6 Prozent) einen qualifizierten Berufsbildungsabschluss an (vgl. Bundesministerium für Bildung und Forschung (BMBF) 2008, S. 59f.). Rund 70 Prozent der Jugendlichen erwerben den Ausbildungsabschluss im dualen System (vgl. Konsortium Bildungsberichterstattung 2008, S. 95).

Es ergibt sich folgende Aufteilung der Ausbildungsanfänger auf die drei großen Bereiche des Berufsausbildungssystems (vgl. Konsortium Bildungsberichterstattung 2008, S. 96):
- 43,5 Prozent aller Jugendlichen beginnen eine duale Berufsausbildung,
- 16,8 Prozent aller jungen Frauen und Männer fangen eine vollzeitschulische Berufsausbildung an,
- 39,7 Prozent aller Jugendlichen treten in das Übergangssystem ein.

7.1.1 Geschlechterdifferenzen im beruflichen Ausbildungssystem

Wie Abbildung 51 zeigt, sind die männlichen Jugendlichen mit 58,2 Prozent in der dualen Ausbildung eindeutig in der Mehrzahl. Dies begründet sich darin, dass die Berufe, die im Rahmen der dualen Ausbildung erlernt werden können, sich mit den Interessen, Erwartungen und Berufswünschen der Jungen mehr decken als mit denen der jungen Frauen: 59 Prozent der jungen Männer – im Gegensatz zu jungen Frauen mit 49 Prozent – streben eine duale Ausbildung an (Granato 2006a, S. 116). Jedoch erhalten junge Frauen mit ca. 42 Prozent auch seltener einen Ausbildungsplatz im dualen Berufsausbildungssystem als ihre männlichen Mitbewerber. So bleibt die duale Ausbildung eine Domäne der jungen Männer.

Am Beispiel von IT-Berufen zeigt sich die geschlechtsstereotype Auswahl der Auszubildenden: Bei technisch orientierten IT-Berufen ist die Bewerbungsrate der Frauen doppelt so hoch wie der Prozentsatz der Einstellungen. In IT-Berufen mit kaufmännischer Ausrichtung allerdings bewerben sich prozentual etwas weniger Frauen, als ausgebildet werden (vgl. Dietzen/Westhoff 2001).

Diese zwei Beispiele deuten darauf hin, dass Einstellungstests und Auswahlverfahren in vielen Betrieben noch von einem geschlechtsspezifischen Muster geprägt sind und die Unternehmen Frauen in kaufmännischen und Männer in technisch orientierten Berufen – allein wegen ihres Geschlechts – bevorzugen.

Im Gegensatz dazu stellen junge Frauen den größeren Teil der Auszubildenden in vollzeitschulischen Bildungsangeboten (vgl. Reitz 2004, S. 81): Der Anteil der jungen Frauen an einer außerbetrieblichen Ausbildung liegt bei 69 Prozent, der der jungen Männer bei lediglich 31 Prozent (siehe Abbildung 51). Dies hängt hauptsächlich mit den Ausbildungsberufen zusammen, die im Rahmen einer vollzeitschulischen Ausbildung angeboten werden. Allerdings spielt hier auch der Schulabschluss eine bedeutende Rolle: Meist setzen die schulischen

Berufsausbildungen eine höhere Allgemeinbildung voraus, sind jedoch auf dem Arbeitsmarkt häufig weniger gut „verwertbar" (vgl. BMBF 2005, S. 15; Institut der deutschen Wirtschaft Köln (iwd) 2007, S. 3). So ist beispielsweise der Physiotherapeut durch sein Tätigkeitsfeld relativ eingeschränkt, während der Industriemechaniker in nahezu allen Wirtschaftszweigen, z. B. in der chemischen, Elektro- oder Fahrzeugindustrie, eingesetzt werden kann.

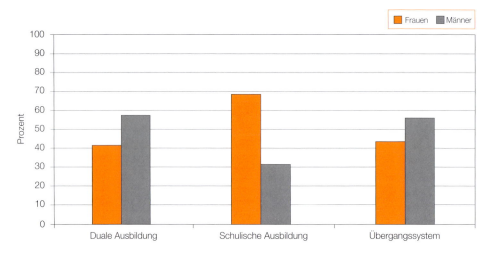

Abbildung 51: Neuzugänge in das berufliche Ausbildungssystem nach Ausbildungssektoren und Geschlecht, 2006 (vgl. Konsortium Bildungsberichterstattung 2008, S. 318)

In Berufsvorbereitungsmaßnahmen befinden sich junge Frauen seltener als junge Männer. Mit leicht steigender Tendenz lag 2006 der Männeranteil am Übergangssystem bei 57,3 Prozent. Jungen haben auf dem Weg in eine Berufsausbildung aufgrund von schlechten oder fehlenden allgemein bildenden Schulabschlüssen ungünstigere Startchancen und der Übergang von der Schule in die Berufsausbildung gestaltet sich für Jungen somit besonders schwierig. Jungen mit niedrigem Vorbildungsniveau, d. h. mit oder ohne Hauptschulabschluss, sowie junge Männer mit Migrationshintergrund sind in den Bereichen des Übergangssystems überrepräsentiert.

Die Hälfte der männlichen Jugendlichen befindet sich drei Monate nach dem Schulabschluss im Übergangssystem, in Erwerbsarbeit, im Wehr- oder Zivildienst, in Arbeitslosigkeit oder auf der Suche nach Ausbildung im Gegensatz zu nur zwei Fünfteln der Frauen (vgl. Konsortium Bildungsberichterstattung 2008, S. 162). Da diese Situation auch noch länger anhält, weist dies erneut auf große Übergangsschwierigkeiten der jungen Männer hin. Die geschlechtsspezifischen Unterschiede beim Übergang in eine Berufsausbildung decken eine Konstellation auf, die in dem öffentlichen Geschlechterdiskurs der letzten Jahre, der auf die Ausbildungsbenachteiligung der Mädchen gerichtet war, kaum thematisiert worden ist. Junge Frauen sind im dualen Ausbildungssystem zwar immer noch unterrepräsentiert, in den Übergangsmaßnahmen hingegen seltener vertreten. Diese Verteilung zeigt ein erhöhtes Risiko von Jungen, am Übergang von der Schule in die Berufsausbildung – an der so genannten ersten Schwelle – zu scheitern. Hauptsächlich drei Entwicklungen führen zu dieser Situation:

1. die relative Verschlechterung des Bildungsniveaus der Jungen, verglichen mit den Mädchen,
2. die langfristige Rückläufigkeit der gewerblich-technischen Berufe und damit
3. eine steigende Tendenz in Richtung der Dienstleistungsberufe (vgl. Konsortium Bildungsberichterstattung 2008, S. 160).

7.1.2 Geschlechterdifferenzen in Bewerbungsverhalten und Mobilitätsbereitschaft

Mädchen und Jungen unterscheiden sich hinsichtlich ihrer Aktivitäten bzw. den Bemühungen um eine Lehrstelle. Die BA/BIBB-Bewerberbefragung von 2004 zeigte, dass junge Frauen eine etwas höhere Anzahl von Bewerbungen für einen Ausbildungsplatz im dualen Ausbildungssystem versenden als Männer. Außerdem bewerben sich die befragten Frauen mit 64,2 Prozent häufiger für mehrere, allerdings branchenverwandte Berufe (Männer mit 56 Prozent). Ein weiteres Ergebnis der Bewerberbefragung war, dass weibliche Ausbildungssuchende um vier Prozent häufiger an Vorstellungsgesprächen teilnehmen (vgl. Granato 2006a, S. 117ff.). Interessanterweise konnten auch Geschlechterdifferenzen in den Bewerbungsstrategien festgestellt werden: Junge Männer bevorzugen, sich direkt bei den Betrieben nach Ausbildungsmöglichkeiten zu erkundigen – ein Vorgehen, das auf der Suche nach einem Betrieb oder Unternehmen im Rahmen einer dualen Ausbildung sicherlich sinnvoll ist (vgl. Granato 2006a, S. 118). Bezüglich der Mobilitätsbereitschaft zeigen junge Frauen ein engagierteres Verhalten als Männer: Sie bewerben sich zu signifikant höheren Anteilen außerhalb der Region (vgl. BMBF 2008, S. 57). Allerdings spielen bei der Mobilitätsbereitschaft hauptsächlich Alter und Region eine entscheidende Rolle. Dies wird besonders in den neuen Bundesländern deutlich: Per saldo wandert ein Drittel mehr Frauen als Männer unter den 18- bis 24-Jährigen in wirtschafts- und strukturstarke Regionen, und zwar häufig nach Westdeutschland. Entsprechend herrscht in den neuen Bundesländern ein Männerüberschuss von 25 Prozent und mehr. Diese Frauendefizite, die sozial, wirtschaftlich und demografisch weitreichende Folgen in den Regionen nach sich ziehen, sind europaweit beispiellos (vgl. Kröhnert/Klingholz 2007).

Insgesamt gesehen sind junge Frauen aktiver und flexibler bei der Bewerbung um einen Ausbildungsplatz. Allerdings könnten die Gründe für das differierende Bewerbungsverhalten von jungen Frauen und Männern einerseits an dem unterschiedlich hohen Engagement der Jugendlichen liegen, andererseits aber auch an dem geringeren Erfolg der Mädchen bei der Bewerbung um einen Ausbildungsplatz im dualen System, der durch eine aktive Suche zu kompensieren versucht wird.

7.1.3 Junge Frauen und Männer bei der Wahl des Ausbildungsberufes

Grundsätzlich existieren keine Zugangs- und Chancenunterschiede zwischen Mädchen und Jungen, einen bestimmten Ausbildungsberuf zu ergreifen (vgl. BMBF 2008, S. 62). Allerdings können große Unterschiede zwischen den Geschlechtern hinsichtlich der Wahl des Ausbildungsberufes ausgemacht werden. Im Folgenden soll aufgezeigt werden, aus welchen unterschiedlichen Spektren Jugendliche ihre Berufswahl treffen.

Das Berufswahlspektrum junger Männer ist relativ breit angelegt. Die am stärksten besetzten Berufe umfassen 36,9 Prozent aller männlichen Auszubildenden und verteilen sich hauptsächlich auf folgende Berufe (vgl. BMBF 2008, S. 86):
- Kraftfahrzeugmechatroniker (7,7 Prozent),
- Industriemechaniker (5,2 Prozent),
- Kaufmann im Einzelhandel (3,6 Prozent),
- Elektroniker, Anlagenmechaniker für Sanitär-, Heizungs- und Klimatechnik und Koch (jeweils 3,5 Prozent),
- Metallbauer (2,7 Prozent),
- Kaufmann im Groß- und Außenhandel, Maler/Lackierer und Mechatroniker (jeweils 2,4 Prozent).

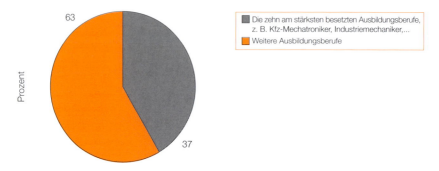

Abbildung 52: Berufswahlspektrum von jungen Männern (vgl. BMBF 2008)

Insgesamt befinden sich 61,0 Prozent aller männlichen Auszubildenden in einem Fertigungsberuf und 32,2 Prozent der jungen Männer absolvieren eine Ausbildung in einem Dienstleistungsberuf (vgl. BMBF 2008, S. 47f.).

Die Nachteile für die Jungen im Übertritt von Schule zu Ausbildung werden durch ihr relativ breites Berufswahlspektrum kompensiert. Weiterhin sind in den Berufsfeldern, die von Männern präferiert werden, häufig eine höhere Bezahlung und bessere Karrierechancen vorzufinden.

Dahingegen umfassen die von jungen Frauen am stärksten besetzten Berufe 53,3 Prozent aller weiblichen Auszubildenden. Folgende Berufe zählen bei den jungen Frauen zu den beliebtesten (vgl. BMBF 2008, S. 86):
- Bürokauffrau (6,9 Prozent),
- Kauffrau im Einzelhandel und medizinische Fachangestellte (jeweils 6,6 Prozent),
- Friseurin (5,7 Prozent),
- zahnmedizinische Fachangestellte (5,3 Prozent),
- Industriekauffrau (5,1 Prozent),
- Fachverkäuferin im Lebensmittelhandwerk, Kauffrau für Bürokommunikation, Verkäuferin und Hotelfachfrau (insgesamt 17,1 Prozent).

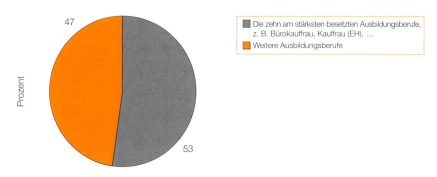

Abbildung 53: Berufswahlspektrum von jungen Frauen (vgl. BMBF 2008)

In diesem engen Berufswahlspektrum von jungen Frauen nehmen technisch orientierte und IT-Berufe eine marginale Stellung ein. 85,5 Prozent der jungen Frauen befinden sich in einem Dienstleistungsberuf und lediglich 9,5 Prozent entscheiden sich für eine Ausbildung in einem Fertigungsberuf (BMBF 2008, S. 47f.).

Exemplarisch kann der Frauenanteil in zwei (männerdominierten) Ausbildungen herangezogen werden: An den 2006 neu abgeschlossenen Verträgen für die Ausbildung zum Fachinformatiker betrug der Anteil der jungen Frauen lediglich sechs Prozent, beim Mechatroniker sogar nur fünf Prozent. Im Gegensatz dazu waren unter allen Auszubildenden im Beruf Bankkaufmann/-frau 58 Prozent weiblich (Hessisches Ministerium für Wissenschaft und Kunst 2008). Berufe, die junge Frauen favorisieren, werden tendenziell häufiger im vollzeitschulischen Modus angeboten und werden z. T. auch als „Sackgassenberufe" bezeichnet, da sie kaum Entwicklungs- und Aufstiegsmöglichkeiten bieten. Frauen beschränken sich in ihrer Berufswahl auf ein sehr enges Spektrum und schaffen sich auf diese Weise selbst Probleme wie z. B. eine starke Konkurrenz auf dem Bewerbermarkt. Zudem interessieren sich die jungen Frauen zu großen Anteilen für die „klassischen einfachen Frauenberufe", die relativ schlecht vergütet werden (Reitz 2004, S. 81; BMBF 2008, S. 46ff.). Da in einer außerbetrieblichen Ausbildung den Absolventen die Verknüpfung mit der realen Berufspraxis und die Anbindung an ein Unternehmen fehlen, ist der Übergang in das Berufsleben vor allem für junge Frauen erschwert.

Einflussfaktoren auf die geschlechtsstereotype Berufswahl. Die Wahl eines Berufes wird von mehreren Faktoren beeinflusst, die teilweise offensichtlich und nachprüfbar sind (wie z. B. der Schulabschluss), und Aspekten, die gesellschaftlicher, soziologischer oder psychologischer Natur sind und häufig auch unbewusst auf die Individuen wirken.

Schulabschluss. Der Zugang zum dualen Ausbildungssystem ist rechtlich für weite Teile der Berufsbildung nicht an Bildungszertifikate gebunden. Allerdings sind Zeugnisse und Zertifikate nicht bedeutungslos. Es hat sich mit der Zeit ein Entsprechungsmuster zwischen den drei schulischen Abschlüssen und den drei Bereichen der Berufsausbildung entwickelt (vgl. Konsortium Bildungsberichterstattung 2008, S. 108): Die allgemeine Hochschulreife war den Hochschulen zugeordnet, die mittlere Reife war auf die kaufmännischen und mittleren Verwaltungstätigkeiten ausgerichtet und die Absolventen der Hauptschule mündeten vor allem in gewerblich-technische Berufe in Handwerk und Industrie. Die Anzahl der Hochschulberechtigten sowie der Absolventen mit mittlerem Bildungsabschluss stiegen aufgrund der Bildungsexpansion kontinuierlich an und wirkten sich auf die Bereiche folgendermaßen aus:

Vor allem in den Berufen des oberen Segments, den so genannten Abiturientenberufen (z. B. kaufmännische bzw. Verwaltungsberufe), stellen Jugendliche mit Studienberechtigung die Hauptgruppe der Auszubildenden: Zum Teil weit über 50 Prozent der Auszubildenden sind junge Frauen mit allgemeiner Hochschulreife. Die Folge hiervon ist unvermeidlich: Jugendliche mit niedrigem Schulabschluss (und damit hauptsächlich junge Männer) haben so gut wie keine Chance auf einen Ausbildungsplatz in diesem Bereich. Die Auszubildenden des zweiten Segments stellen neben den Studienberechtigten die Absolventen mit mittlerem Abschluss. Auch hier sind die weiblichen Jugendlichen in der Ausbildung beispielsweise zur Bürokauffrau häufig vertreten. Im dritten Segment dominiert der mittlere Abschluss als Einstiegsqualifikation für technische und gewerbliche Ausbildungsberufe in Handwerk und Industrie. Lediglich das vierte Segment ist den Schulabgängern mit Hauptschulabschluss zugeordnet. Hier überwiegen deutlich männerdominierte Berufe wie beispielsweise die klassischen handwerklichen Berufe (vgl. Konsortium Bildungsberichterstattung 2008, S.110).

Signal-, Selektions- und Selbstdarstellungsfunktion von Berufsbezeichnungen. Eine Studie von Krewerth u. a. (2004) zeigte, dass die Berufsbezeichnung als ein wichtiges Entscheidungskriterium in der Ausbildungsorientierung gilt, da sie drei wesentliche Funktionen enthält:

- Signalfunktion: Durch die Berufsbezeichnung werden Vorstellungen erzeugt, welche Tätigkeiten, Anforderungen und Erträge mit dem jeweiligen Beruf verbunden werden.
- Selbstdarstellungsfunktion: Im sozialen Umfeld fungiert die Berufsbezeichnung als Selbstdarstellung und soll die soziale Verortung und spätere soziale Identitätsbildung des Jugendlichen unterstützen.
- Selektionsfunktion: Jugendliche schließen Berufsbezeichnungen, die unattraktiv klingen, in ihre Berufswahl nicht mit ein, um die Zahl der in Frage kommenden Berufe relativ gering zu halten. Da viele Jugendliche aufgrund der großen Auswahl an Ausbildungsberufen überfordert sind, sind sie bemüht, ihre Unsicherheit und Ungewissheit dadurch auf ein Mindestmaß zu reduzieren.

Somit wählen Mädchen und Jungen Berufe, deren Bezeichnung auf die Inhalte und Erträge hindeuten, die zu den eigenen Erwartungen passen, gesellschaftlich anerkannt sind und möglichst vertraut klingen bzw. nicht verunsichern.

Krewerth u. a. konnten in ihrer Untersuchung zeigen, dass Berufe, die das Suffix „-arbeiter" oder „-monteur/-in" enthalten, nur von einem Prozent der Frauen gewählt werden. Hingegen werden Berufe mit dem Namensbestandteil „-büro" zu 78 Prozent oder „-helfer/-in" sogar zu 99 Prozent von jungen Frauen präferiert (vgl. Krewerth u. a. 2004). Ein weiteres Beispiel liefert die Umbenennung des Berufes „Mathematisch-technischer Assistent/-in" in „Fachinformatiker/-in". Der Bewerbungsanteil der Frauen sank von ca. 60 auf 20 Prozent (vgl. Borch/Weissmann 2000, S. 10). Bei Umbenennungen von Berufen sollte darauf geachtet werden, dass ein realistisches Tätigkeitsfeld vermittelt, Interesse bei dem gewünschten Personenkreis geweckt sowie die Identitätsfindung und Außendarstellung der Jugendlichen unterstützt wird (Krewerth u. a. 2004).

Individuenbezogene Merkmale. Die Motivation, einen technischen Beruf zu ergreifen, ist bei Mädchen geringer als bei Jungen ausgeprägt. Neben dem geringeren Interesse und der geringen Motivation ist der Mangel an Selbstvertrauen, in technischen oder naturwissenschaftlichen Bereichen erfolgreich tätig zu sein, eine Barriere, Mädchen für „männerdominierte" Berufe zu begeistern (siehe Kapitel 6 und 8).

Von allen Jugendlichen wird ein hoher Entsprechungsgrad von Selbstkonzept und Berufskonzept angestrebt. Die größten Unterschiede zwischen Mädchen und Jungen zeigen sich im Hinblick auf die sozialen und technischen Arbeitsbedingungen: Mehr Mädchen interessieren sich für sozial orientierte Berufe und geben als wichtige Entscheidungskriterien für ihre Berufswahl z. B. „im Team arbeiten" oder „anderen Menschen helfen" an. Jungen hingegen legen auf eine stärkere Technik- und Freizeitorientierung Wert und benennen als wichtige Aspekte für die spätere Berufstätigkeit z. B. „häufig mit Computer arbeiten" oder „häufig mit moderner Technik arbeiten" (vgl. Krewerth u. a. 2004, S. 80). Durch die jeweiligen Berufswünsche der jungen Frauen und Männer wird die Auswahl an Berufen, die diesen Vorstellungen entsprechen, bereits eingegrenzt. Frauen bewerten die klassischen Dienstleistungsberufe und Männer die modernen elektronischen sowie die Handwerksberufe positiver und wählen diese auch zu höheren Anteilen.

Junge Frauen entscheiden sich früher für einen Beruf, während Männer einen verzögerten Prozess der Berufswahlentscheidung – bedingt durch die Verpflichtung zum Grundwehrdienst bzw. zum Zivildienst – aufweisen. So findet die bewusste Auseinandersetzung mit der beruflichen Laufbahn bei jungen Männern ca. ein Jahr später statt (Frauen geben Technik neue Impulse e. V. 2005, S. 3f.). Diese beschriebenen Unterschiede gilt es bei der Berufsberatung zu beachten. Wichtig wäre zudem, den Jugendlichen bessere Einblicke in das Berufsleben zu geben und sie kompetenter über die Tätigkeiten zu informieren, da sich häufig die Wünsche bezüglich der Arbeitsbedingungen von Frauen und Männern keinesfalls ausschließen: z. B. wird auch in technisch orientierten Berufen im Team gearbeitet.

Das soziale Umfeld. Eine Reihe von Studien untersuchte den Einfluss der Eltern auf die Berufswahl ihrer Kinder. Die Jugendlichen erhoffen sich von ihren Eltern häufig Unterstützung: Nach der Studie „Berufswahl in Hamburg 2006" gelten die Eltern für die befragten Jugendlichen mit 89 Prozent als die wichtigste Instanz bei der Berufsorientierung (Arbeitskreis EINSTIEG 2006). Interessanterweise konnte ein Unterschied festgestellt werden, ob eine Tochter oder ein Sohn vor der Berufswahl steht: Eltern, vor allem Mütter heben eine finanzielle Unabhängigkeit durch den Beruf bei ihren Töchtern hervor. Bei Söhnen gilt die finanzielle Unabhängigkeit durch den Beruf als selbstverständlich und es wird auf die berufliche Karriere besonderer Wert gelegt. Traditionelle Vorstellungen über Rollenverteilungen zwischen Frauen und Männern spiegeln sich somit in den Empfehlungen von Eltern bezüglich der Berufswahl ihrer Kinder wider (vgl. Puhlmann 2006). Nach einer Studie von Hoose und Vorholt (1996) gab die Mehrzahl der Eltern als Wunschberufe für ihre Töchter – obwohl sie ihnen technisches Verständnis attestierte – frauentypische, nichttechnische Berufe an. Der Faktor Geschlecht scheint solch großen Einfluss auf die Berufswahl zu haben, dass rationale Kriterien wie Eignung und Interessen, aber auch Chancen in den Hintergrund treten. Die vorgelebte Rollenverteilung in der Familie, beispielsweise die im Haushalt erlebte Arbeitsteilung, beeinflusst die Wahl eines bestimmten Berufes enorm. Generell stehen die weiblichen resp. männlichen Berufe für Töchter und Söhne im Vordergrund und dies wirkt letztlich kontraproduktiv auf die

Erweiterung des Berufswahlspektrums von Mädchen und Jungen. Allerdings belegten die Studien auch, dass ein hohes Interesse der Eltern vorhanden ist, ihre Kinder bei der Berufswahl zu unterstützen, sie dabei jedoch häufig überfordert sind (Hoose/Vorholt 1996). Realistisch betrachtet sind die Eltern also auf die hohen Erwartungen der Jugendlichen nicht hinreichend vorbereitet, obwohl sie den wichtigsten Ansprechpartner darstellen. Um die Beratung kompetenter zu gestalten, müssen die Eltern in den Berufsberatungsprozess miteinbezogen werden.

Die Peergroup, d. h. der Kreis an Gleichaltrigen, in dem sich der Jugendliche befindet, ist ein wichtiger Bestandteil im Leben der jungen Frauen und Männer. Nach der Hamburger Studie im Jahr 2006 unterhalten sich 76 Prozent aller Jugendlichen mit Freunden und Bekannten über ihre berufliche Zukunft (Arbeitskreis EINSTIEG 2006). Daher beeinflussen die gemeinsamen Interessen und Unterhaltungen, die in der Peergroup geführt werden, auch die Berufswahl. Die Gesprächsthemen der Geschlechter können extrem variieren: Jungen sprechen beispielsweise viel häufiger über Computer als Mädchen, können ihre technischen Interessen ausleben und sich somit einen Vorteil bei der Ausrichtung für einen technischen Beruf verschaffen. Entscheidet sich ein Mädchen z. B. für einen IT-Beruf und damit gegen einen für Frauen üblichen Berufsweg, stößt sie eventuell auf Ablehnung oder Unverständnis, muss sich gegebenenfalls rechtfertigen und neben dem Berufsorientierungsprozess zusätzlich Energie aufwenden, ihre Berufswahl vor Freunden zu begründen (Frauen geben Technik neue Impulse e. V. 2005, S. 13). Bei Jungen kann das gleiche Phänomen auftreten, wenn beispielsweise als Wunschberuf Krankenpfleger genannt wird. Allerdings ist es bei beiden Geschlechtern anerkannter, wenn Jungen frauentypische Berufe ergreifen (vgl. Krewerth u. a. 2004). Entscheiden sich junge Frauen für einen männerdominierten Beruf, müssen sich diese nach einer Studie von Hoose und Vorholt (1996) „auf einiges gefasst machen" (Krewerth u. a. 2004, S. 123). Krewerth vermutet, dass die Mädchen eine Art „Geschlechtermobbing" in männertypischen Berufen befürchten.

Projekte zur Erweiterung des Berufswahlspektrums bei Mädchen und Jungen. Die Projekte, die eine Erweiterung des Berufswahlspektrums bei Mädchen und Jungen anstreben, zielen darauf ab, Mädchen für technische und naturwissenschaftliche Berufe zu begeistern und das Interesse für soziale Berufe bei Jungen zu wecken.

Ein Aktionstag, der so genannte Girls' Day – eine Gemeinschaftsinitiative von u. a. dem BMBF und der Bundesvereinigung der Deutschen Arbeitgeber (BDA) –, findet seit 2001 einmal im Jahr statt und soll Mädchen und junge Frauen für technische und naturwissenschaftliche Berufe motivieren. Er soll dazu beitragen, den Anteil der weiblichen Beschäftigten in den so genannten „Männerberufen" zu erhöhen, ihnen damit ein breiteres Berufswahlspektrum zu eröffnen, ihre beruflichen Perspektiven und Chancen zu erweitern und damit dem sich abzeichnenden Fachkräftemangel in der Industrie entgegenzuwirken. Verschiedene Unternehmen, überwiegend in der Industrie, laden Mädchen ab der fünften Schulklasse in ihr Unternehmen ein und geben ihnen die Gelegenheit, Arbeitsplätze in Technik, Naturwissenschaften, Handwerk und Informationstechnik kennenzulernen.

Weitere Projekte werden auch von der vbw – Vereinigung der Bayerischen Wirtschaft e. V. initiiert. Beispielsweise können sich 12- bis 14-jährige Mädchen im Rahmen des Projektes „Mädchen für Technik-Camps" eine Woche lang mit technischen Fragestellungen beschäftigen und gemeinsam ein technisches Projekt realisieren. Ziel ist es, das Vertrauen in die eigenen technischen Fähigkeiten der Mädchen zu stärken und damit ihr Berufswahlspektrum zu erweitern.[14]

Auch Jungen orientieren sich häufig eindimensional, ohne das volle Berufswahlspektrum zu beachten. Das bundesweite Vernetzungsprojekt „Neue Wege für Jungs" fördert den Austausch und Dialog, die Vernetzung und Unterstützung von Initiativen, die sich mit dem Thema einer jungengerechten Berufs- und Lebensplanung beschäftigen. Die Jungen haben so die Möglichkeit, den Berufsalltag in einer sozialen Einrichtung kennenzulernen und zu erfahren, ob sich daraus eine berufliche Perspektive für sie ergibt. Zielsetzungen sind dabei unter anderem die Flexibilisierung männlicher Rollenbilder sowie der Ausbau sozialer Kompetenzen (Kompetenzzentrum Technik – Diversity – Chancengleichheit e. V. 2005).

Neben diesen genannten Projekten existieren noch zahlreiche weitere, bei denen es darum geht, vor allem junge Frauen für männertypische Berufe zu gewinnen. Allerdings ist die Wirksamkeit der Initiativen kaum untersucht und evaluiert oder die Ergebnisse deuten bislang auf geringe Erfolge hin.

7.2 Verlauf der Berufsausbildung

7.2.1 Geschlechterdifferenzen in Ausbildungsvertragslösung und -abbruch

Ausbildungsvertragslösung. Eine vorzeitige Lösung von Ausbildungsverträgen ist keinesfalls mit einem endgültigen Ausbildungsabbruch gleichzusetzen. Im Jahr 2006 wurden insgesamt 119.400 Lehrverträge im dualen System und 115.000 in der vollzeitschulischen Ausbildung vorzeitig gelöst. Allerdings führte rund die Hälfte der Auszubildenden, die ihren Ausbildungsvertrag beendeten, nach einem Wechsel des Ausbildungsberufes oder des Unternehmens eine Ausbildung fort. Die Lösungsquote liegt bei jungen Frauen seit 1996 über der der Männer, wobei sich die prozentualen Anteile angenähert haben. Im Jahr 2006 lösten 21,1 Prozent der Frauen und 18,9 Prozent der Männer ihren Ausbildungsvertrag vorzeitig (vgl. BMBF 2008, S. 103). Gründe für Vertragslösungen bei jungen Frauen sind beispielsweise, dass sie in ihrem „Traumberuf" keine Lehrstelle gefunden haben und alternativ einen anderen Ausbildungsberuf wählen, der ihre Erwartungen nicht erfüllt und ihnen im Verlauf der Berufsausbildung nicht zusagt. Ein weiterer Grund für die etwas höhere Vertragslösungsquote liegt in den höheren Schulabschlüssen der jungen Frauen, sie korrigieren ihre Wahl zum Teil „nach oben" und nehmen ein Studium auf (vgl. BMBF 2008, S. 103).

---

[14] Mehr Informationen zu dem Projekt unter http://www.bildunginbayern.de.

Kapitel 7

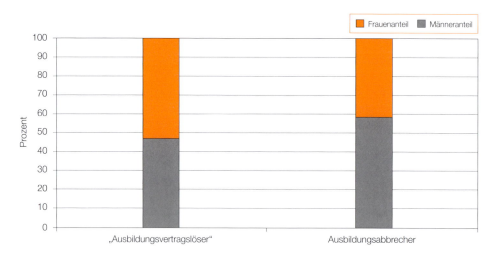

Abbildung 54: Geschlechterdifferenzen in Ausbildungsvertragslösung und -abbruch
(vgl. Konsortium Bildungsberichterstattung 2008)

Ausbildungsabbruch. Jeder zehnte Auszubildende, der im dualen System eine Ausbildung begonnen hat, beendet diese ohne Abschluss und ohne Alternative. Der Anteil der Ausbildungsabbrecher liegt bei den Männern mit 59 Prozent über dem der Frauen mit 41 Prozent (siehe Abbildung 54). Die Ausbildung wird überdurchschnittlich oft im Handwerk und in der Hauswirtschaft (23,3 bzw. 23,7 Prozent), weit unterdurchschnittlich im öffentlichen Dienst (6,4 Prozent) abgebrochen (Fichtner 2008). Eine Ursache für einen endgültigen Abbruch der Ausbildung bei beiden Geschlechtern sind familiäre Schwierigkeiten. Junge Männer geben als weiteren Grund für ihren Ausbildungsabbruch oft schulische Probleme (z. B. Überforderung oder Konflikte mit den Berufsschullehrern) sowie persönliche, gesundheitliche und finanzielle Schwierigkeiten an. Die unzureichende Vermittlung von Ausbildungsinhalten oder Prüfungsangst wird öfter von jungen Frauen als Abbruchgrund genannt (vgl. Schöngen 2003). Die Umorientierung während der Berufsausbildung ist allerdings kein spezifisches Problem der Berufausbildung: Auch viele Studenten brechen ihr Studium ab (vgl. BMBF 2008).

7.2.2 Geschlechterdifferenzen beim Ausbildungsabschluss

Im Jahr 2006 nahmen insgesamt 559.298 Auszubildende an den Abschlussprüfungen in der beruflichen Ausbildung teil, wobei der Frauenanteil 41,4 Prozent betrug. Ähnlich wie in früheren Jahren bestanden etwas mehr Frauen (87,9 Prozent) als Männer (84,2 Prozent) ihre Abschlussprüfungen (vgl. BMBF 2008, S. 99f.). So schließen die Frauen ihre Lehre meist erfolgreicher ab, obwohl mehr Jungen eine betriebliche Ausbildung beginnen (vgl. Focus Online 2006).

Im Jahr 2005 lag die Quote unter den deutschen Jugendlichen im Alter zwischen 20 und 29 Jahren, die keine Ausbildung vorweisen konnten, bei 12,6 Prozent. Die Quoten der ungelernten Frauen und Männer haben sich in den letzten Jahren angenähert, wobei Frauen mit 17,1 Prozent nach wie vor etwas häufiger keine Berufsausbildung abgeschlossen haben als Männer mit 15,1 Prozent (vgl. BMBF 2008, S. 103f.).

7.3 Übergang und Einstieg in den Beruf

Beim Übergang von der Ausbildung in den Beruf – an der so genannten zweiten Schwelle – werden wichtige Weichen für den späteren Berufsverlauf gestellt. Der Übergang läuft allerdings bei den Ausbildungsabsolventen nicht immer reibungslos ab und es spiegelt sich zum Teil die mit der ersten Schwelle entstehende Ungleichverteilung junger Frauen und Männer auf spezifische Ausbildungsberufe wider.

7.3.1 Geschlechterdifferenzen bei Übernahmechancen und Allokationserfolg am Arbeitsmarkt

Die Übernahmequoten sind abhängig von der Größe der Betriebe und sehr stark branchenspezifisch: Die höchsten Übernahmequoten finden sich in den alten Bundesländern im Kredit- und Versicherungsgewerbe (80,7 Prozent), gefolgt von der Branche der Investitions- und Gebrauchsgüter (76,4 Prozent) und dem Bergbau (74,4 Prozent). Besonders niedrige Übernahmequoten liegen in den Bereichen „Erziehung und Unterricht" (21,0 Prozent) sowie „Gesundheits-, Veterinär- und Sozialwesen" (37,8 Prozent) (vgl. Konsortium Bildungsberichterstattung 2008, S. 329). Bis 2004 war ein genereller Rückgang der Übernahmequoten zu verzeichnen, die seit 2006 aufgrund des Wirtschaftsaufschwungs wieder angestiegen sind. In den alten Bundesländern liegt die Wahrscheinlichkeit, nach der Ausbildung übernommen zu werden, bei 57 Prozent, in den neuen Bundesländern bei 44 Prozent (vgl. Konsortium Bildungsberichterstattung 2008, S. 180f.).

Die Übernahmechancen sind für weibliche Absolventen bei vergleichbarer Ausbildung generell etwas geringer als für männliche Absolventen: Die allgemeine Übernahmequote bei Frauen liegt in Westdeutschland bei 55 Prozent, die der Männer bei 57 Prozent. Zum einen perputiert die Entscheidung vieler Frauen für einen Beruf in Bereichen mit niedrigen Übernahmequoten (z. B. „Erziehung und Unterricht") die schlechten Übernahmechancen, zum anderen ist die Übernahmequote abhängig von der Betriebsgröße. Sie liegt bei Frauen insbesondere in den Mittel- und Großbetrieben deutlich unterhalb des Erwartungswerts der Absolventinnen. Die größten Übernahmechancen zeigen sich für Frauen in Kleinstbetrieben, hier liegt die Quote um 6,1 Prozent über ihrem Anteil an allen Absolventen (vgl. Institut für Arbeitsmarkt- und Berufsforschung (IAB), Kurzbericht 2006, S. 3; BMBF 2008, S. 320). Die Bedingungen für junge Frauen sind jedoch nicht nur hinsichtlich der Übernahmechancen ungünstiger: Sie müssen durch die Wahl eines typischen Frauenberufes auf einem segmentierten Arbeitsmarkt konkurrieren und haben geringe Verwertungschancen für ihren Ausbildungsabschluss (vgl. BMBF 2005, S. 15). Die beruflichen Einmündungschancen sind generell nach einer betrieblichen Ausbildung wesentlich besser als nach einer außerbetrieblichen und somit bei Frauen schlechter als bei Männern, da sie häufiger eine vollzeitschulische Ausbildung absolvieren (Granato/Dorau 2006, S. 173ff.). Da jedoch auch Absolventinnen einer dualen Ausbildung zu fünf Prozent seltener von dem Unternehmen übernommen werden, müssen sie bei der Stellensuche aktiver sein. Frauen mit befristetem bzw. ohne Übernahmeangebot bewerben sich öfter auf Anzeigen sowie überregional, versenden mehr Initiativbewerbungen und nehmen häufiger an Vorstellungsgesprächen teil (Granato/Dorau 2006, S. 169).

Betrachtet man den Erwerbsstatus einen Monat, sechs und zwölf Monate nach Beendigung der Ausbildung, ergibt sich folgende Verteilung: Die Erwerbstätigenquote der Männer ist über alle drei Zeitpunkte niedriger als die der Frauen – nach sechs und zwölf Monaten sogar über zehn Prozentpunkte (vgl. Konsortium Bildungsberichterstattung 2008, S. 182). Dies muss auch darauf zurückgeführt werden, dass die Männer den Wehr- oder Zivildienst ableisten, ist aber dennoch auch ein Beleg für Probleme der jungen Männer beim Übergang in den Beruf. Frauen arbeiten mit 71,2 Prozent ein Jahr nach Abschluss der Ausbildung häufiger ausbildungsadäquat als Männer mit 59 Prozent, da sie ihre ungünstigeren Startchancen durch ihre engagierten Suchaktivitäten – wie bereits im Übergang in die Berufsausbildung – kompensieren. Allerdings befinden sich Männer nach der Ausbildung etwas seltener in geringfügigen Beschäftigungsverhältnissen als Frauen.

7.3.2 Geschlechterdifferenzen bei Aufstiegsqualifizierungen

Im weiteren Verlauf der Berufseinmündung erreichen männliche Fachkräfte häufiger weiterführende Positionen als weibliche. Außerdem werden weibliche Absolventen seltener in zukunftsorientierten Bereichen im Betrieb eingesetzt (Granato 2006a, S. 133). Im Jahr 2006 nahmen insgesamt 120.433 Personen an Fortbildungsprüfungen teil, darunter 77.457 Männer und 42.976 Frauen. Die Verteilung der bestandenen Fortbildungsprüfungen entspricht in etwa der Verteilung der Teilnahme (siehe Abbildung 55).

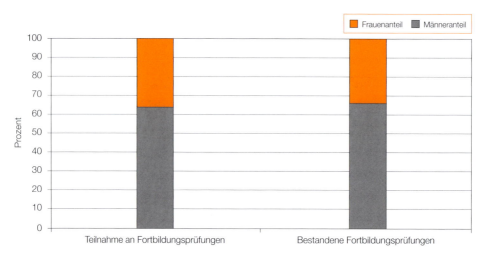

Abbildung 55: Geschlechterdifferenzen bei der Teilnahme an Aufstiegsqualifizierungen
(vgl. Statistisches Bundesamt 2007b, S. 50f.)

Der Frauenanteil an erfolgreich absolvierten Meisterprüfungen lag 2006 bei folgenden Quoten: im Bereich Landwirtschaft bei 22,1 Prozent, im öffentlichen Dienst bei 11,2 Prozent und im Sektor Industrie und Handel bei 5,4 Prozent. Eine Ausnahme stellt die Meisterprüfung im Bereich der Hauswirtschaft dar; hier dominieren die Frauen mit 98,6 Prozent deutlich (vgl. BMBF 2008, S. 181). Insgesamt war jedoch nur knapp ein Fünftel der Meisterprüfungsabsolventen im Jahr 2006 weiblich (vgl. iwd 2007).

An Ausbildereignungsprüfungen im Jahr 2006 nahmen 49.426 Personen teil, darunter waren 66,6 Prozent Männer und 33,4 Prozent Frauen. Im Bereich „Industrie und Handel" absolvierten 20.850 Männer vs. 12.269 Frauen die Ausbildereignungsprüfung (vgl. Statistisches Bundesamt 2007b, S. 200f.). Die relativ geringe Quote weiblicher Jugendlicher in „männerdominierten" Berufen kann also auch in der Unterrepräsentanz von weiblichen Ausbildern begründet liegen, da Frauen in den Berufen, Branchen und Betriebsgrößenklassen überdurchschnittlich oft ausgebildet werden, in denen sie als Mitarbeiterinnen stark vertreten sind (vgl. IAB Kurzbericht 2006, S. 3).

7.4 Exkurs: (weibliche) Jugendliche mit Migrationshintergrund

Insgesamt beginnen 43,5 Prozent der jungen Frauen und Männer eine duale Ausbildung, davon sind 28 Prozent ausländischer Herkunft. Knapp 17 Prozent aller Jugendlichen nehmen nach dem Schulabschluss eine vollzeitschulische Ausbildung auf. Der Anteil der ausländischen Auszubildenden im Schulberufssystem beträgt 11,5 Prozent. Im Übergangssystem befinden sich knapp 40 Prozent aller Jugendlichen, wovon über die Hälfte (60,5 Prozent) eine ausländische Staatsbürgerschaft aufweist (siehe Abbildung 56).

	Duale Ausbildung	Vollzeitschulische Ausbildung	Übergangssystem
Gesamtheit der Neuzugänge (2006)	43,5	16,8	39,7
Anteil von Jugendlichen mit Migrationshintergrund	28,0	11,5	60,5

Abbildung 56: Anteil von Jugendlichen mit Migrationshintergrund beim Übergang von der Schule in die Berufsausbildung, 2006 (Angaben in Prozent; vgl. Konsortium Bildungsberichterstattung 2008, S. 159)

Weibliche Schulabsolventen mit Migrationshintergrund möchten ähnlich häufig direkt nach der Schule eine betriebliche Ausbildung beginnen wie Schulabgängerinnen ohne Migrationshintergrund (46 Prozent vs. 50 Prozent). 86 Prozent der jungen Migrantinnen bewerben sich häufig schriftlich wie auch Frauen ohne Migrationshintergrund (87 Prozent), allerdings bewerben sie sich seltener in mehreren Berufen um einen Ausbildungsplatz (59 Prozent vs. 65 Prozent) und sind weniger mobil (14 Prozent vs. 27 Prozent) (Granato 2006b, S. 107). Laut einer Lehrstellenbewerberbefragung der Bundesagentur für Arbeit und des Bundesinstituts für Berufsbildung bewarben sich im Jahr 2004 344.400 Frauen um eine Lehrstelle, davon waren 71.900 Frauen mit Migrationshintergrund (vgl. Bundesministerium für Inneres (BMI) 2007).

Nur knapp 40 Prozent aller Bewerberinnen münden in eine duale Ausbildung, davon sind lediglich 31 Prozent weibliche Jugendliche mit Migrationshintergrund. Die fehlende Unterstützung der Eltern wirkt sich bei Jugendlichen mit Migrationshintergrund zudem nachteilig aus. Gründe hierfür sind beispielsweise, dass sich die Eltern mit dem deutschen Bildungs- und Ausbildungssystem wenig auskennen und selbst einen geringen Bildungsstand aufweisen.

Des Weiteren wird teilweise und abhängig von der jeweiligen Kultur Bildung eine geringe Bedeutung beigemessen, den Mädchen das „Recht" auf eine Ausbildung von den Eltern abgesprochen und sie „verschwinden" in der Herkunftsfamilie (vgl. BMBF 2005, S. 264f.).

Junge Menschen mit Migrationshintergrund sind schon seit langem die Verlierer beim Zugang zu einer beruflichen Ausbildung; sie münden zu großen Teilen in das berufliche Übergangssystem und erhalten häufig – auch nach langer Wartezeit – keinen Ausbildungsplatz. Außerdem können sie oft keinen Berufsabschluss aufweisen: Junge Männer mit ausländischem Pass sind zu 34,9 Prozent betroffen, junge Frauen mit ausländischem Pass zu 40,5 Prozent und damit mehr als dreimal so oft wie ihre deutschen Geschlechtsgenossinnen mit 11,5 Prozent (siehe Abbildung 57). Die Situation von Frauen mit Migrationshintergrund ist noch prekärer als die von Männern mit Migrationshintergrund.

	Frauen	Männer
Ohne Migrationshintergrund	11,5	10,7
Mit Migrationshintergrund	40,5	34,9

Abbildung 57: Frauen und Männer (ohne/mit Migrationshintergrund) ohne abgeschlossene Berufsausbildung, 2005 (Angaben in Prozent; vgl. BMBF 2008, S.104)

Fazit:
Vom Einstieg in die Berufsausbildung bis zur Allokation auf dem Arbeitsmarkt bewegen sich die Geschlechterdifferenzen in zwei Richtungen: Es zeigt sich eine langfristige Wirkung der Bildungsvorteile der Mädchen. Sie sind aufgrund höherer Bildungsabschlüsse und besserer Noten seltener im Übergangssystem vertreten und schließen ihre Ausbildung häufiger als junge Männer erfolgreich ab. Allerdings kommt es durch die geschlechtsspezifische Wahl des Ausbildungsberufes – begründet durch unterschiedliche Interessenslagen, externe Einflussfaktoren sowie traditionelles Rollendenken und -verhalten – zu Benachteiligungen der Mädchen: Die Mehrzahl der Frauen strebt eine Ausbildung in weiblich dominierten Berufen an mit den Folgen der stärkeren Konkurrenz auf dem Ausbildungsmarkt, geringen Übernahmechancen nach der Lehre sowie ungünstigeren Aufstiegs- und Karrierechancen im Berufsverlauf. So zeigt sich am Ende der Berufsausbildung, dass sich das höhere Bildungspotenzial der Frauen gegenüber den Männern in der Berufsausbildung sowie im Erwerbsleben vergleichsweise gering auswirkt (vgl. IAB Kurzbericht 2006, S. 3; siehe Kapitel 2.1). Insbesondere das Zusammenspiel von individuellen Einflussfaktoren und tradierten geschlechtsspezifischen Rollenvorstellungen in der Gesellschaft sowie in Unternehmen bewirken den Status quo am Arbeitsmarkt und wirken einer Geschlechtergerechtigkeit damit entgegen.

8 Geschlechterdifferenzen in der Hochschule

Geschlechterdifferenzen in der Wissenschaft, insbesondere ungleiche Geschlechterverhältnisse hinsichtlich des wissenschaftlichen Personals sind hinreichend bekannt und dokumentiert. Hoch qualifizierte Frauen sind hier nach wie vor in bestimmten Fächern und im oberen Beschäftigungssegment stark unterrepräsentiert.

8.1 Übergang in die Hochschule

8.1.1 Studienwahl

Studienabsicht und tatsächliche Studienaufnahme. Bei einer Befragung von Abiturienten (CHE/Einstieg-Studie[15]) ergaben sich – insbesondere bedingt durch den Wehr- bzw. Ersatzdienst der jungen Männer – deutliche Unterschiede zwischen den Geschlechtern.

Schüler	Studium	26,3
	Duales Studium	3,3
	Berufsausbildung	12,1
	Etwas anderes (z. B. Wehr-/Ersatzdienst, jobben)	58,4
Schülerinnen	Studium	48,4
	Duales Studium	4,3
	Berufsausbildung	21,8
	Etwas anderes (z. B. Wehr-/Ersatzdienst, jobben)	25,5

Abbildung 58: „Was tun im Herbst nach Schulabschluss?" Schulbefragung – nach Geschlecht (Angaben in Prozent; vgl. Hachmeister/Harde/Langer 2007)

Während von den Schülerinnen mehr als die Hälfte noch im Jahr des Erwerbs der Hochschulzugangsberechtigung ein (duales) Studium aufnehmen möchte, beträgt der Anteil bei den Schülern lediglich knapp 30 Prozent. Die Schüler haben in der Mehrzahl (58 Prozent) erst einmal „etwas anderes" (z. B. Wehr- bzw. Ersatzdienst, jobben) vor. Auffällig ist hier auch der höhere Anteil der Schülerinnen, die direkt nach der Schule eine Berufsausbildung beginnen. Dieser Anteil liegt bei den Schülerinnen doppelt so hoch wie bei den Schülern und kann nicht allein mit der Pflicht zum Wehr- bzw. Ersatzdienst der Schüler erklärt werden. Diejenigen, die bei der Frage nach ihren Plänen für den Herbst nach dem Schulabschluss angegeben hatten, entweder eine Berufsausbildung aufzunehmen oder „etwas anderes" zu tun, wurden gefragt, ob sie ein Studium später anstreben oder in Erwägung ziehen würden. Rechnet man diejenigen,

---

[15] Siehe Verzeichnis der Studien.

die direkt im Herbst ein Studium beginnen wollen, mit denen zusammen, die später noch ein Studium aufnehmen wollen, dann ergibt sich folgendes Bild: Es zeigen sich insgesamt nur marginale Unterschiede in der Studienabsicht von Schülerinnen und Schülern.

Im Folgenden wird betrachtet, in welchem Maße die Studienabsicht von Geschlecht und Notenschnitt abhängt. Dazu wurden nur die Fälle betrachtet, in denen ein Studium entweder explizit angestrebt oder ausgeschlossen wurde. Die durchschnittliche (voraussichtliche) Abiturnote in der Stichprobe betrug 2,3.

Bei den Schülern mit einer (von ihnen selbst vorausgesagten) Abiturnote von besser als 2,3 unterscheiden sich die Geschlechter kaum in ihrer Studienabsicht bzw. bei den Schülerinnen liegt die Studienabsicht in dieser Stichprobe um 0,7 Prozentpunkte höher. Bei den schlechteren Schülern (> 2,3) liegt die Studienabsicht dagegen insgesamt niedriger, bei den jungen Männern dabei noch um rund vier Prozentpunkte höher als bei den jungen Frauen. Frauen lassen sich also offensichtlich häufiger durch eine schlechtere Abiturnote vom Studium abbringen als Männer. Der Gesamtwert der Studienabsicht liegt allerdings bei den Schülerinnen wieder etwas höher. Dies ist u. a. der Tatsache geschuldet, dass die Schülerinnen etwas bessere Notenschnitte aufweisen.

Beim Übergang von der Schule zur Hochschule scheinen die Frauen in leicht höherem Maße „verloren" zu gehen als die Männer: Der Frauenanteil der Schulabgänger mit allgemeiner, fachgebundener oder Fachhochschulreife liegt mit 53 Prozent über dem Anteil der Studienanfängerinnen mit 49 Prozent bzw. dem Anteil weiblicher Studierender mit 48 Prozent. Die Zahl der Studienanfänger insgesamt lässt sich nicht direkt mit der Zahl der Studienberechtigten im Sinne einer Übergangsquote in Beziehung setzen. Dies liegt darin begründet, dass in die Anzahl der Studienanfänger auch Personen eingehen, die bereits zum zweiten Mal oder verzögert ein Studium aufnehmen (Zweitstudium oder Fachwechsel). Die eigentliche Übergangsquote von der Schule zur Hochschule liegt seit Jahrzehnten bei den Männern um etwa zehn Prozentpunkte höher als bei den Frauen. Für 2006 lagen die Prognosewerte bei den Männern zwischen 72 und 78 Prozent, bei den Frauen zwischen 64 und 71 Prozent (vgl. Konsortium Bildungsberichterstattung 2008).

Studienfachwahl und Präferenz von dualen Studiengängen. Bei der Fächerwahl gibt es einige typische Unterschiede zwischen Frauen und Männern. Bei der Betrachtung der Fächerwahlquote muss man zwischen zwei verschiedenen Quoten unterscheiden: Zum einen dem Anteil der Frauen und Männer, die ein bestimmtes Fach oder eine Fächergruppe wählen, und zum anderen der Frauen-/Männerquote in diesen Fächern.

Teilweise wird unterstellt, Frauen würden nur solche Fächer wählen, die eher geringe Einkommensaussichten und ein hohes Arbeitslosigkeitsrisiko enthalten und damit die geschlechtsspezifische horizontale Segregation in der Arbeitswelt perpetuieren (vgl. Krais 2005). Möglicherweise erwarten Frauen, die vor der Studienfachwahl stehen, jedoch gar nicht, dass sie mit einer ingenieur- oder naturwissenschaftlichen Fachwahl ihre Berufsaussichten verbessern. Dies wäre insofern berechtigt, als Frauen in diesen Berufen ein deutlich höheres Arbeitslosigkeitsrisiko tragen als ihre männlichen Kollegen (vgl. Schreyer 2002). Mehrere Studien (vgl. u. a. Minks 2001; Schreyer 2002) liefern Anhaltspunkte dafür, dass hier tatsächlich Benachteiligungen auf dem Arbeitsmarkt für Frauen bestehen. Es sollte untersucht werden, ob diese

Nachteile von Abiturientinnen bereits antizipiert werden und von der Wahl eines ingenieur- oder naturwissenschaftlichen Faches abhalten.

Abbildung 59 zeigt die tatsächlich realisierte Fächerwahl von Frauen (Studienanfänger im Wintersemester 2006/2007). Abgebildet werden die 20 bei Frauen beliebtesten Fächer. Fächer, die auch bei den Männern unter den „Top 20" rangieren, sind fett markiert. Fasst man Betriebswirtschaftslehre (BWL) und Wirtschaftswissenschaften zusammen, dann ist dieses Fächerpaar bei Frauen und Männern gleichermaßen das Beliebteste. Auch die Rechtswissenschaft ist sowohl bei den Frauen als auch bei den Männern stark nachgefragt. Bei den Frauen folgt nach der BWL das Fach Germanistik bzw. Deutsch (Lehramt), das auch bei den Männern unter den 20 beliebtesten Fächern zu finden ist – ebenso die Rechtswissenschaft, die Medizin und die Mathematik. Erst an sechster Stelle folgt mit Anglistik/Englisch ein Fach, das nicht auch bei den Männern unter den „Top 20" ist. Mit Ausnahme der Germanistik und der Anglistik studieren die Frauen angesichts dieser Liste eben nicht in erster Linie typische „Frauenfächer", sondern vor allem Fächer, die bei Frauen und Männern gleichermaßen bevorzugt werden.

Bei den Männern stehen darüber hinaus die Ingenieurwissenschaften, allen voran der Maschinenbau, bei den Studienanfängern hoch im Kurs. Die drei klassischen Ingenieurwissenschaften Maschinenbau, Elektrotechnik und Bauingenieurwesen schaffen es bei den Frauen nicht auf die „Top 20"-Liste, in Kombination mit BWL (Wirtschaftsingenieurwesen) können die Ingenieurwissenschaften jedoch einen erklecklichen Anteil von Frauen (1,3 Prozent) attrahieren.

Geringe Unterschiede bei der Fächerwahl führen zu durchaus großen Unterschieden in der Geschlechterverteilung auf die einzelnen Fächer. So führt beispielsweise der Unterschied von 1,5 Prozentpunkten bei der Nachfrage nach dem Studienfach Psychologie dazu, dass lediglich 19 Prozent der Studienanfänger männlich sind.

Ingenieur- und naturwissenschaftliche Fächer werden von Frauen seltener gewählt als von Männern. Häufig wird die Frage gestellt, wie man Frauen für ein solches Studium motivieren kann, weil hier allgemein besonders gute Berufsperspektiven bestehen. So hat in jüngster Zeit Dr. Annette Schavan, Bundesministerin für Bildung und Forschung, die den Anteil von Frauen im Bereich der Ingenieur- und Naturwissenschaften in den kommenden fünf Jahren verdoppeln will, einen nationalen Pakt, dem unter anderem die Hochschulverbünde der German Institutes of Technology (TU 9) und der Seven German Universitites of Applied Sciences (UAS 7) angehören, sowie ein neues Programm aufgelegt.[16]

---

[16] Weitere Informationen zu dem Projekt unter www.komm-mach-mint.de.

	Anzahl Frauen	Frauen in Prozent	Anzahl Männer	Männer in Prozent
Betriebswirtschaftslehre	11.455	7,9	11.462	7,7
Germanistik/Deutsch	10.354	7,1	2.732	1,8
Rechtswissenschaft	7.014	4,8	4.650	3,1
Medizin (Allg. Medizin)	5.662	3,9	3.150	2,1
Mathematik	5.152	3,5	3.454	2,3
Anglistik/Englisch	4.806	3,3	1.530	1,0
Biologie	4.423	3,0	1.929	1,3
Wirtschaftswissenschaften	4.350	3,0	4.690	3,1
Erziehungswissenschaft (Pädagogik)	3.815	2,6	850	0,6
Sozialarbeit/-hilfe	3.486	2,4	970	0,7
Sozialwesen	2.997	2,1	721	0,5
Psychologie	2.983	2,0	699	0,5
Chemie	2.705	1,9	3.052	2,0
Intern. Betriebswirtschaft/ Management	2.501	1,7	1.873	1,3
Architektur	2.481	1,7	1.936	1,3
Wirtschaftsingenieurwesen	1.963	1,3	7.682	5,2
Interdisz. Studien (Schwerpunkt Sprach- und Kulturwissenschaft)	1.849	1,3	581	0,4
Geschichte	1.820	1,2	1.874	1,3
Politikwissenschaft/Politologie	1.632	1,1	1.922	1,3
Medienkunde/Kommunikations-/ Informationswissenschaft	1.608	1,1	763	0,5

Abbildung 59: Die 20 beliebtesten Studienfächer nach Geschlecht (Studienanfänger im WS 2006/2007; vgl. Statistisches Bundesamt 2007c)

Eine weitere Dimension in der geschlechtsspezifischen Betrachtung der Studienfachwahl ist die Analyse von Schwund- bzw. Studienabbruchquoten. In einer Gesamtbetrachtung auf der Ebene von Fächergruppen wird dabei deutlich, dass in den von Frauen überdurchschnittlich stark präferierten Fächergruppen Sprach- und Kulturwissenschaften, Sport sowie Rechts-, Wirtschafts- und Sozialwissenschaften bei weiblichen Studierenden eine teilweise deutlich geringere Studienabbruchquote zu beobachten ist als bei ihren männlichen Kommilitonen (vgl. Hochschulinformationssystem (HIS) 2008, S. 24ff.). In der Fächergruppe der Ingenieurwissenschaften zeigt eine Zeitreihenanalyse, dass sich die Studienabbruchquoten weiblicher Studierender zunächst auf einem vergleichbaren Niveau befanden wie bei den männlichen Studierenden (vgl. HIS 2008, S. 28). Zuletzt war hier indes ein deutlich positiver Trend zugunsten eines verringerten Abbruchs der Frauen zu beobachten. Eine differenziertere

Analyse geschlechtsspezifischer Abbruch- und Studienerfolgsquoten auf Ebene einzelner Hochschulen und Studienfächer leistet der sächsische Hochschulbericht 2006 (vgl. Lenz/Krempkow/Popp 2007). Dabei zeigt sich, dass in technik- und ingenieurwissenschaftlichen Studiengängen wie dem Bauingenieurwesen nicht nur unter den Studienanfängern ein geringer Anteil an Frauen festzustellen ist. Darüber hinaus liegt die frauenspezifische Absolventenquote auch bei nur etwa 30 Prozent an Universitäten und zwischen 30 und 70 Prozent an den Fachhochschulen des Freistaates Sachsen (vgl. Lenz/Krempkow/Popp 2007, S. 318ff.). Insgesamt zeigen insbesondere die Ergebnisse von HIS, dass für Frauen, die sich für ein technik- und ingenieurwissenschaftliches Studium entschieden haben, nicht zwingend eine höhere Studienabbruchquote zu erwarten ist. Vielmehr scheinen die Gründe für den Studienabbruch, wie die skizzierten Ergebnisse aus Sachsen andeuten, individuell und hochschulspezifisch zu sein.

Eine Erklärung, wie es zu den Unterschieden in der Fächerwahl zwischen Frauen und Männern kommt, liefert ein Blick auf die Leistungskurswahl. Abbildung 60 zeigt markante Unterschiede zwischen Frauen und Männern, die sich später dann auch in der Fächerwahl niederschlagen, beispielsweise die Unterschiede bei der Wahl des Leistungskurses Deutsch (Frauen 39 Prozent, Männer 19 Prozent), Mathematik/Informatik (Frauen 25 Prozent, Männer 47 Prozent) oder Physik (Frauen vier Prozent, Männer 25 Prozent).

	Frauen	Männer
Sprachlich-literarisches Aufgabenfeld		
Deutsch	39	19
Englisch	37	28
Französisch	11	3
Latein, Griechisch	5	4
Kunst, Musik u. a.	10	4
Mathematisch-naturwissenschaftliches Aufgabenfeld		
Mathematik, Informatik	25	47
Physik	4	25
Chemie	6	11
Biologie	30	18
Technik u. a.	2	5
Gesellschaftlich-geschichtliches Aufgabenfeld		
Erdkunde	5	9
Geschichte, Gemeinschaftskunde	12	16
Wirtschaftskunde, Sozialwiss.	7	9
Erziehung, Philosophie u. a.	3	2

Abbildung 60: Belegung von Leistungskursen nach Geschlecht in der gymnasialen Oberstufe (Angaben in Prozent; vgl. Ramm/Bargel 2005, S. 33)

Kapitel 8

Neben einer unterschiedlichen Geschlechterverteilung in einzelnen Fächern kommt es auch bei der Entscheidung für oder gegen einen dualen Studiengang[17] nur in manchen Bereichen zu Unterschieden zwischen Frauen und Männern: Fasst man die dualen Studiengänge (an Berufsakademien, Fachhochschulen und Universitäten) zusammen und vergleicht sie mit nichtdualen Studiengängen an Universitäten und Fachhochschulen, so stellt man fest: In dualen BWL-Studiengängen ist der Frauenanteil mit 51 Prozent in etwa genauso hoch wie in nichtdualen Studiengängen an Fachhochschulen (52 Prozent). In den Fächern Wirtschaftsingenieurwesen und Wirtschaftsinformatik ist der Frauenanteil im dualen Studium mit 24 bzw. 19 Prozent höher als an Fachhochschulen (nichtduale Studiengänge) mit 19 bzw. 15 Prozent und höher als an Universitäten (nichtduale Studiengänge) mit 20 bzw. elf Prozent.

An Universitäten (nichtduale Studiengänge) sind die Männer in jedem hier betrachteten Fach stärker vertreten als die Frauen. Besonders stark ist dieser Unterschied in den Fächern Wirtschaftsingenieurwesen und Wirtschaftsinformatik ausgeprägt: Im Fach Wirtschaftsingenieurwesen beträgt der Männeranteil an Universitäten 80 Prozent, im Fach Wirtschaftsinformatik sogar 88 Prozent (siehe Abbildung 61). Das Ungleichgewicht zwischen Frauen und Männern im Fach BWL an Universitäten ist mit einem Männeranteil von 58 Prozent am mildesten. In diesem Fach überwiegt der Frauenanteil an Fachhochschulen (52 Prozent).

Da die berechneten Anteile auf einer Stichprobe beruhen, können sie von den tatsächlichen Anteilen abweichen. Eine Sonderauswertung aus einer Befragung der BWL-Fachbereiche innerhalb des CHE-Rankings kommt zwar zu vergleichbaren Anteilen, allerdings wird hier zwischen Universitäten (Frauenanteil 44 Prozent), Fachhochschulen (49 Prozent) und Berufsakademien (54 Prozent) unterschieden.

---

[17] Unter dualen Studiengängen werden landesspezifisch unterschiedliche Konzepte ausbildungsintegrierender, kooperativer, berufsintegrierender und berufsbegleitender Studienstrukturen rubriziert (vgl. Bund-Länder-Kommission 2003). Duale Studiengänge werden nicht nur von Berufsakademien angeboten, sondern auch von Fachhochschulen und von einer Universität (vgl. Hochschulkompass der Hochschulrektorenkonferenz: www.hochschulkompass.de).

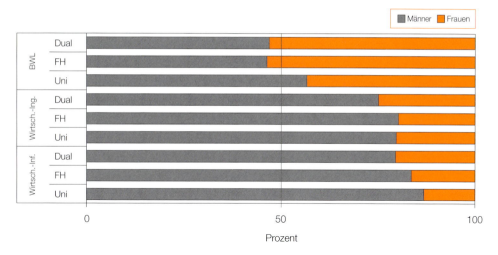

Abbildung 61: Verteilung von Frauen und Männern in den Fächern BWL, Wirtschaftsingenieurwesen und Wirtschaftsinformatik in dualen und nichtdualen Studiengängen
(Datenquelle: CHE-Studierendenbefragung 2008[18]; eigene Berechnungen)

Verschiedene Aspekte könnten dazu führen, dass Frauen ein duales Studium bevorzugen: Zum einen ermöglicht ein duales Studium einen besonders frühen Berufseinstieg. Auch ein Fachhochschulstudium war vor der Bachelor-Master-Umstellung kürzer angelegt als ein Universitätsstudium, so dass ein früherer Berufseinstieg möglich war. Für Frauen ist es möglicherweise funktional, ein Studienprofil zu wählen, das einen frühen Berufseinstieg ermöglicht, weil ihnen so mehr Zeit bleibt, sich vor einer Familienphase im Beruf zu etablieren. Zum anderen besteht die Möglichkeit, dass Frauen der systematisch hohe Praxisbezug eines dualen Studiums sowie die größere Sicherheit im Hinblick auf einen Berufseinstieg anziehen.

8.1.2 Individuelle Voraussetzungen

Abiturnoten und Zulassungsvoraussetzungen. Man könnte annehmen, dass Abiturientinnen vor einem männerdominierten Fach zurückschrecken und sich nur solche Abiturientinnen zutrauen, ein frauenatypisches Fach zu studieren, die weitaus erfolgreicher in der Schule waren als ihre männlichen Mitschüler. Belege für eine solche Selbstselektion lassen sich in den Daten der CHE-Studierendenbefragung nicht finden.

Die größte Differenz zwischen den Noten von Frauen und Männern findet sich in den bei Frauen beliebten Medienstudiengängen und in der Politikwissenschaft, in denen die Frauen im Abitur jeweils fast eine Viertelnote besser waren als die Männer. Im Fach Mathematik haben die Männer geringfügig bessere Abiturnoten. Ein Fach mit einem besonders geringen Frauenanteil ist die Elektrotechnik. Hier ist die durchschnittliche Abiturnote der Frauen um 0,15 Notenpunkte besser als die der Männer (siehe Abbildung 62).

---

[18] Siehe Verzeichnis der Studien.

	Männer	Frauen	Differenz	Frauenanteil in Prozent
Mathematik	1,86	1,94	-0,08	39,0
Chemie	2,11	2,09	0,02	41,0
Germanistik	2,35	2,30	0,05	81,0
Jura	2,21	2,14	0,07	51,0
Physik	1,85	1,78	0,07	18,0
Soziologie	2,49	2,40	0,09	67,0
Bauingenieurwesen	2,46	2,36	0,10	26,0
Architektur	2,47	2,37	0,10	56,0
Pharmazie	2,14	2,04	0,10	78,0
Zahnmedizin	2,12	2,02	0,10	63,0
Psychologie	1,86	1,75	0,11	83,0
Maschinenbau	2,41	2,30	0,11	15,0
Geschichte	2,37	2,25	0,12	50,0
Romanistik	2,35	2,23	0,12	88,0
Geographie	2,54	2,42	0,12	50,0
Erziehungswissenschaften	2,68	2,55	0,13	84,0
Anglistik/Amerikanistik	2,36	2,23	0,13	80,0
Wirtschaftsinformatik	2,36	2,22	0,14	14,0
Humanmedizin	1,83	1,69	0,14	63,0
Informatik	2,30	2,15	0,15	15,0
Betriebswirtschaftslehre	2,38	2,23	0,15	49,0
Elektrotechnik	2,31	2,16	0,15	8,0
Biologie	2,28	2,12	0,16	68,0
Wirtschaftsingenieurwesen	2,39	2,22	0,17	20,0
Soziale Arbeit	2,50	2,32	0,18	80,0
Volkswirtschaftslehre	2,27	2,09	0,18	34,0
Geologie	2,42	2,23	0,19	50,0
Politikwissenschaften	2,32	2,08	0,24	44,0
Medien	2,25	2,01	0,24	63,0

Anmerkung: Der Frauenanteil bezeichnet den Anteil der Frauen, die ihre Abiturnote angegeben haben, an allen teilnehmenden Studierenden, die ihre Abiturnote angegeben haben.

Abbildung 62: Abiturnote von Männern und Frauen in unterschiedlichen Fächern (sortiert nach der Differenz zwischen den durchschnittlichen Noten von Männern und Frauen; Datenquellen: CHE-Studierendenbefragungen 2006 bis 2008; eigene Berechnungen)

Es scheint zumindest nicht so zu sein, dass sich nur solche Frauen trauen, in Männerdomänen einzubrechen, die besonders erfolgreich in der Schule waren. Es ist zu vermuten, dass Neigungen und Kompetenzen, wie sie in der Schule und im Elternhaus geprägt und entwickelt wurden, sowie die beruflichen Perspektiven eine größere Rolle bei der Fachwahl spielen.

Insgesamt erzielen Mädchen in der Tendenz bessere Abiturdurchschnittsnoten. Zwar können die Durchschnittsnoten im Abitur bundesweit derzeit nicht geschlechtsspezifisch differenziert werden, zumindest für Nordrhein-Westfalen gilt jedoch, dass weibliche Schulabsolventen mit besseren Durchschnittsnoten die Schule verlassen als ihre männlichen Mitschüler. Im Schuljahr 2006 erreichten in Nordrhein-Westfalen 14,9 Prozent der männlichen Schüler im Abitur eine bessere Durchschnittsnote als 2,0. Dies gelang im gleichen Jahrgang 18,2 Prozent der Schülerinnen.[19] Dies bringt ihnen jedoch keinen Vorteil gegenüber den Jungen bei der Zulassung zu Studienfächern, die von der Zentralstelle für die Vergabe von Studienplätzen (ZVS) vergeben werden. Nur 20 Prozent dieser Studienplätze werden nach den Abiturnoten, weitere 20 Prozent nach Wartezeit vergeben, über die restlichen 60 Prozent der Studienplätze entscheidet das Auswahlverfahren der Hochschule.[20] Die Zulassungsquoten entsprechen bei der ZVS in etwa den Bewerbungsquoten. Die größte Verschiebung zugunsten der männlichen Bewerber gab es im Fach Tiermedizin, in dem der Frauenanteil an den Bewerbern bei 84,5 Prozent und der Frauenanteil an den Zugelassenen bei 83,9 Prozent lagen. Die größte Verschiebung zugunsten der Frauen bestand im Fach Psychologie, in dem der Frauenanteil an den Bewerbern 78 Prozent und der Frauenanteil an den Zugelassenen 80,6 Prozent betrug.[21] Dies waren im Wintersemester 2007/2008 bereits die größten Differenzen zwischen Bewerbungs- und Annahmequote in den der ZVS-Vergabe unterliegenden Fächern.

Die Abiturnoten der Frauen in nichtdualen Studiengängen sind durchgängig um ein bis zwei Notenzehntel besser als die ihrer Mitstudenten. In dualen Studiengängen sind sie sogar immer um zwei bis drei Notenzehntel besser als die der Männer (siehe Abbildung 63).

		Frauen	Männer
Duales Studium	Betriebswirtschaftslehre	2,1	2,3
	Wirtschaftsingenieurwesen	1,9	2,2
	Wirtschaftsinformatik	2,0	2,2
Fachhochschule	Betriebswirtschaftslehre	2,3	2,5
	Wirtschaftsingenieurwesen	2,4	2,5
	Wirtschaftsinformatik	2,4	2,5
Universität	Betriebswirtschaftslehre	2,2	2,3
	Wirtschaftsingenieurwesen	2,0	2,2
	Wirtschaftsinformatik	2,1	2,3

Abbildung 63: Durchschnittliche Abiturnoten von Frauen und Männern nach Fächern in dualen Studiengängen im Vergleich mit nichtdualen Studiengängen an Fachhochschulen und Universitäten (Datenquelle: CHE-Studierendenbefragung 2008; eigene Berechnungen)

---

[19] Datenquelle: Sonderauswertung des Landesamts für Datenverarbeitung und Statistik Nordrhein-Westfalen.
[20] Vgl. Zentralstelle für die Vergabe von Studienplätzen (www.zvs.de).
[21] Vgl. Gesamtübersicht der ZVS: Bewerber, Eingeschriebene und Zugelassene nach Geschlecht, Wintersemester 2007/2008.

Abgeschlossene Berufsausbildung vor dem Studium. Laut der 18. Sozialerhebung des Deutschen Studentenwerks (vgl. Isserstedt u. a. 2007) verfügt jeder vierte Studierende über einen Berufsabschluss (25 Prozent). Dabei ist jedoch ein deutlicher Unterschied je nach Hochschultyp zu konstatieren. Ähnliche Befunde lassen sich auch in den CHE-Studierendenbefragungen ermitteln:

An Universitäten haben sowohl weibliche als auch männliche Studierende selten eine Berufsausbildung vor dem Studium beendet. Im Gegensatz dazu haben an Fachhochschulen männliche Studierende deutlich häufiger eine Berufsausbildung absolviert als ihre Mitstudentinnen (siehe Abbildung 64).

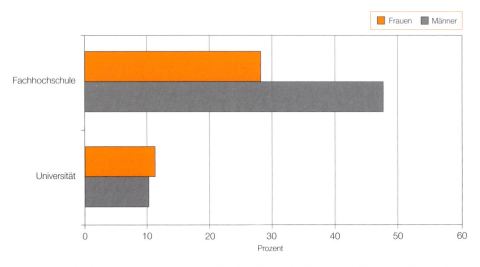

Abbildung 64: Häufigkeit einer vorangegangenen Berufsausbildung bei Frauen und Männern an Fachhochschulen und Universitäten (Datenquellen: CHE-Studierendenbefragungen 2006 bis 2008; eigene Berechnungen)

Diese Daten werden ebenfalls durch die CHE-Absolventenbefragung (2008)[22] bestätigt: An den Fachhochschulen ist der Anteil der befragten BWL-Absolventen, die vor dem Studium eine Berufsausbildung abgeschlossen haben, bei Männern deutlich höher als bei Frauen; an den Universitäten sind die Unterschiede gering.

Möglicherweise wählen Männer häufiger den zweiten Bildungsweg und erwerben erst nach einer abgeschlossenen Berufsausbildung die Fachhochschulreife, so dass in der Gruppe der Fachhochschüler mehr Männer mit Berufsabschluss zu finden sind. Dies würde bedeuten, dass sich Männer mehr Zeit vor der Aufnahme eines regulären akademischen Berufes nehmen, während Frauen schneller in den Beruf einsteigen. Auch hier könnte es für Frauen eine Rolle spielen, dass sie eine kürzere Ausbildung bevorzugen, die ihnen vor einer möglichen Familienphase genügend Zeit lässt, sich im Beruf zu etablieren. Die Aussa-

---

[22] Siehe Verzeichnis der Studien.

gen zu Bildungsaspiration und prospektiver Bildungsbiographie zeigten ein Übergewicht der Präferenz nach beruflichen Ausbildungswegen bei weiblichen Schulabsolventen, wobei die Studienabsicht insgesamt etwa genauso stark ausgeprägt war wie bei den männlichen Befragten. Die vorstehenden Daten deuten nun darauf hin, dass die nach dem Schulabschluss geäußerte Studienabsicht nach einer beruflichen Ausbildung bei Frauen deutlich weniger stark eingelöst wird; die akademische Bildungsaspiration scheint sich demnach bei Frauen nach einer abgeschlossenen Berufsausbildung gegenüber der Einstellung unmittelbar vor dem Schulabschluss zu reduzieren.

Mobilität zum Studium und während des Studiums. Bei der Frage, wie weit man sich vom Heimatort entfernt, um ein Universitätsstudium aufzunehmen, unterscheiden sich Frauen und Männer nicht sehr stark. In BWL zeigen sich die Männer geringfügig mobiler. In allen anderen betrachteten Fächergruppen sind es häufiger die Frauen, die über 200 Kilometer von ihrem Heimatort weggehen, um ein Studium aufzunehmen. Am deutlichsten ist der Abstand in den frauenuntypischen Ingenieurwissenschaften: 24 Prozent der Frauen, aber nur ca. 20 Prozent der Männer gehen hier mindestens 200 Kilometer von zu Hause weg, um ein Studium aufzunehmen (siehe Abbildung 65).

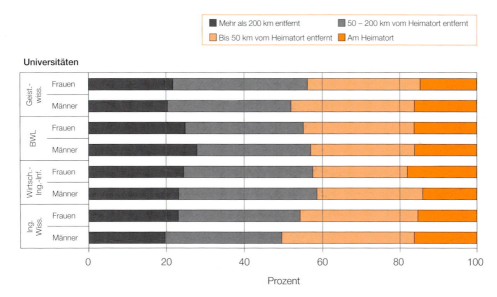

Abbildung 65: Entfernung vom Heimatort zur Aufnahme eines Universitätsstudiums nach Fächergruppen (Geisteswissenschaften, BWL, Wirtschaftsingenieurwesen und -informatik, Ingenieurwissenschaften; Datenquellen: CHE-Studierendenbefragungen 2007 und 2008; eigene Berechnungen)

Fachhochschulen rekrutieren ihre Studierenden im Vergleich zu Universitäten stark aus dem näheren regionalen Umkreis. Deshalb ist hier auffällig, dass sich in den gewöhnlich männerdominierten Ingenieurwissenschaften deutlich mehr Frauen (24 Prozent) als Männer (11 Prozent) zur Aufnahme eines Studiums mehr als 200 km vom Heimatort entfernen (siehe

Abbildung 66). Aber auch in den Fächergruppen BWL sowie Wirtschaftsingenieurwesen und -informatik erweisen sich die Frauen als mobiler.

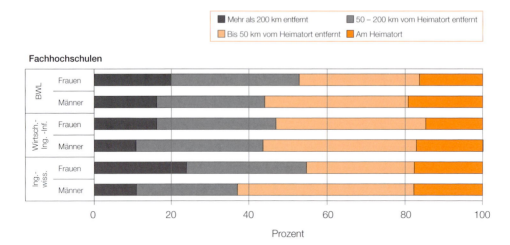

Abbildung 66: Entfernung vom Heimatort zur Aufnahme eines Fachhochschulstudiums nach Fächergruppen (BWL, Wirtschaftsingenieurwesen und -informatik, Ingenieurwissenschaften; Datenquellen: CHE-Studierendenbefragungen 2007 und 2008; eigene Berechnungen)

Die Frage nach einem Hochschulwechsel im Verlauf des Studiums bejahen in der CHE-Studierendenbefragung Frauen und Männer gleich häufig (16 Prozent der Frauen und 15 Prozent der Männer) (vgl. CHE-Studierendenbefragungen 2006 bis 2008).

In der Sozialerhebung des HIS wird festgestellt, dass mehr Frauen als Männer einen studienbezogenen Auslandsaufenthalt absolvieren. Dies sind 34 Prozent der Frauen gegenüber 25 Prozent der Männer in höheren Semestern (vgl. Isserstedt u. a. 2007). In einigen Fächern, in denen ein Auslandsaufenthalt seltener in das Studium integriert wird, absolvieren Männer etwas häufiger einen Auslandsaufenthalt als Frauen. In den Fächern, in denen ein Auslandsaufenthalt besonders ratsam erscheint, verbringen Frauen häufiger ein Semester im Ausland als Männer (siehe Abbildung 67). Frauen zeigen sich hier also durchaus motivierter in der Entwicklung der beruflichen Perspektive.

Fächer	Frauen	Männer
Romanistik	43	35
Informatik	14	8
Anglistik/Amerikanistik	28	23
Physik	20	16
Elektrotechnik	9	5
Geographie	17	14
Bauingenieurwesen	8	5
Geschichte	15	12
Germanistik	12	9
Geologie	13	11
Maschinenbau/Verfahrenstechnik	8	6
Biologie	8	7
Architektur	12	11
Psychologie	13	13
Mathematik	13	13
Humanmedizin	3	3
Chemie	9	10
Erziehungswissenschaften	5	6
Zahnmedizin	3	5
Pharmazie	2	4

Abbildung 67: Häufigkeiten von Auslandsaufenthalten von Frauen und Männern nach Fächern, sortiert nach der Größe des Vorsprungs, den Frauen gegenüber Männern haben (Angaben in Prozent; Datenquellen: CHE-Studierendenbefragungen 2006 und 2007; eigene Berechnungen)

In der CHE-Absolventenbefragung im Fach BWL geben Männer etwas häufiger an, über Auslandserfahrungen zu verfügen. In der hohen Zahl der Absolventen mit Auslandserfahrungen spiegelt sich die große Wichtigkeit von Auslandsaufenthalten im Fach BWL wider.

8.2   Soziale Rahmenbedingungen

8.2.1   Finanzierung des Studiums

Insgesamt gestalten Frauen und Männer die Finanzierung ihres Studiums sehr ähnlich. Der größte Teil der Kosten für ihr Studium wird von der Familie getragen (Eltern, Großeltern, Partner etc.). Etwa ein Viertel des Bedarfs wird von einem Job außerhalb der Hochschule gedeckt. BAföG trägt (über alle befragten Studierenden gemittelt) nur zu 14 Prozent (bei Frauen) bzw. zwölf Prozent (bei Männern) zum Lebensunterhalt bei (siehe Abbildung 68).

Die geringfügigen Unterschiede zwischen den beiden Gruppen können dadurch zustande kommen, dass sie einen unterschiedlichen Finanzbedarf zugrunde legen (z. B., weil Männer häufiger bei den Eltern wohnen).

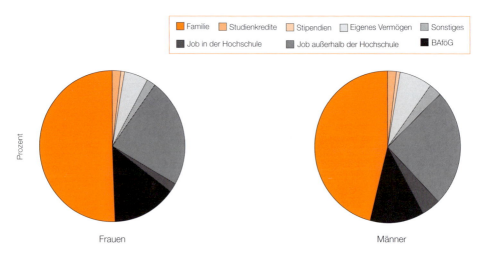

Abbildung 68: Finanzierung des Studiums bei Frauen und Männern
(Datenquellen: CHE-Studierendenbefragungen 2007 und 2008; eigene Berechnungen)

Instruktiv ist darüber hinaus eine Betrachtung des Verhältnisses weiblicher und männlicher Studierender an privaten Hochschulen in Deutschland (siehe Abbildung 69). 62 Prozent der Studierenden an privaten Hochschulen waren im Wintersemester 2006/2007 männlich, nur 38 Prozent weiblich. Geht man davon aus, dass ein Studium an einer privaten Hochschule finanziell sehr aufwendig ist, so lässt sich möglicherweise aus dem in der Abbildung dargestellten Überhang männlicher Studierender eine größere Bereitschaft der Männer (oder deren Eltern) ablesen, in ein Studium zu investieren.

Eine maßgeblich durch das Studienangebot privater Hochschulen induzierte Verzerrung ist jedoch nicht anzunehmen, da dessen Schwerpunkt auf rechts-, wirtschafts- und sozialwissenschaftlichen Studiengängen liegt. Dieses Bild wird von der CHE-Studierendenbefragung insofern bestätigt, als dass im Fach BWL an privaten Hochschulen 33 Prozent der befragten Personen und an öffentlichen Hochschulen 48 Prozent der befragten Personen weiblich waren. (Duale Studiengänge wurden in dieser Auswertung nicht berücksichtigt, da hier davon auszugehen ist, dass die Partnerunternehmen die Kosten für die Studienbeiträge tragen.)

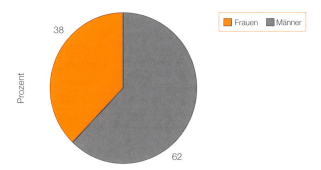

Abbildung 69: Anteil weiblicher und männlicher Studierender an privaten Hochschulen in Deutschland im WS 2006/2007 (Datenquelle: eigene Berechnungen auf Grundlage einer Sonderauswertung des Statistischen Bundesamts 2008[23])

8.2.2 Lernkultur und -zeit in der Hochschule

Männer wohnen während ihres Studiums häufiger bei den Eltern (oder bei Verwandten) als Frauen. Dafür leben Frauen deutlich häufiger mit ihrem Partner und/oder ihrem Kind in einer Mietwohnung als Männer. Ebenso wohnen Frauen etwas häufiger in einer Wohngemeinschaft oder allein in einer Mietwohnung als Männer. Die Wohnformen Untermiete, Eigentumswohnung und Wohnheim werden von Frauen und Männern gleich häufig gewählt (siehe Abbildung 70).

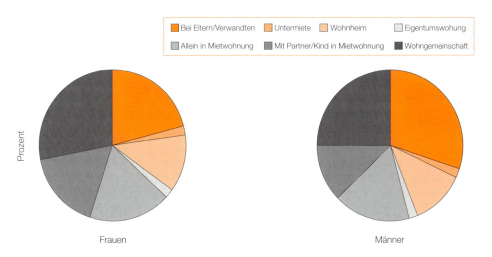

Abbildung 70: Wohnformen von Frauen und Männern (Datenquellen: CHE-Studierendenbefragungen 2006 bis 2008; eigene Berechnungen)

---

[23] Statistisches Bundesamt 2008: Sonderauswertung aus der amtlichen Hochschulstatistik: Studierende an privaten Hochschulen in Deutschland nach Geschlecht.

Frauen und Männer absolvieren gleich häufig ein Teilzeitstudium. In den CHE-Studierendenbefragungen 2006 bis 2008 gaben 11,2 Prozent aller Männer und 11,7 Prozent aller Frauen an, nur Teilzeit zu studieren. 88,5 Prozent der Männer und 88,0 Prozent der Frauen hingegen stuften sich selbst als Vollzeitstudierende ein. Ob die Form des Teilzeitstudiums aufgrund von familiären Verpflichtungen oder aufgrund von Berufstätigkeit gewählt wurde, ist allerdings nicht erfasst worden.

8.3 Curriculum in der Hochschule

Fragt man die Studierenden, welche Aspekte ihnen im Studium besonders wichtig sind, so finden sich abermals große Übereinstimmungen zwischen den Geschlechtern (siehe Abbildung 71). Gute Berufschancen sind für weibliche wie männliche Studierende gleichermaßen wichtig: Jeweils 98 Prozent der Frauen und Männer wählen bei der Beurteilung der Wichtigkeit der Berufschancen auf einer Skala von 1 (sehr wichtig) bis 6 (sehr unwichtig) einen Wert zwischen 1 und 3. In der Orientierung hin zu einem Beruf scheinen die Frauen den Männern in nichts nachzustehen. Der breiten Vermittlung von Bildung geben 98 Prozent der Frauen und 96 Prozent der Männer ebenso hohe Werte.[24] Für sehr wichtig halten dies 45 Prozent der Männer und 53 Prozent der Frauen.

Die sozialen Aspekte, wie der gute Kontakt zu anderen Studierenden und die gute Betreuung durch Lehrende, werden jeweils von den Frauen höher bewertet. Ähnlich halten die Möglichkeiten zu einem Auslandsaufenthalt oder -studium, die eine Hochschule bietet, 29 Prozent der Männer und 35 Prozent der Frauen für „sehr wichtig".

Die Wichtigkeit der fachlichen Ausbildung wird von Frauen und Männern sehr ähnlich beurteilt. Der Forschungsbezug wird von den befragten Männern stärker betont und der Praxisbezug von den Frauen.

---

[24] Diese letzten beiden Fragen wurden nur in der Studierendenbefragung 2008 gestellt, so dass die hier abgebildeten Werte nur das Meinungsbild von Studierenden der Wirtschafts-, Sozial- und Rechtswissenschaften sowie der Medienwissenschaft widerspiegeln. Alle anderen sieben Aspekte wurden auch in den Studierendenbefragungen der Jahre 2006 und 2007 abgefragt, so dass die in diesen Jahren untersuchten Fächer in der Auswertung ebenfalls enthalten sind.

Geschlechterdifferenzen in der Hochschule

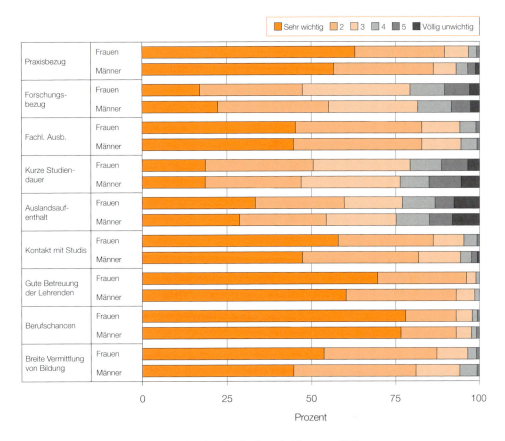

Abbildung 71: Wichtigkeit bestimmter Aspekte des Studiums bei Frauen und Männern
(auf einer Skala von 1 = sehr wichtig bis 6 = völlig unwichtig (Datenquellen: CHE-Studierendenbefragungen 2006 bis 2008; eigene Berechnungen)

8.4 Berufseinstieg

Unter Rekurs auf die Ergebnisse des CHE-Rankings 2008 und der Absolventenbefragung (BWL) des CHE zeichnen sich einige charakteristische geschlechterdifferenzierende Befunde für den Berufseinstieg ab.

Die Bewerbungsstrategien bei der Jobsuche unterscheiden sich in einigen Punkten zwischen Frauen und Männern (siehe Abbildung 72). Zunächst fällt auf, dass ein deutlich höherer Anteil der Männer angegeben hat, ohne eigene Suche ein Jobangebot und dann auch einen Job erhalten zu haben.

	Geschlecht				Gesamt	
	Frauen		Männer			
	Anzahl	Prozent	Anzahl	Prozent	Anzahl	Prozent
Ja, ich habe eine Beschäftigung gesucht.	2175	69,4	2339	59,2	4514	63,8
Nein, ich habe eine Beschäftigung gefunden, ohne zu suchen.	469	15,0	924	23,4	1393	19,7
Nein, ich habe eine vorherige berufliche Tätigkeit weitergeführt.	174	5,6	265	6,7	439	6,2
Nein, ich habe weiter studiert.	163	5,2	179	4,5	342	4,8
Nein, ich habe eine selbstständige Tätigkeit begonnen.	35	1,1	160	4,1	195	2,8
Nein, aus privaten/familiären Gründen habe ich nicht gesucht.	39	1,2	13	0,3	52	0,7
Nein, aus anderen Gründen.	77	2,5	68	1,7	145	2,0

Abbildung 72: Geschlechterdifferenzen bei der Beschäftigungssuche
(Datenquelle: CHE-Absolventenbefragung 2008; eigene Berechnungen)

Die Analyse der Suchstrategien bestätigt diesen Befund: Absolventinnen von BWL-Studiengängen schreiben insgesamt häufiger eigene Bewerbungen als Männer – dies gilt sowohl für Initiativbewerbungen als auch für Bewerbungen auf Anzeigen (siehe Abbildung 73). Ähnliche Ergebnisse zum geschlechtsspezifischen Bewerbungsverhalten konnten auch bei Auszubildenden konstatiert werden (siehe Kapitel 7).

Demgegenüber haben ihre männlichen Kommilitonen häufiger angegeben, dass sie selbst von Arbeitgebern angesprochen wurden, und häufiger konnten sie auch auf die Hilfe von Hochschullehrern zurückgreifen.

Geschlechterdifferenzen in der Hochschule

		Geschlecht				Gesamt	
		Frauen		Männer			
		Anzahl	Prozent	Anzahl	Prozent	Anzahl	Prozent
A. Bewerbungen auf Stellenanzeigen	Nicht genannt	258	11,8	409	17,4	667	14,7
	Genannt	1922	88,2	1946	82,6	3868	85,3
B. Initiativbewerbungen	Nicht genannt	967	44,4	1166	49,5	2133	47,0
	Genannt	1213	55,6	1189	50,5	2402	53,0
C. Eigene Stellensuchanzeigen	Nicht genannt	2080	95,4	2240	95,1	4320	95,3
	Genannt	100	4,6	115	4,9	215	4,7
D. Kontaktierung durch Arbeitgeber	Nicht genannt	1803	82,7	1792	76,1	3595	79,3
	Genannt	377	17,3	563	23,9	940	20,7
E. Arbeitsamt	Nicht genannt	1493	68,5	1844	78,3	3337	73,6
	Genannt	687	31,5	511	21,7	1198	26,4
F. Private Vermittlungsagentur	Nicht genannt	1952	89,5	2138	90,8	4090	90,2
	Genannt	228	10,5	217	9,2	445	9,8
G. Hilfe von Lehrenden der Hochschule	Nicht genannt	2013	92,3	2103	89,3	4116	90,8
	Genannt	167	7,7	252	10,7	419	9,2
H. Vermittlungshilfen der Hochschule	Nicht genannt	2029	93,1	2154	91,5	4183	92,2
	Genannt	151	6,9	201	8,5	352	7,8
I. Kontakte aus Praktika im Studium genutzt	Nicht genannt	1222	56,1	1321	56,1	2543	56,1
	Genannt	958	43,9	1034	43,9	1992	43,9
K. Private Kontakte/Beziehungen	Nicht genannt	1525	70,0	1694	71,9	3219	71,0
	Genannt	655	30,0	661	28,1	1316	29,0
L. Sonstiges	Nicht genannt	2026	92,9	2225	94,5	4251	93,7
	Genannt	154	7,1	130	5,5	284	6,3

Abbildung 73: Geschlechterdifferenzen beim Bewerbungsverhalten
(Datenquelle: CHE-Absolventenbefragung 2008; eigene Berechnungen)

Die Beschäftigungen unterscheiden sich z. T. nach Art, Umfang und Sektor (siehe Abbildung 74 und 75): Unter den Absolventen beider Hochschularten ist Teilzeitbeschäftigung bei Frauen verbreiteter als bei Männern; Frauen sind außerdem deutlich häufiger befristet beschäftigt. BWL-Absolventinnen finden ihre erste Stelle weitaus häufiger im öffentlichen Dienst und seltener bei Großunternehmen als BWL-Absolventen.

	Geschlecht				Gesamt	
	Frauen		Männer			
	Anzahl	Prozent	Anzahl	Prozent	Anzahl	Prozent
1. Job, Umfang						
Vollzeit	653	82,6	1161	88,1	1814	86,0
Teilzeit, mehr als 15 Std./Woche	105	13,3	128	9,7	233	11,0
Teilzeit, bis 15 Std./Woche	16	2,0	10	0,8	26	1,2
Unregelmäßige Beschäftigung	17	2,1	19	1,4	36	1,7
Gesamt	**791**	**100**	**1318**	**100**	**2109**	**100**
1. Job, Art						
Freiberuflich/selbstständig	32	4,1	105	7,9	137	6,5
Angestellt/beamtet, unbefristet	379	48,2	835	62,9	1214	57,4
Angestellt/beamtet, befristet	293	37,2	316	23,8	609	28,8
Werkvertrag/Honorarvertrag o. Ä.	25	3,2	36	2,7	61	2,9
Sonstiges	58	7,4	36	2,7	94	4,4
Gesamt	**787**	**100**	**1328**	**100**	**2115**	**100**
1. Job, Bereich						
Hochschule	98	12,4	170	12,8	268	12,7
Sonstiger öffentlicher Dienst	89	11,3	58	4,4	147	6,9
Klein-/mittelständische Unternehmen	246	31,1	372	28,1	618	29,2
Großunternehmen	267	33,8	566	42,7	833	39,4
Freiberuflich/selbstständig	29	3,7	77	5,8	106	5,0
Sonstiges	61	7,7	83	6,3	144	6,8
Gesamt	**790**	**100**	**1326**	**100**	**2116**	**100**

Abbildung 74: Geschlechterdifferenzen im Umfang, in der Art der Beschäftigung und im Beschäftigungsbereich nach einem Studiumsabschluss an einer Universität (Datenquelle: CHE-Absolventenbefragung 2008; eigene Berechnungen)

	Geschlecht				Gesamt	
	Frauen		Männer			
	Anzahl	Prozent	Anzahl	Prozent	Anzahl	Prozent
1. Job, Umfang						
Vollzeit	1380	81,2	1597	93,8	2977	87,5
Teilzeit, mehr als 15 Std./Woche	270	15,9	80	4,7	350	10,3
Teilzeit, bis 15 Std./Woche	27	1,6	14	0,8	41	1,2
Unregelmäßige Beschäftigung	23	1,4	11	0,6	34	1,0
1. Job, Art						
Freiberuflich/selbstständig	54	3,2	94	5,5	148	4,3
Angestellt/beamtet, unbefristet	923	54,3	1164	68,1	2087	61,2
Angestellt/beamtet, befristet	603	35,4	374	21,9	977	28,7
Werkvertrag/Honorarvertrag o. Ä.	34	2,0	28	1,6	62	1,8
Sonstiges	87	5,1	49	2,9	136	4,0
1. Job, Bereich						
Hochschule	35	2,1	26	1,5	61	1,8
Sonstiger öffentlicher Dienst	307	18,0	133	7,8	440	12,9
Klein-/mittelständische Unternehmen	590	34,6	695	40,7	1285	37,6
Großunternehmen	548	32,1	705	41,3	1253	36,7
Freiberuflich/selbstständig	42	2,5	70	4,1	112	3,3
Sonstiges	185	10,8	78	4,6	263	7,7

Abbildung 75: Geschlechterdifferenzen im Umfang, in der Art der Beschäftigung und im Beschäftigungsbereich nach einem Studiumsabschluss an einer Fachhochschule
(Datenquelle: CHE-Absolventenbefragung 2008; eigene Berechnungen)

8.5 Studieren mit Kind

Die 18. Sozialerhebung des Deutschen Studentenwerks (DSW) kommt in einer Sonderauswertung (vgl. Middendorf 2008) zum Thema „Studieren mit Kind" zu folgenden Befunden: Im Jahr 2006 waren ca. 123.000 studierende Eltern an deutschen Hochschulen immatrikuliert (67.000 Frauen; 56.000 Männer): Dies sind nach wie vor rund sieben Prozent aller Studierenden und die Befunde zeigen, dass diese Zahl faktisch seit 15 Jahren stabil bleibt. Die Mehrheit der studierenden Eltern, nämlich fünf Prozent aller Studierenden, haben Kinder unter 15 Jahren (in den neuen Bundesländern sind es rund sieben Prozent). Während Frauen, die in Westdeutschland mit Kind studieren, im Durchschnitt zwei Jahre älter sind als ihre Kommilitoninnen ohne Kind (31 versus 29 Jahre), sind in Ostdeutschland die Studentinnen mit Kind zwei Jahre jünger (27 versus 29 Jahre). Etwa ein Viertel hatte bereits bei Beginn des Studiums ein Kind. Die durchschnittliche Kinderzahl liegt bei 1,4 Kindern. Die Hälfte von ihnen ist verheiratet; jede vierte Mutter ist alleinerziehend. Problemlagen sind vor allem die vergleichsweise häufigeren Unterbrechungen des Studiums (die Unterbrechung dauert im Schnitt fünf Semester). Weniger als zwei Drittel der Studierenden mit Kind realisiert ein Vollzeitstudium und mehr als die Hälfte ist nebenbei erwerbstätig. „Erststudiumseltern" stehen knapp 1.200 €/Monat zur Verfügung. Sie finanzieren sich ihren Familienunterhalt weniger über das Geld der Großeltern als vielmehr durch Selbstfinanzierung beim „Jobben"; dabei übernehmen Mütter eher die Kinderbetreuung, Väter eher die Erwerbsarbeit.

Die Elternschaft geht bei Frauen eher zu Lasten des Studiums als bei Männern. 49 Prozent der Frauen haben Zweifel daran, dass sie zeitgerecht ihr Studium abschließen können, aber nur 38 Prozent der Männer.

Fazit:

Grundsätzlich ist die Studierneigung bei Frauen und Männern gleich. Faktisch liegen die Übergangsquoten von der Schule zur Hochschule bei Männern jedoch mit rund zehn Prozentpunkten deutlich höher als bei Frauen. Noch deutlich geringer ausgeprägt ist der Übergang weiblicher Studienberechtigter nach einer abgeschlossenen Berufsausbildung. Insbesondere junge Frauen mit schlechteren Abiturnoten und aus Nichtakademikerhaushalten studieren seltener.

In den Sozial-, Sprach- und Kulturwissenschaften und bei der Medizin sind Frauen in der Mehrzahl, lediglich in Physik, Informatik und den Ingenieurwissenschaften studieren deutlich mehr Männer. Die Grundlagen hierfür werden bereits bei der Wahl der Leistungskurse in der Oberstufe gelegt, bei denen Mädchen deutlich weniger naturwissenschaftliche Fächer wählen.

In fast allen Studiengängen ist der Anteil der Frauen an den Fachhochschulen höher als an den Universitäten. Das gleiche gilt für duale Studiengänge. Der Praxisbezug in Verbindung mit der höheren Beschäftigungssicherheit nach Abschluss des Studiums und dem frühen Berufseinstieg ist offensichtlich für Frauen attraktiver.

Die Finanzierung des Studiums gestalten Frauen und Männer ähnlich. Den jeweils größten Anteil zur Studienfinanzierung tragen die Familien bei.

Der Frauenanteil ist an privaten Hochschulen mit den deutlich höheren Studienbeiträgen geringer als an staatlichen Hochschulen. Mit nur rund sieben Prozent haben relativ wenige Studierende Kinder.

9 Geschlechterdifferenzen in der Weiterbildung

9.1 Geschlecht als Strukturkategorie der Weiterbildungs- und Erwachsenenbildungsforschung

Wird die Kategorie „Geschlecht" in der Weiterbildung und Erwachsenenbildung angesprochen, so kann die Diskussion auf drei unterschiedlichen Ebenen erfolgen (vgl. Felden von, 2004):
1. Im Rahmen der Adressatenforschung werden geschlechtsspezifische Unterschiede des Bildungsverhaltens als strukturelle Determinanten der Partizipation aufgezeigt.
2. Die inhaltsorientierte Bildungsnachfrage geht von einer deutlich unterschiedlichen Interessenslage und Anspruchshaltung von Frauen und Männern aus und rekurriert dabei insbesondere auch auf geschlechtsspezifisches Lernverhalten (vgl. z. B. Derichs-Kunstmann/Müthing 1993).
3. Die Frauen- und auch die deutlich jüngere Männerforschung thematisieren die jeweils geschlechtsspezifischen Bildungskonzepte, die gezielt Frauen *oder* Männer ansprechen sollen.

Die geschlechtsspezifische Differenzierung von Bildungsverhalten sowie die inhaltsorientierte Bildungsnachfrage von Frauen und Männern stehen im Mittelpunkt der folgenden Ausführungen.

9.2 Geschlechtsspezifische Differenzierung der Weiterbildungsbeteiligung

Das Berichtssystem Weiterbildung weist seit 1979 die Reichweite von Weiterbildung in Form von „Teilnahmequoten" auf und berücksichtigt dabei auch die Differenzierung nach zentralen soziodemografischen Faktoren. Wie Abbildung 76 in Anlehnung an das Berichtssystem Weiterbildung IX sowie den „Adult Education Survey" zeigt, ist für den Zeitraum von 1979 bis 2007 eine deutliche Annäherung der Teilnahmequoten zu konstatieren; die Differenz stagniert seit 2003 auf einem vergleichsweise niedrigen Niveau. Die mittlerweile nur geringe geschlechtsspezifische Teilnahmedifferenz kann sowohl für die Altersgruppe der 19- bis 64-Jährigen als auch – und dieser Befund mag zunächst erstaunen – für die 65- bis 80-Jährigen nachgewiesen werden, wie neueste Befunde des aktuellen Projekts „EdAge" (Education and Aging) aufzeigen (vgl. Tippelt u. a. 2008; Schmidt 2007).

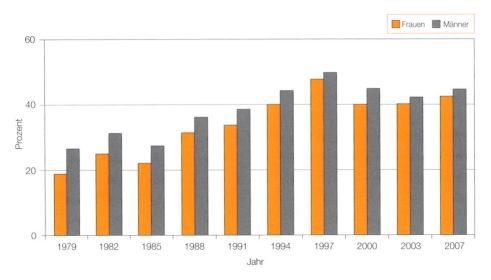

Abbildung 76: Weiterbildungsteilnahme und Geschlecht (vgl. BMBF 2006; Rosenbladt/Bilger 2008)

Berufliche Weiterbildung. Stärkere geschlechtsspezifische Unterschiede zeigen sich jedoch mit der Differenzierung in Weiterbildungsbereiche:
- Frauen beteiligen sich deutlich seltener an beruflicher Weiterbildung als Männer,
- die Differenz in der Beteiligungsquote bleibt von 1979 bis 2000 nahezu stabil und
- eine deutliche Annäherung der Reichweite beruflicher Weiterbildung von Frauen und Männern ist erstmals im Jahr 2003 zu erkennen.

Bei einer weiteren Differenzierung – nämlich nach Erwerbstätigkeit – zeigt sich allerdings, dass die Reichweite beruflicher Weiterbildung für erwerbstätige Frauen und Männer nahezu gleich liegt bzw. sich die erwerbstätigen Frauen sogar etwas häufiger als die erwerbstätigen Männer an beruflicher Weiterbildung beteiligen (vgl. BMBF 2006). Eine ausgeprägtere geschlechtsspezifische Differenz ist für die Gruppe der Nichterwerbstätigen zu erkennen: Hier beteiligen sich Männer deutlich häufiger an beruflicher Weiterbildung als Frauen (Differenz bei sechs Prozentpunkten). Diese Tendenz bestätigen auch Zahlen der Bundesagentur für Arbeit: Männer traten im Jahr 2004 deutlich häufiger als Frauen in Maßnahmen zur Förderung beruflicher Weiterbildung ein (56 Prozent vs. 44 Prozent), wobei sich diese „Beteiligungsschere" erst seit dem Jahr 2000 öffnete (siehe Abbildung 77).

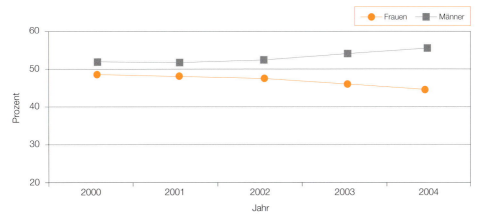

Abbildung 77: Eintritte in Maßnahmen zur Förderung beruflicher Weiterbildung
(vgl. Konsortium Bildungsberichterstattung 2006)

Allgemeine Weiterbildung. Im Bereich der allgemeinen Weiterbildung – der beispielsweise die Themenbereiche Sprache, Gesundheit, Politik und Kultur umfasst – beteiligen sich Männer etwas seltener an Weiterbildung als Frauen. Diese Differenz bleibt im Zeitverlauf betrachtet stabil und gilt sowohl für die Gruppe der Erwerbstätigen als auch für die Gruppe der Nichterwerbstätigen (vgl. BMBF 2006).

Aber welchen Stellenwert nimmt das „Geschlecht" als Strukturkategorie im Rahmen weiterer soziodemografischer Differenzierungen ein? Kann sie als aussagekräftige Kategorie im Rahmen der Partizipationsforschung betrachtet werden? Zur Klärung dieses Sachverhalts sind Differenzierungen geschlechtsspezifischer Weiterbildungsbeteiligung nach Lebensalter, Bildung/Berufsbildung sowie Lebensphasen zu analysieren.

9.3 Differenzierung der geschlechtsspezifischen Weiterbildungsaktivitäten nach Lebensalter, Bildung/Berufsbildung und Lebensphasen

Die wichtigsten differenzierenden Einflüsse auf die Beteiligung an beruflicher Weiterbildung entfallen Kontrastanalysen zufolge bei der ersten Ebene auf die Erwerbstätigkeit, bei der zweiten Teilungsebene bei den Nichterwerbstätigen auf die Berufsbildung, bei den Teilzeiterwerbstätigen auf das Haushaltseinkommen sowie bei den Vollzeiterwerbstätigen auf die Betriebsgröße. Die Strukturkategorie „Geschlecht" spielt als Einflussfaktor zumindest auf den obersten drei Teilungsebenen keine Rolle (vgl. Barz/Tippelt 2004a).

Im Rahmen der Beteiligung an allgemeiner Weiterbildung kommt jedoch der Determinante „Geschlecht" rein rechnerisch eine große Bedeutung zu. Hier fungiert es auf der zweiten Teilungsebene bei den 18- bis 24-Jährigen als wichtigste Einflussgröße (siehe Abbildung 78). Junge Frauen nehmen signifikant häufiger an allgemeiner Weiterbildung teil.

Kapitel 9

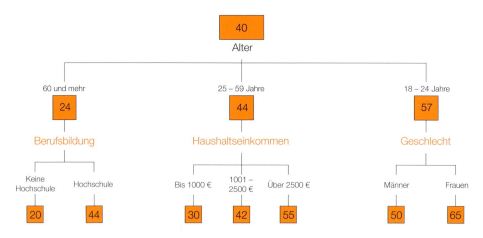

Abbildung 78: Einflussfaktoren auf die Teilnahmequoten an allgemeiner Weiterbildung (vgl. Barz/Tippelt 2004a, S. 85)

Beispielhaft für die Differenzierung nach Lebensphasen ist an dieser Stelle auf die unterschiedliche Entwicklung der Teilnahmequoten von Frauen und Männern in der Familienphase zu verweisen: Mit der Geburt des ersten Kindes fällt die Weiterbildungsaktivität von Frauen und Männern asymmetrisch zuungunsten der Frauen auseinander, wobei hier „Gender" als das soziale Geschlecht für Männer als Katalysator der Weiterbildungsbeteiligung fungiert. Gravierende Unterschiede zeigen sich in dieser primären Familienphase (Familien mit Kleinkindern) auch im Hinblick auf die Weiterbildungsplanung: Väter beantworten die Frage nach der Weiterbildungsplanung deutlich häufiger positiv als Mütter (vgl. Friebel 2006, 2007). Während sich diese Schere im Zeitverlauf, und damit mit zunehmendem Alter der Kinder, allmählich wieder schließt (vgl. Friebel 2007), zeigt der Blick auf die Differenzierung nach dem konkreten Lebensalter ein anderes Bild. Im Bereich der beruflichen Weiterbildung klafft beispielsweise die Schere geschlechtsspezifischer Bildungsbeteiligung mit zunehmendem Lebensalter immer weiter auf; am stärksten weichen die Teilnahmequoten der 58- bis 67-jährigen Frauen und Männer auseinander – was sicherlich zum Teil auf das noch deutlich geringere Renteneintrittsalter von Frauen zurückzuführen ist (Datenquelle: Barz/Tippelt 2004a; eigene Berechnungen).

Im Bereich der allgemeinen Weiterbildung hingegen verbleiben die Differenzen nach dem Lebensalter auf deutlich niedrigerem Niveau, wobei sich – wie im vorangegangenen Abschnitt bereits erwähnt – Frauen in allen Lebensaltern häufiger an allgemeiner Weiterbildung beteiligen als Männer. Die größten geschlechtsspezifischen Unterschiede lassen sich hier für die Altersgruppe der 48- bis 57-Jährigen aufzeigen, was plausibel ebenfalls auf die noch längeren Erwerbstätigkeitszeiten der Männer zurückgeführt werden kann. Erst in der nachberuflichen Phase nähern sich die Beteiligungsquoten von Frauen und Männern nahezu an – die geschlechtsspezifischen Unterschiede sind dann minimal, deutlich differenzierender wirken dagegen auch nach dem 65. Lebensjahr Bildung und die vormalige Erwerbstätigkeit (vgl. Tippelt u. a. 2008).

Neben dem Vergleich der Reichweite von Weiterbildung in Form der Teilnahmequoten bietet sich als Maß der Weiterbildungsaktivität das so genannte Weiterbildungsvolumen, der Zeitaufwand für Weiterbildung, an. Der Zeitaufwand berufstätiger Frauen und Männer unterscheidet sich gravierend zuungunsten der Frauen und hat sich im Zeitverlauf von 1988 bis 2003 betrachtet kaum verändert. Dahingegen lässt sich in diesem Zeitraum bei den nicht erwerbstätigen Frauen und Männern eine deutliche Angleichung des jeweiligen Weiterbildungsvolumens beobachten – nachdem nicht erwerbstätige Frauen von 1988 bis 1997 ein deutlich höheres Weiterbildungsvolumen aufwiesen als Männer (siehe Abbildung 79).

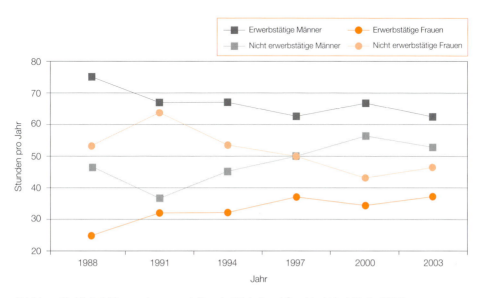

Abbildung 79: Weiterbildungsvolumen nach Erwerbstätigkeit und Geschlecht (vgl. Nader 2007)

9.4 Inhaltsorientierte Bildungsnachfrage: themenspezifische Interessen von Frauen und Männern in verschiedenen Lebensaltern

Sekundäranalysen des für Deutschland repräsentativen Datensatzes „Weiterbildung und soziale Milieus in Deutschland" (Datenquellen: Barz/Tippelt 2004a,b; eigene Berechnungen) belegen deutlich, dass Frauen nicht grundsätzlich in allen Themenbereichen der allgemeinen Weiterbildung dominieren: Frauen interessieren sich zum Beispiel deutlich weniger für „Rechtsfragen" sowie für den Bereich „Computer, EDV, Internet" als Männer; dagegen beteiligen sie sich häufiger an Kursen zur Gesundheitsbildung sowie am Sprachunterricht. Bemerkenswert ist der Befund, dass sich die Differenz zwischen Interesse und tatsächlicher Kursteilnahme bei Frauen in manchen Bereichen der allgemeinen Weiterbildung, z. B. im Bereich „Persönlichkeitsentwicklung", als deutlich höher erweist als bei Männern.

Auch Präferenzen in Bezug auf die plurale Anbieterlandschaft weisen klare geschlechtsspezifische Prägungen auf, die sich insbesondere im Rahmen der Differenzierung nach Weiterbildungsbereichen zeigen. So erweist sich beispielsweise die Volkshochschule im Rahmen von Veranstaltungen der allgemeinen Weiterbildung seit jeher als ausgesprochen frauendominiert (dies gilt für alle Altersgruppen), während die allgemeinen Weiterbildungsmaßnahmen vom „Arbeitgeber/Betrieb" deutlich häufiger von Männern in Anspruch genommen werden. Interessanterweise zeigt sich das umgekehrte Bild im Bereich der beruflichen Weiterbildung: Hier sind es Frauen, die sich deutlich häufiger an Angeboten des Arbeitgebers und privater Anbieter beteiligen; dies gilt insbesondere für die Altersgruppe der 18- bis 37-Jährigen, die zu Beginn ihrer beruflichen Laufbahn somit eine starke Bereitschaft signalisieren, in Weiterbildung zu investieren. Grundsätzlich sind die Betriebe und die Arbeitgeber die mit Abstand größten Anbieter der beruflichen Weiterbildung – für erwerbstätige Frauen und erwerbstätige Männer (vgl. Barz/Tippelt 2004a).

9.5 Determinanten und Barrieren der Weiterbildungsbeteiligung in geschlechtsspezifischer Differenzierung

Wie die oben referierten Befunde zu den Differenzen zwischen tatsächlicher Teilnahme und geäußertem Interesse an Kursangeboten zur Persönlichkeitsentwicklung bereits vermuten lassen, äußern Frauen häufiger als Männer konkrete Weiterbildungsbarrieren.

Dies zeigt sich – so wiederum Befunde der Sekundäranalyse der Daten nach Barz und Tippelt (2004a; eigene Berechnungen) – vor allem bei den so genannten „Schwellenängsten": Frauen empfinden Kurse häufiger als zu schnell und zu wenig an das Vorwissen anknüpfend als Männer: Weiterhin wird das Fehlen privater Unterstützung beklagt sowie die Prüfungen als abschreckend wahrgenommen. Insgesamt nimmt die Bedeutung dieser Schwellenängste für die Frauen mit zunehmendem Lebensalter zu, während für die Männer diesbezüglich kein altersspezifischer Schwerpunkt zu erkennen ist. Darüber hinaus berichten Frauen – so Befunde der aktuellen EdAge-Studie (vgl. Tippelt u. a. 2008) – von familiären Pflichten als Weiterbildungsbarrieren, während Männer eher die berufliche Belastung als bedeutende Teilnahmebarriere sehen.

9.6 Beteiligung an Aufstiegsfortbildung in geschlechtsspezifischer Differenzierung

Sowohl Männer als auch Frauen beteiligen sich grundsätzlich an so genannten „Aufstiegsfortbildungen"; gravierende geschlechtsspezifische Schwerpunktsetzungen können zwar auf einen ersten Blick nicht festgestellt werden,[25] Unterschiede werden aber bei den Arten von Aufstiegsfortbildungen zum einen sowie den jeweils fachlich-thematischen Schwerpunktsetzungen zum anderen deutlich.

---

[25] Die folgenden Kennzahlen beziehen sich auf Daten der bbw-Gruppe 2007, die dem AKTIONSRAT**BILDUNG** freundlicherweise zur Verfügung gestellt wurden.

Aufstiegsfortbildungen können in fünf verschiedene Arten untergliedert werden. Die geschlechtsspezifischen Schwerpunktsetzungen für jede dieser Kategorien/Arten von Aufstiegsfortbildungen sollen im Folgenden aufgezeigt werden: So zeigen sich für die Kategorie 1 (öffentlich-rechtlich geregelt nach Handwerksordnung bzw. Berufsbildungsgesetz) insgesamt gesehen kaum geschlechtsspezifische Differenzen, betrachtet man jedoch die einzelnen Maßnahmen, werden große Unterschiede deutlich: Vier der acht Aufstiegsfortbildungsmaßnahmen der Kategorie 1 sind eindeutig frauendominiert (z. B. Bilanzbuchhalter und Fachwirt im Sozial- und Gesundheitswesen), während Aufstiegsfortbildungen zum Maschinen- und Anlagenführer, zum geprüften Verkehrsfachwirt sowie zur Dienstleistungsfachkraft hauptsächlich von Männern in Angriff genommen werden. Frauen und Männer beteiligen sich etwa zu gleichen Teilen an Aufstiegsfortbildungen zum Wirtschaftsfachwirt.

Die in Kategorie 2 öffentlich-rechtlichen Aufstiegsfortbildungen nach den Schulgesetzen der Bundesländer sind eindeutig männlich geprägt (durchschnittlich 90 Prozent). Besonders deutlich dominieren männliche Teilnehmer in Fortbildungen zum technischen Betriebswirt (97 Prozent) sowie zum staatlich geprüften Maschinenbautechniker (92 Prozent).

Im Gegensatz dazu werden die Aufstiegsfortbildungen der Kategorie 3 (öffentlich-rechtlich nach sonstigen Bundesgesetzen) überwiegend von Frauen in Anspruch genommen (durchschnittlich 81 Prozent). Weibliche Teilnehmer überwiegen in nahezu allen diesen Aufstiegsfortbildungen mit mindestens zwei Dritteln – mit Ausnahme der Weiterbildung zum Sozialwirt (siehe Abbildung 80).

Aufstiegsfortbildungen, die sich an privatrechtlichen Regelungen von Branchen- und Berufsverbänden orientieren und somit nach vertraglichen Regelungen zwischen Anbietern und Kunden erfolgen, wurden von Frauen und Männern im Jahr 2007 insgesamt nahezu gleich häufig genutzt, wobei sich dennoch deutliche fachlich-thematische Schwerpunktsetzungen erkennen lassen. Als besonders stark bis ausschließlich weiblich dominiert erweisen sich in dieser Kategorie beispielsweise die Fortbildungen zur „Fachkraft Handel" (100 Prozent) sowie zur „Fachkraft für soziale Dienstleistungen" (92,1 Prozent); mit mehr als drei Vierteln beteiligen sich Frauen auch an Fortbildungen zur „Stationsleitung" (88,6 Prozent) oder zur „Buchhaltungsfachkraft" (84 Prozent).

Als nahezu ausschließlich männlich dominiert hingegen erweisen sich unter anderem die Aufstiegsfortbildungsmaßnahmen zur „Elektrofachkraft für festgelegte Tätigkeiten" (100 Prozent) sowie zur „Lagerfachkraft" (90,5 Prozent). Ebenfalls klar männlich dominiert sind die Fortbildung zur „Projektmanagement-Fachkraft" (87,1 Prozent) sowie der Bereich „Handel, Versand, Logistik" (84,7 Prozent). Nahezu gleich verteilt nehmen Frauen und Männer an Aufstiegsfortbildungen zum „Fachberater im Elektronikfachmarkt" sowie zur „Fachkraft für Finanzdienstleistung" teil.

Insgesamt ist die Aufstiegsfortbildung keinesfalls männer- oder frauendominiert, es gibt aber jeweils eindeutige geschlechtsspezifische Schwerpunktsetzungen, die sich größtenteils durch inhaltliche Präferenzen erklären lassen.

Kapitel 9

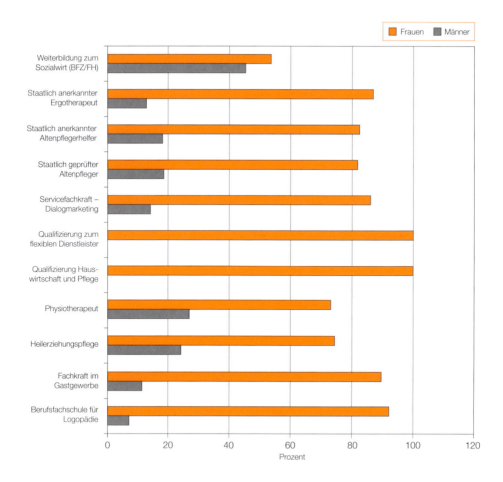

Abbildung 80: Teilnahme an öffentlich-rechtlich nach sonstigen Bundesgesetzen geregelten Aufstiegsfortbildungen von Frauen und Männern (Kategorie 3 – frauendominiert)

Fazit:

In der Bildungsphase „Weiterbildung" fallen die Geschlechterdifferenzen durchschnittlich sehr gering aus. Während sich die Benachteiligung der Männer hier vollkommen aufgehoben hat, werden bei einem näheren Blick Differenzen zum Nachteil der Frauen deutlich. Die Geburt des ersten Kindes gilt auch hier, wie in der Erwerbsbeteiligung (siehe Kapitel 2.1), als folgenreich für die Weiterbildungsbeteiligung und das -volumen. Weitere Unterschiede ergeben sich bei einer differentiellen Betrachtung der Weiterbildungsbereiche. Insgesamt beteiligen sich Frauen seltener an beruflicher Weiterbildung – besonders mit zunehmendem Lebensalter – jedoch nehmen sie häufiger allgemeine Weiterbildung in Anspruch als Männer. Als Barrieren für Weiterbildung werden von Frauen u. a. familiäre Gründe und von Männern häufiger berufliche Belastungen genannt. Auch die Teilnahme an den jeweiligen Aufstiegsfortbildungen zeigt geschlechtsspezifische Unterschiede auf: Die inhaltlichen Präferenzen von Frauen und Männern spiegeln eine geschlechtsspezifische Segregation wider, die sich bereits in der Berufswahl manifestiert hat (siehe Kapitel 7) und sich am Ende auch im Einkommen (siehe Kapitel 2.1) ausdrückt.

10 Handlungsempfehlungen an die Politik

Im Unterschied zur Bewältigung des gravierenden Bildungsgerechtigkeitsdefizits im deutschen Bildungssystem (vgl. vbw 2007) und im Unterschied zur Bewältigung der sich durch die Globalisierungsprozesse ergebenden Herausforderungen für das deutsche Bildungssystem (vgl. vbw 2008) zeigt die Analyse des Status quo hinsichtlich der Geschlechterdifferenz im deutschen Bildungssystem ein deutlich anderes Bild: Die seit den 1970er Jahren begonnenen Maßnahmen zur Reform von Erziehung, Bildung und Unterricht sowie der deutliche Bewusstseinswandel der Öffentlichkeit haben sehr gründliche Veränderungen für die Chancengerechtigkeit im Hinblick auf die Frage nach sich gezogen, ob eines der beiden Geschlechter bei der Bildungsbeteiligung und dem Bildungserfolg benachteiligt wird. Die noch vor 30 Jahren außerordentlich prekäre Situation von Mädchen und jungen Frauen kann heute schlicht nicht mehr konstatiert werden. Der Ausgleich, der inzwischen stattgefunden hat, lässt hinsichtlich seiner Wirkungen auf die Erwerbsbeteiligung von Frauen und ihren Aufstieg allerdings noch zu wünschen übrig. Reformen im Bildungssystem können hier aber nur einen Teil notwendiger Maßnahmen abdecken, deren Schwerpunkt im Beschäftigungssystem liegen dürfte. Die argumentative Verantwortungsverschiebung von einem Versagen des Beschäftigungssystems in Richtung Bildungssystem lässt sich hier empirisch nicht länger rechtfertigen. Demgegenüber deutet sich in einzelnen Feldern des Bildungssystems eine neue Entwicklung an, die sorgfältig beobachtet und gegebenenfalls in ihren Anfängen bereits bekämpft werden muss, damit sich über zwei bis drei Generationen hinweg nicht ein umgekehrter Benachteiligungseffekt ergibt. Dieses ist die Situation von Jungen und jungen Männern in Bezug auf Bildungs- und Erwerbschancen.

Diese Ausgangssituation lässt es ratsam erscheinen, die Handlungsempfehlungen im Wesentlichen entlang großer Interventionsbedarfe auszusprechen und hierfür konkrete Maßnahmen zu nennen, die sich keineswegs nur an das politische System, sondern auch an die Gesellschaft als Ganze richten, wenn beispielsweise das Verhalten von Eltern berührt wird.

Handlungsempfehlungen lassen sich im Wesentlichen in sieben Feldern definieren. Es sind dieses Empfehlungen für
- die Rekrutierung und die Ausbildung des pädagogischen Personals,
- die Elternarbeit,
- die Bildungsinhalte, d. h. Curricula und Lernmedien,
- den eigentlichen Unterricht und seine Methoden,
- die Bildungssteuerung,
- das Lernen und Arbeiten mit Kind sowie
- die Bildungsforschung.

In diesen sieben Interventionsfeldern gilt es, generelle, übergreifende Empfehlungen auszusprechen und auch solche, die sich schwerpunktmäßig auf einzelne Bildungsphasen richten.

10.1 Rekrutierung und Ausbildung des pädagogischen Personals

Durch die geschlechtsspezifische Ungleichverteilung des pädagogischen Personals – nämlich eine starke Unterrepräsentanz der Männer im Bereich der frühkindlichen Erziehung, des Kindergartens und der Primarschule und ein umgekehrtes Bild in der Hochschule – besteht die Gefahr einer Verfestigung von Stereotypen.

Die Vermittlung von Kompetenzen für einen fachkundigen Umgang mit Geschlechterdifferenzen wird in der Ausbildung des pädagogischen Personals bisher noch vernachlässigt.

> Es wird empfohlen, das Berufswahlverhalten für pädagogische Berufe so zu beeinflussen, dass quantitativ ein ausgeglichenes Verhältnis der Repräsentanz beider Geschlechter bei der Wahrnehmung pädagogischer Berufsrollen besteht.
> Eine Erhöhung des männlichen Anteils an pädagogischem Personal muss mit der Selbstreflexion aller Erzieher bezüglich eigener Rollenstereotype und einer Umstellung des Managements auf gemischtgeschlechtliche Teams einhergehen. In der Aus- und Fortbildung des pädagogischen Personals soll Gender-Kompetenz ein wesentlicher, obligatorischer Bestandteil sein.

Maßnahmen:
- Angleichung des Geschlechterverhältnisses in allen Bildungseinrichtungen,
- Schaffung eines Geschlechterausgleiches in Eigenverantwortung der jeweiligen Einrichtungen und Kontrolle durch systematische Datenerfassung von Seiten der staatlichen Behörden,
- Veränderung des femininen Images von pädagogischen Berufen und dadurch Entwicklung eines Qualifikationsprofils, das diese Berufe auch für Männer attraktiv macht,
- akademische Ausbildung des frühpädagogischen Personals und damit einhergehend eine bessere Entlohnung,
- Fachwissen über Unterschiede und Gemeinsamkeiten von Mädchen und Jungen sowie Gender-Bewusstsein als Bestandteil der Ausbildung von pädagogischem Personal, auch in den Fachdidaktiken,
- obligatorische Fortbildungen zum Thema „Gender",
- verstärkte Reflexion über Geschlechterrollen und -identität bei gemischtgeschlechtlichen Erzieherteams,
- Veränderungen des Managements von Bildungseinrichtungen bei Erhöhung des männlichen Personals, z. B. um geschlechtsstereotypes Verhalten durch rollenstereotype Arbeitsaufteilung nicht zu erzeugen.

10.2 Elternarbeit

Eine geschlechtsbewusste Erziehung und Bildung der nachwachsenden Generation liegt im Aufgabenbereich des pädagogischen Personals, in gleicher Weise aber auch in den Händen der Eltern. Sie spielen insbesondere in den frühen Bildungsphasen bei der Herausbildung zweier problematischer Erscheinungen eine wichtige Rolle: bei der Entwicklung einseitiger Rollenbilder und eines geringen Selbstwertes der Mädchen besonders in Bezug auf Mathematik und Naturwissenschaften.

Darüber hinaus gehören Eltern bei der Berufswahl zu den wichtigsten Ansprechpartnern ihrer Kinder und werden dieser bedeutenden Aufgabe teilweise – auch aus Unwissen über viele verschiedene Ausbildungswege – nicht gerecht.

> Es wird empfohlen, besonders in den ersten Bildungsphasen der Herausbildung geschlechtsspezifischer Selbstkonzepte und der Stereotypenbildung im alltäglichen Erziehungsgeschehen gezielt entgegenzuwirken sowie ein weibliches Selbstkonzept in klassischen Männerdomänen und umgekehrt zu stärken.
> In Zusammenarbeit mit dem pädagogischen Personal sollen Programme entwickelt werden, die das elterliche Bewusstsein mit dem Ziel stärken, die Geschlechterdifferenz in ihrem Erziehungsverhalten zu berücksichtigen. Eltern sollen unterstützt werden, die Berufswahl ihrer Kinder früh, bereits im Sekundarbereich, zu thematisieren und beratend zu begleiten.

Maßnahmen:
- Optimierung von Zusammenarbeit, Austausch, Kommunikation und Kooperation zwischen Kindergarten, Schule und Eltern,
- Einbindung der Eltern in Schulprojekte zur Durchbrechung der Stereotypenbildung, um Reflexionen der elterlichen Erziehung anzustoßen,
- ausdrückliche Forderung einer aktiven Teilnahme beider Elternteile an der Bildungslaufbahn ihrer Kinder durch Elternbriefe, persönlichen Kontakt etc.,
- aktivierende Elternarbeit durch die Anknüpfung an die Lebens- und Arbeitswelt der Eltern, beispielsweise durch die Vorstellung des Berufes des Vaters oder der Mutter in Kindergarten und Schule,
- Unterstützung und Information der Eltern z. B. durch Elternbriefe oder andere Beratungsmaßnahmen der Schulen, um sie zu befähigen, ihre Kinder bei der Berufswahl zu unterstützen,
- Zusammenarbeit der vorschulischen und schulischen Einrichtungen mit Handel, Handwerk und Industrie sowie der Agentur für Arbeit, Verbänden, Kammern, Hochschulen etc. zur frühen Information von Eltern und Schülern über Berufseinstiegsmöglichkeiten, Ausbildung und Studiengänge.

10.3 Bildungsinhalte – Curricula und Lernmedien

Die Bildungsinhalte und Unterrichtsmedien werden den geschlechtsspezifischen Interessen der Lerner nicht gerecht, indem sie sie häufig ignorieren oder umgekehrt einer Stereotypenbildung Vorschub leisten. Auf einer anderen Ebene setzt sich die mangelnde Motivationsorientierung von Lernangeboten im Hochschulbereich fort, wenn Studienpläne in zahlreichen Fächern eher die intellektuellen Interessen von jeweils einem Geschlecht bevorzugen.

> Es wird empfohlen, die Bildungsstandards aller Ausbildungseinrichtungen in den Bundesländern einer Revision mit dem Ziel zu unterziehen, die geschlechtsspezifischen Interessen beider Geschlechter zum Zwecke der Steigerung von Lernmotivation zu berücksichtigen und gleichzeitig einseitiger Stereotypenbildung entgegenzuwirken. Die Berufswahlberatung soll bereits vor der tertiären Phase im Sinne geschlechtsneutraler Begegnung mit Berufsbildern und -bezeichnungen, auch für weibliche Migranten, etabliert werden.

Maßnahmen:
- Systematische Erfassung und regelmäßige Überprüfung der Basiskompetenzen von Mädchen und Jungen,
- bewusster Umgang mit Medien durch kompetente Medienerziehung, um Stereotypen in Medien kritisch zu hinterfragen,
- Überprüfung von Unterrichtsmaterialien im Hinblick auf einseitige und z. T. realitätsfremde Rollenbilder, z. B. die einseitige Darstellung von Frauen in Mutter- und Hausfrauenrollen,
- Begegnung mit berufstätigen Frauen in mathematisch-naturwissenschaftlichen oder mit Männern in kulturell-sozialen Berufen, um geschlechtsspezifische Selbstkonzepte zu modifizieren und die Adäquanz unterschiedlicher Berufstätigkeiten für beide Geschlechter herauszuarbeiten,
- Verankerung von Berufsinformation und Berufsberatung bereits in den ersten Schuljahren,
- Etablierung eines Berufswahltagebuchs, in dem Berufswahlmotive in ihrem Wandel über mehrere Jahre, beginnend in der Sekundarstufe, dokumentiert und reflektiert werden, um Spontaneität und Zufall bei der Berufswahl von Jugendlichen zu vermeiden,
- bei der Umbenennung von Berufen implizite Verknüpfungen mit „männlichen" oder „weiblichen" Berufen bei bestimmten Berufsbezeichnungen berücksichtigen, z. B. um junge Frauen nicht an der Ergreifung technischer Berufe zu hindern,
- Konzeption von Studiengängen (z. B. in den MINT-Fächern), die mit Inhalten angereichert sind, die für Frauen interessant und ansprechend sind, z. B. soziale und kommunikative Elemente.

10.4 Unterricht

Der alltägliche Umgang des pädagogischen Personals mit Kindern, Jugendlichen und jungen Erwachsenen ist der Ort, an dem sich eine der Hauptursachen für geschlechtsspezifische Benachteiligungen herausbildet, die geschlechtsspezifische Stereotypisierung. Diese zeigt sich beispielsweise in geringerer Motivation und geringerem Interesse der Mädchen an Naturwissenschaften und der Jungen am Lesen.

Eine starke Benachteiligung der Jungen zeigt sich in der Erreichung einer Gymnasialempfehlung: Sie müssen in der Grundschule einen höheren Leistungsstand als Mädchen aufweisen. Für die bessere Bewertung der Mädchen wird das angepasstere, schulkonformere Verhalten der Mädchen verantwortlich gemacht: Sie gelten als „schulschlauer".

In der Weiterbildung ist der Unterrichtsstil der Lernweise und dem Vorwissen besonders älterer Frauen zu selten angepasst.

> Es wird empfohlen, Bewusstsein und Verhalten des pädagogischen Personals im Umgang mit beiden Geschlechtern zu modifizieren. Eine gleiche Bewertung von Mädchen und Jungen bei identischer Leistung muss gewährleistet sein.
> Auch ist im Weiterbildungsbereich der Tendenz entgegenzuwirken, dass Frauen höheren Alters vor einer Beteiligung an Weiterbildungsangeboten zurückschrecken, weil sie als ungeübte Lernerinnen Versagensbefürchtungen haben.

Maßnahmen:
- Lehreraus-, -fort- und -weiterbildung, unterstützt durch mikroanalytische Unterrichtsbetrachtungen sowie gezieltes Mikro-Training in Bezug auf den Umgang mit Mädchen und Jungen,
- Etablierung eines zertifizierten systematischen Erfassungssystems in den Schulen:
    - Evaluation des Gender-Aspekts durch die Schulinspektion,
    - Zielvereinbarungen zwischen Schulleiter und Lehrern (z. B. in Bezug auf den Anteil der Mädchen und Jungen in der Gruppe der schwachen Leser und Klassenwiederholer),
- Individualisierter Unterricht mit einem differentiellen Lernangebot und Methodenvielfalt:
    - Computergestützter Leseunterricht, um die Vorlieben der Jungen für Computer zu nutzen und Begeisterung fürs Lesen zu wecken,
    - kontextorientierter Unterricht in den Fächern Naturwissenschaften und Mathematik, um mehr Bezug auf die Lebenszusammenhänge zu nehmen und Mädchen stärker zu motivieren,
- Kein monoedukativer Unterricht, um den Differenzen zwischen den Geschlechtern zu begegnen; stattdessen sollten diese Unterschiede als Herausforderung für die Pädagogik begriffen werden (z. B. im naturwissenschaftlichen Unterricht sollte man angemessen auf die unterschiedlichen Verhaltensweisen von Mädchen und Jungen reagieren),
- Koedukation in temporären Sequenzen aufheben, wenn es nicht möglich ist, im Unterricht beide Geschlechter angemessen zu fördern,
- Bewusstseinsentwicklung der Lehrer dahingehend, dass Jungen bei gleicher Leistung nicht aufgrund ihres weniger angepassten Verhaltens in der Bewertung schlechter beurteilt werden dürfen,

- offener Unterrichtsstil aufgrund des unterschiedlichen Aktionsverhaltens von Mädchen und Jungen (z. B. Umgang mit geschlechterdifferenten Graden von Aufmerksamkeit und Unterschiede im Kommunikationsverhalten),
- Einführung eines Bewertungssystems, um das Arbeitsverhalten der Schüler (z. B. Engagement, Projektarbeit, Präsentationstechniken) zu erfassen und zu beurteilen mit dem Ziel, die Schlüsselqualifikationen zu fördern und ihren Einfluss auf die fachliche Beurteilung zu minimieren,
- Stärkung der Sozialkompetenzen von Jungen vor allem in der frühkindlichen Erziehung und der Schulsozialarbeit im Bereich von Vorschule und Primarschule,
- Ausbau von Ganztagsschulen, da diese mit entsprechender Programmatik bei der Umsetzung der oben genannten Aspekte unterstützend wirken können,
- Reduzierung der Versagensängste von ungeübten Lernern in der Weiterbildung (unter ihnen vor allem Frauen) durch neue Unterrichtsformen.

10.5 Bildungssteuerung

Eine geschlechtsspezifische Benotung oder Gymnasialempfehlung von Schülern verläuft meist unbewusst. Um ungerechte Struktureffekte von der Bildungsbeteiligung über den Erfolgsverlauf bis hin zum Allokationserfolg im weiterführenden System bzw. auf dem Arbeitsmarkt bewusst zu machen und das pädagogische Personal einer Einrichtung dazu zu veranlassen, sein Verhalten zu verändern, ist die Erfassung geschlechtsspezifischer Daten und das Treffen organisatorischer Vorkehrungen unabdingbar.

> Es wird empfohlen, die Erhebung institutionsinterner Daten, deren Veröffentlichung und die Diskussion relevanter Gender-Daten obligatorisch zu machen.
> Gender muss zur selbstverständlichen Führungsaufgabe in allen pädagogischen Einrichtungen werden.
> Im Weiterbildungsbereich wird dafür zu sorgen sein, dass die Weiterbildungsbeteiligung bei bestimmten Angeboten, etwa im Zusammenhang der beruflichen Weiterbildung, geschlechtsunspezifisch stattfindet.

Maßnahmen:
- Etablierung eines genderspezifischen Monitoring-Systems in Bildungseinrichtungen:
  - Erfassung geschlechtsspezifischer Daten (beispielsweise die Übertrittsquoten von Mädchen und Jungen) durch die zuständige staatliche Stelle und gegebenenfalls durch die Schulen,
  - Veränderung des Verhaltens aufgrund der gewonnenen Erkenntnisse,
  - grundsätzliche Offenlegung aller auf Schulebene erhobenen Daten für die Steuerung der Systeme,
  - zur-Verfügung-Stellen der Daten durch die zuständige staatliche Stelle und steuerungstechnisches Nutzen der Daten,
- Zielvereinbarungen in Bezug auf den Umgang mit Geschlechterdifferenzen z. B. zwischen Schulleiter und einzelnen Lehrern und zwischen Bezirk und Schule,

- Zielvereinbarungen in Bezug auf Familienfreundlichkeit, Erhöhung des Frauenanteils etc. innerhalb der Universitäten und zwischen universitären Einrichtungen,
- Erhöhung des Frauenanteils an privaten Hochschulen durch die Vergabe von Stipendien,
- Ermutigung und Unterstützung qualifizierter junger Frauen auf dem Weg zur Professur,
- Steigerung des Frauenanteils an beruflicher Weiterbildung, besonders auch beim Wiedereinstieg in den Beruf, durch aktive Werbung und Förderung auch von Seiten der Unternehmen.

10.6 Lernen und Arbeiten mit Kind

Die Bildungsbeteiligung im Hochschulbereich sowie im Weiterbildungssektor sinkt bei Frauen nach der Geburt des ersten Kindes enorm. Das unzureichende Angebot an Kinderbetreuungsmöglichkeiten wirkt sich negativ auf Erwerbsbeteiligung und Entlohnung von Frauen aus.

> **Es wird empfohlen, die Eltern, die sich in der Ausbildungsphase, aber auch in Weiterbildungsmaßnahmen befinden, durch eine flexible Kinderbetreuung zu unterstützen. Die Institutionen sind dafür verantwortlich, dass das Arbeiten und das Lernen, hier insbesondere das Studieren mit Kindern, nicht nur erleichtert, sondern zu einer Selbstverständlichkeit wird.**

Maßnahmen:
- Etablierung eines bundesweiten Programms „Lernen und Studieren mit Kind", das Mütter und Väter durch weit reichende und flexible Kinderbetreuung unterstützt,
- Ausbau von flexiblen Kinderbetreuungsmöglichkeiten von der Kinderkrippe bis zur ganztägigen Betreuung von Schulkindern,
- Förderung flexibler Arbeitsformen und -zeiten zur Erleichterung eines schnellen und problemlosen Wiedereinstiegs von Frauen in das Berufsleben,
- Förderung der Vereinbarkeit von Beruf und Familie im Weiterbildungssektor durch Maßnahmen der Arbeitgeber.

10.7 Bildungsforschung

Die erreichte hohe Wahrnehmungsbereitschaft der wissenschaftlichen Öffentlichkeit für das Thema Geschlechterdifferenz hat eine unüberschaubare Zahl von Untersuchungen und Interventionsmaßnahmen hervorgebracht. Allerdings sind, womöglich aus dem gleichen motivationalen Grunde, zwei Forschungsbereiche nahezu systematisch vernachlässigt worden: die wachsende Benachteiligung von Jungen bzw. männlichen Lernern sowie eine Evaluation der zahllosen Interventionsmaßnahmen in den unterschiedlichen Phasen des Bildungsprozesses.

> **Es wird empfohlen, Forschungsprogramme zu den Implikationen der Geschlechterdifferenz im Bildungssystem aufzulegen.**
> **Pädagogische Konzepte sollen entwickelt werden, um neu entstehenden Ungleichheiten zu begegnen und Evaluationsprojekte im Hinblick auf die Wirksamkeit von Interventionsmaßnahmen im Bereich der Geschlechterdifferenz zu fördern.**

Maßnahmen:
- Forschungsprogramme mit unterschiedlichen Schwerpunkten innerhalb des Bildungsverlaufs, z. B. Folgen des hohen Feminisierungsgrades in pädagogischen Berufen vor allem in den frühen Bildungsstufen, Ursachenanalyse der Benachteiligung von Jungen in der Schule, fachbezogene Geschlechterforschung (z. B. Studien über die Wirkung eines computergestützten Leseunterrichts auf die Leseleistungen der Jungen),
- Einführung eines Gleichstellungsindex, der vergleichbare Aussagen über die paritätische Teilhabe von Frauen auf dem Arbeitsmarkt anhand ausgewiesener Indikatoren ermöglicht,
- Evaluationsforschung, um die Wirksamkeit von Interventionsmaßnahmen adäquat und mit vergleichbaren Methoden zu überprüfen,
- weitere Etablierung von Gender-Lehrstühlen und damit Erstellung eines Forschungsprofils.

Literatur

Abele, A. E./Schute, M./Andrä, M. S. (1999): Ingenieurin versus Pädagoge: Berufliche Werthaltungen nach Beendigung des Studiums. In: Zeitschrift für Pädagogische Psychologie, 13. Jg., H. 1/2, S. 84–99.

Achatz, J. (2005): Geschlechtsspezifische Segregation im Arbeitsmarkt. In: Abraham, M./Thomas, H. (Hrsg.): Arbeitsmarktsoziologie. – Wiesbaden: VS Verlag für Sozialwissenschaften, S. 262–301.

Acker, J. (1973): Women and Social Stratification: A Case of Intellectual Sexism. In: American Journal of Sociology, Vol. 78, No. 4, pp. 936–945.

Ahnert u. a. 2006 = Ahnert, L./Pinquart, M./Lamb, M. E. (2006): Security of Children's Relationships With Nonparental Care Providers: A Meta-Analysis. In: Child Development, Vol. 77, No. 3, pp. 664–679.

Ahnert, L. (2007): Von der Mutter-Kind- zur Erzieherin-Kind-Bindung? In: Becker-Stoll, F./Textor, M. R. (Hrsg.): Die Erzieherin-Kind-Beziehung. Zentrum von Bildung und Erziehung. – Berlin: Cornelsen Scriptor, S. 31–41.

Ahnert, L. (2008): Frühe Bildung im Wechselspiel von familiärer und institutioneller Betreuung (Vortrag auf der 5. Münchner Tagung für Familienpsychologie am 15./16. Februar 2008). – München.

Ahnert, L./Pinquart, M./Lamb, M. E. (2006): Security of Children's Relationships With Nonparental Care Providers: A Meta-Analysis. In: Child Development, Vol. 77, No. 3, pp. 664–679.

Allmendinger, J. (2000): Wandel von Erwerbs- und Lebensverläufen und die Ungleichheit zwischen den Geschlechtern im Alterseinkommen. In: Schmähl, W./Michaelis, K. (Hrsg.): Alterssicherung von Frauen: Leitbilder, gesellschaftlicher Wandel und Reformen. – Opladen: Westdeutscher Verlag, S. 61–80.

Arbeitskreis Einstieg (Hrsg.) (2006): Hamburger Studie: Berufswahl in Hamburg 2004. Eine Umfrage unter Hamburger Schülerinnen und Schülern. – Hamburg.

Bader, K. (1981): Institutionalisierte Mütterlichkeit. Fünf Thesen zum Erzieherinnenbewusstsein. In: Krüger, H./Rabe-Kleberg, U. (Hrsg.): Qualifikationen für Erzieherarbeit. Band 1: Anforderungen, Veränderungen und Kritik. – München: Deutsches Jugendinstitut, S. 287–295.

Bargh, J. A. (1997): The automaticity of everyday life. In: Wyer, R. S. (Eds.): The automaticity of everyday life. Advances in social cognition. – Vol. 10 – Mahwah, NJ: Erlbaum, pp. 1–61.

Literatur

Barz, H./Tippelt, R. (Hrsg.) (2004a): Weiterbildung und soziale Milieus in Deutschland. Band 2: Adressaten- und Milieuforschung zu Weiterbildungsverhalten und -interessen. – Bielefeld: Bertelsmann.

Barz, H./Tippelt, R. (Hrsg.) (2004b): Weiterbildung und soziale Milieus in Deutschland. Band 1: Praxishandbuch Milieumarketing. – Bielefeld: Bertelsmann.

Baumert u. a. 2001 = Baumert, J./Klieme, E./Neubrand, M./Prenzel, M./Schiefele, U./ Schneider, W./Stanat, P./Tillmann, K.-J./Weiß, M. (Hrsg.) (2001): PISA 2000. Basiskompetenzen von Schülerinnen und Schülern im internationalen Vergleich. – Opladen: Leske + Budrich.

Bayerisches Staatsministerium für Arbeit und Sozialordnung, Familie und Frauen (StMAS)/ Staatsinstitut für Frühpädagogik (IFP) (2006): Der Bayerische Bildungs- und Erziehungsplan für Kinder in Tageseinrichtungen bis zur Einschulung. – Weinheim: Beltz.

Beblo, M./Wolf, E. (2003): Sind es die Erwerbsunterbrechungen? Ein Erklärungsbeitrag zum Lohnunterschied zwischen Frauen und Männern in Deutschland. In: Mitteilungen aus der Arbeitsmarkt- und Berufsforschung, 36. Jg., H. 4, S. 560–572.

Bischoff, T. von (1872): Das Studium und die Ausübung der Medizin durch Frauen. – München: Literarisch-Artistische Anstalt (Th. Riedel).

Blank-Mathieu, M. (2006): Kinder sind Jungen und Mädchen. Anregungen für einen geschlechtssensiblen Kita-Alltag. In: Theorie und Praxis der Sozialpädagogik, H. 8, S. 32–37.

Bleier, R. (1984): Science and Gender. A Critique of Biology and its Theories on Women. – New York: Pergamon Press.

Blossfeld, H.-P. (1985): Bildungsexpansion und Berufschancen. Empirische Analysen zur Lage der Berufsanfänger in der Bundesrepublik. – Frankfurt a. M./New York: Campus Verlag.

Blossfeld, H.-P./Drobnič, S. (Hrsg.) (2001): Careers of couples in contemporary societies. A cross-national comparison of the transition from male breadwinner to dual-earner families. – Oxford: University Press.

Blossfeld, H.-P./Hakim, C. (1997): Between equalization and marginalization. Part-time working women in Europe and the United States of America. – Oxford: University Press.

Blossfeld, H.-P./Hofmeister, H. (2006): Globalization, Uncertainty and Women's Careers: An International Comparison. – UK/Cheltenham, USA/Northampton, MA: Edward Elgar.

Blossfeld, H.-P./Timm, A. (1997): Der Einfluss des Bildungssystems auf den Heiratsmarkt. Eine Längsschnittanalyse der Wahl des ersten Ehepartners im Lebenslauf. In: Kölner Zeitschrift für Soziologie und Sozialpsychologie, 49. Jg., H. 3, S. 440–476.

Blossfeld, H.-P./Timm, A. (2003): Who Marries Whom? Educational Systems as Marriage Markets in Modern Societies. A Comparison of Thirteen Countries. European Studies of Population. – Dodrecht (NL): Kluwer Academic Publishers.

Blumberg, R. L. (1984): A general theory of gender stratification. In: Collins, R. (Eds.): Sociological Theory. – San Francisco, CA: Jossey-Bass, pp. 23–101.

Borch, H./Weissmann, H. (2000): Erfolgsgeschichte IT-Berufe. In: Berufsbildung in Wissenschaft und Praxis (BWP), 29. Jg., H. 6, S. 10.

Bos u. a. 2003 = Bos, W./Lankes, E.-M./Prenzel, M./Schwippert, K./Walther, G./Valtin, R. (2003): IGLU – ein kooperatives internationales Projekt. In: Bos, W./Lankes, E.-M./Prenzel, M./Schwippert, K./Walther, G./Valtin, R. (Hrsg.): Erste Ergebnisse aus IGLU. Schülerleistungen am Ende der vierten Jahrgangsstufe im internationalen Vergleich. – Münster: Waxmann, S. 1–6.

Bos u. a. 2004 = Bos, W./Lankes, E.-M./Prenzel, M./Schwippert, K./Valtin, R./Walther, G. (Hrsg.) (2004): IGLU. Einige Länder der Bundesrepublik Deutschland im nationalen und internationalen Vergleich. – Münster: Waxmann.

Bos u. a. 2005 = Bos, W./Lankes, E.-M./Prenzel, M./Schwippert, K./Valtin, R./Walther, G. (Hrsg.) (2005): IGLU. Vertiefende Analysen zu Leseverständnis, Rahmenbedingungen und Zusatzstudien. – Münster: Waxmann.

Bos u. a. 2007 = Bos, W./Hornberg, S./Arnold, K.-H./Faust, G./Fried, L./Lankes, E.-M./Schwippert, K./Valtin, R. (Hrsg.) (2007): IGLU 2006. Lesekompetenzen von Grundschulkindern in Deutschland im internationalen Vergleich. – Münster: Waxmann.

Bos u. a. 2008a = Bos, W./Hornberg, S./Arnold, K.-H./Faust, G./Fried, L./Lankes, E.-M./Schwippert, K./Vatlin, R. (Hrsg.) (2008): IGLU-E 2006. Die Länder der Bundesrepublik Deutschland im nationalen und internationalen Vergleich. – Münster: Waxmann.

Bos u. a. 2008b = Bos, W./Bonsen, M./Baumert, J./Prenzel, M./Walther, G. (Hrsg.) (2008): TIMSS 2007. Mathematische und naturwissenschaftliche Kompetenzen von Grundschulkindern in Deutschland im internationalen Vergleich. – Münster: Waxmann.

Bowlby, J. (1969): Attachment and loss. – London: Hogarth.

Buchholz, S./Grunow, D. (2006): Women's employment in West Germany. In: Blossfeld, H.-P./Hofmeister, H. (Hrsg.): Globalization, Uncertainty and Women's Careers. An International Comparison. – UK/Cheltenham, USA/Northampton, MA: Edward Elgar, pp. 61–83.

Buchmann, C./DiPrete, T. A. (2006): The Growing Female Advantage in College Completion: The Role of Family Background and Academic Achievement. In: American Sociological Review, Vol. 71, No. 4, pp. 515–541.

Bundesministerium für Bildung und Forschung (BMBF) (2005): Berufliche Qualifizierung Jugendlicher mit besonderem Förderbedarf: Benachteiligtenförderung. – Bonn/Berlin.

Bundesministerium für Bildung und Forschung (BMBF) (2006): Berichtssystem Weiterbildung IX. Integrierter Gesamtbericht. – Bonn.

Bundesministerium für Bildung und Forschung (BMBF) (2008): Berufsbildungsbericht 2008 – Vorversion. – Berlin.

Bundesministerium für Familie, Senioren, Frauen und Jugend (BMFSFJ) (2004): Elternzeit wird breit angenommen. – Berlin.

Bundesministerium für Familie, Senioren, Frauen und Jugend (BMFSFJ) (2005): Gender-Datenreport. 1. Report zur Gleichstellung von Frauen und Männern in der Bundesrepublik Deutschland, 2. Fassung. – München.

Bundesministerium für Inneres (BMI) (2007): Frauen und Migration – Die Integration von Frauen mit Migrationshintergrund in der Bundesrepublik Deutschland. – URL: http://www.bmi.bund.de/Internet/Content/Common/Anlagen/Themen/Zuwanderung Integration/Grosse__Anfrage__Frauen__und__Migration,templateId=raw,property=pub licationFile.pdf/Grosse_Anfrage_Frauen_und_Migration.pdf – Download vom 22.06.2008.

Bundeszentrale für politische Bildung (2005): Die soziale Situation in Deutschland. – URL: http://www.bpb.de/wissen/37OUAU,0,0,Die_soziale_Situation_in_Deutschland.html – Download vom 22.11.2008.

Bund-Länder-Kommission (2003): Perspektiven für die duale Bildung im tertiären Bereich, H. 110. – Bonn.

Busch, A./Holst, E. (2008): „Gender Pay Gap": In Großstädten geringer als auf dem Land. In: DIW-Wochenbericht, H. 33, S. 462–468.

Bussey, K./Bandura, A. (1984): Influence of gender constancy, social power, and sex-linked modeling. In: Journal of Personality and Social Psychology, Vol. 47, No. 6, pp. 1292–1302.

Coltheart, M. (2006): What has functional neuroimaging told us about the mind (so far)? In: Cortex, Vol. 42, No. 3, pp. 323–331.

Cornelißen, W./Dressel, C./Lohel, V. (2005): Erwerbseinkommen von Frauen und Männern. In: Cornelißen, W. (Hrsg.): Gender-Datenreport: 1. Datenreport zur Gleichstellung von Frauen und Männern in der Bundesrepublik Deutschland. – München.

Cortina u. a. 2003 = Cortina, K. S./Baumert, J./Leschinsky, A./Mayer, K. U. (2003): Das Bildungswesen in der Bundesrepublik Deutschland. Strukturen und Entwicklungen im Überblick. – Reinbeck: Rowohlt.

Cross, S. E./Madson, L. (1997): Models of the self: Self-construals and gender. In: Psychological Bulletin, Vol. 122, No. 1, pp. 5–37.

Deaux, K./Kite, M. (1993): Gender stereotypes. In: Denmark, F. L./Paludi, M. A. (Eds.): Psychology of women: A handbook of issues and theories. – Westport, CT: Greenwood Press, pp. 107–139.

Derichs-Kunstmann, K./Müthing, B. (1993): Frauen lernen anders. Theorie und Praxis der Weiterbildung für Frauen. – Bielefeld: Kleine.

Deutsches Jugendinstitut (DJI)/Dortmunder Arbeitsstelle Kinder- und Jugendhilfestatistik (Hrsg.) (2008): Zahlenspiegel 2007. Kindertagesbetreuung im Spiegel der Statistik. München: Deutsches Jugendinstitut. – URL: http://www.bmfsfj.de/bmfsfj/generator/RedaktionBMFSFJ/Abteilung5/Pdf-Anlagen/Zahlenspiegel2007,property=pdf,bereich=,sprache=de,rwb=true.pdf – Download vom 10.09.2008.

Dietzen, A./Westhoff, G. (2001): Qualifikation und Perspektiven junger Frauen in den neuen Berufen der Informations- und Kommunikationstechnologie. In: Berufsbildung in Wissenschaft und Praxis (BWP), 30. Jg., H. 6, S. 26–30.

Diskowski, D. (2008): Bildungspläne für Kindertagesstätten – ein neues und noch unbegriffenes Steuerungsinstrument. In: Zeitschrift für Erziehungswissenschaft, Sonderheft 11, S. 47–61.

Dornheim, D. (2008): Prädiktion von Rechenleistung und Rechenschwäche: Der Beitrag von Zahlen-Vorwissen und allgemein-kognitiven Fähigkeiten. – Berlin: Logos.

Drechsel, B./Artelt, C. (2007): Lesekompetenz. In: Prenzel, M./Artelt, C./Baumert, J./Blum, W./Hammann, M./Klieme, E./Pekrun, R. (Hrsg.): PISA 2006. Die Ergebnisse der dritten internationalen Vergleichsstudie. – Münster: Waxmann, S. 226–247.

Ehmke, T./Baumert, J. (2007): Soziale Herkunft und Kompetenzerwerb: Vergleiche zwischen PISA 2000, 2003 und 2006. In: Prenzel, M./Artelt, C./Baumert, J./Blum, W./Hammann, M./Klieme, E./Pekrun, R. (Hrsg.): PISA 2006. Die Ergebnisse der dritten internationalen Vergleichsstudie. – Münster: Waxmann, S. 309–335.

Ehmke, T./Drechsel, B./Carstensen, C. H. (2008): Klassenwiederholen in PISA-I-plus. Was lernen Sitzenbleiber in Mathematik dazu? In: Zeitschrift für Erziehungswissenschaft, 11. Jg., H. 3, S. 368–388.

Einsiedler, W. (1999): Das Spiel der Kinder. Zur Pädagogik und Psychologie des Kinderspiels. – Bad Heilbrunn: Klinkhardt.

Eliot, L. (2001): Was geht da drinnen vor? Die Gehirnentwicklung in den ersten fünf Lebensjahren. – Berlin: Berlin Verlag.

Esping-Andersen, G. (1999): Social foundations of post-industrial economies. – Oxford: University Press.

Etaugh, C./Liss, M. B. (1992): Home, school, and playroom: Training ground for adult gender roles. In: Sex Roles, Vol. 26, No. 3/4, pp. 129 – 147.

Europäischer Rat (2000): Entschließung des Rates und der im Rat vereinigten Minister für Beschäftigung und Sozialpolitik vom 29. Juni 2000 über eine ausgewogenen Teilhabe von Männern und Frauen am Berufs- und Familienleben (Amtsblatt C 218 vom 31. Juli 2000). – URL: http://europa.eu/scadplus/leg/de/cha/c10917.htm – Download vom 22.11.2008.

Eurostat (2008): Langfristindikatoren. – URL: http://epp.eurostat.ec.europa.eu – Download vom 02.03.2008.

Fagot, B. I. (1991): Peer relations in boys and girls from two to seven (Vortrag auf der zweijährlich stattfindenden Konferenz der Society for Research in Child Development). – USA/Seattle.

Falk, S. (2002): Geschlechtsspezifische berufliche Segregation in Ostdeutschland zwischen Persistenz, Verdrängung und Angleichung. Ein Vergleich mit Westdeutschland für die Jahre 1991–2000. In: Mitteilungen aus der Arbeitsmarkt- und Berufsforschung, 35. Jg., H. 1, S. 37 – 59.

Faulstich-Wieland, H. (2006): Geschlechtsbewusste Erziehung. In: Fried, L./Roux, S. (Hrsg.): Pädagogik der frühen Kindheit. Handbuch und Nachschlagewerk. – Weinheim: Beltz, S. 223 – 229.

Faulstich-Wieland, H. (2008): Begleitung frühkindlicher Bildungsprozesse und Geschlechterdifferenz. In: Thole, W./Rossbach, H.-G./Fölling-Albers, M./Tippelt, R. (Hrsg.): Bildung und Kindheit. Pädagogik der Frühen Kindheit in Wissenschaft und Lehre. – Opladen: Barbara Budrich, S. 195 – 202.

Fausto-Sterling, A. (1988): Gefangene des Geschlechts? (Engl. Original 1985.) – München: Piper.

Feingold, A. (1988): Cognitive gender differences are disappearing. In: American Psychologist, Vol. 43, No. 2, pp. 95 – 103.

Feingold, A. (1993): Cognitive gender differences: A developmental perspective. In: Sex Roles, Vol. 29, No. 1/2, pp. 91 – 112.

Felden, H. von (2004): Von der Frauenbildung über das Gender Mainstreaming zur Genderkompetenz. Geschlecht als Kategorie in der Erwachsenenbildung. In: REPORT, 27. Jg., H. 3, S. 40 – 47.

Feldmann, K. (2006): Soziologie kompakt. Eine Einführung. – Wiesbaden: VS Verlag für Sozialwissenschaften.

Fichtner, N. (2008): Nachhilfe für die Hauptschulen. In: Financial Times Deutschland. – Berlin: Financial Times Deutschland GmbH & Co. KG.

Fiske, S. T./Stevens, L. E. (1993): What's so special about sex? Gender stereotyping and discrimination. In: Oskamp, S./Costanzo, M. (Eds.): Gender issues in contemporary society. – Newbury Park, CA: Sage, pp. 173 – 196.

Focus Online (2006): Mädchen erfolgreicher als Jungen. – URL: http://www.focus.de/jobs/diverses/ausbildung_aid_116384.htlm – Download vom 26.08.2008.

Fraser u. a. 1987 = Fraser, B. J./Walberg, H. J./Welch, W. W./Hattie, J. A. (1987): Synthesis of Educational Productivity Research. In: International Journal of Educational Research, Vol. 11, No. 2, pp. 145 – 252.

Frauen geben Technik neue Impulse e. V. (2005): Männer und Frauen in IT-Ausbildung und Beruf – Die Phasen der Berufsorientierung. – Bielefeld.

Frey u. a. 2007 = Frey, A./Asseburg, R./Carstensen, C. H./Ehmke, T./Blum, W. (2007): Mathematische Kompetenz. In: Prenzel, M./Artelt, C./Baumert, J./Blum, W./Hammann, M./Klieme, E./Pekrun, R. (Hrsg.): PISA 2006. Die Ergebnisse der dritten internationalen Vergleichsstudie. – Münster: Waxmann, S. 249 – 276.

Friebel, H. (2006): Bildung im Lebenszusammenhang – Doing gender. In: WSI-Mitteilungen, 59. Jg., H. 3, S. 144 – 149.

Friebel, H. (2007): Familiengründung als Sollbruchstelle? Interaktion von Elternschaft und Weiterbildungsteilnahme. In: DIE Zeitschrift für Erwachsenenbildung, 14. Jg., H. 3, S. 42 – 46.

Fried, L. (2001): Jungen und Mädchen im Kindergarten. Jüngere Forschungen aus der Perspektive von Erzieherinnen, Eltern und Kindern. In: KiTa spezial, Sonderheft 2, S. 10 – 12.

Fröbel, F. W. A. (1986): „Kommt, lasst uns unsern Kindern leben!" Aus dem pädagogischen Werk eines Menschenziehers. In: Boldt, R./Knechtel, E./König, H. (Hrsg.) – Bd. 3 – Berlin: Volk und Wissen.

Geißler, R. (2002): Die Sozialstruktur Deutschlands. Die gesellschaftliche Entwicklung vor und nach der Vereinigung. – Bonn: Bundeszentrale für politische Bildung.

Geißler, R. (2005). Die Metamorphose der Arbeitertochter zum Migrantensohn. In: Berger, P. A./Kahlert, H. (Hrsg.): Institutionalisierte Ungleichheiten. – Weinheim: Juventa, S. 71 – 100.

Geißler, R. (2006): Die Sozialstruktur Deutschlands. – Wiesbaden: VS Verlag für Sozialwissenschaften.

Glüer, M./Wolter, I./Hannover, B. (2008): Erzieherin-Kind-Bindung und vorschulischer Kompetenzerwerb (Poster auf dem 21. Kongress der Deutschen Gesellschaft für Erziehungswissenschaft). – Dresden.

Granato, M. (2006a): Chancengleichheit in der beruflichen Ausbildung für die bestgebildete Generation junger Frauen in Deutschland? In: Granato, M./Degen, U. (Hrsg.): Berufliche Bildung von Frauen. – Bielefeld: Bertelsmann, S. 115 – 135.

Granato, M. (2006b): Junge Frauen mit Migrationshintergrund – wenig Aussichten auf eine berufliche Ausbildung? In: Granato, M./Degen, U. (Hrsg.): Berufliche Bildung von Frauen. – Bielefeld: Bertelsmann, S. 98 – 114.

Granato, M./Dorau, R. (2006): Junge Frauen und Männer an der zweiten Schwelle – ein Vergleich dualer Ausbildungsabsolventen. In: Granato, M./Degen, U. (Hrsg.): Berufliche Bildung von Frauen. – Bielefeld: Bertelsmann, S. 165 – 181.

Grossmann, K. E./Kindler, H. (2001): Differential influences on girls' and boys' attachment development. Xth European Conference on Developmental Psychology. – Uppsala, Sweden.

Güntürkün, O./Hausmann, M. (2007): Funktionelle Hirnorganisation. In: Lauterbach, S./Güntürkün, O./Hausmann, M. (Hrsg.): Gehirn und Geschlecht. Neurowissenschaft des kleinen Unterschieds zwischen Frau und Mann. – Heidelberg: Springer Verlag, S. 87 – 123.

Hachmeister, C.-D./Harde, M./Langer, M. (2007): Einflussfaktoren der Studienentscheidung – Eine empirische Studie von CHE und EINSTIEG. CHE-Arbeitspapier Nr. 95. – URL: www.che.de/downloads/Einfluss_auf_Studienentscheidung_AP95.pdf. – Download vom 15.06.2008.

Hall, J. A./Carter, J. D. (1999): Gender-stereotype accuracy as an individual difference. In: Journal of Personality and Social Psychology, Vol. 77, No. 2, pp. 350 – 359.

Hamann, S./Canli, T. (2004): Individual differences in emotion processing. In: Current Opinion in Neurobiology, Vol. 14, No. 2, pp. 233 – 238.

Handl, J./Steinmetz, S. (2007): Lessons from social mobility research: could the index discussion in occupational sex segregation benefit? In: Scherer, S./Pollack, R./Otte, G./ Gangl, M. (Eds.): From origin to destination. – Frankfurt a. M.: Campus Verlag, pp. 246 – 275.

Hannover, B. (1997): Das dynamische Selbst. Zur Kontextabhängigkeit selbstbezogenen Wissens. – Bern: Huber.

Hannover, B. (2000): Development of the self in gendered contexts. In: Eckes, T./Trautner, H. M. (Eds.): The developmental social psychology of gender. – Hillsdale, NJ: Erlbaum, pp. 177 – 206.

Hannover, B./Kühnen, U. (2008): Culture and social cognition in human interaction. In: Strack, F./ Förster, J. (Eds.): Social cognition – the basis of human interaction. – London: Taylor & Francis Psychology Press, pp. 297 – 315.

Hannover, B./Schmidthals, K. (2007): Geschlechtsdifferenzen in der Entwicklung. In: Hasselhorn, M./Schneider, W. (Hrsg.): Handbuch der Entwicklungspsychologie. – Göttingen: Hogrefe, S. 419 – 428.

Hart, B./Hart, L./Pinter-Wollman, N. (2008): Large brains and cognition: Where do elephants fit in? In: Neuroscience & Biobehavioral Reviews, Vol. 32, No.1, pp. 86 – 98.

Hartmann, W. (2000): Geschlechterunterschiede beim kindlichen Spiel. In: Hoppe-Graff, S./ Oerter, R. (Hrsg.): Spielen und Fernsehen. Über die Zusammenhänge von Spiel und Medien in der Welt des Kindes. – Weinheim/München: Juventa.

Hedges, L. V./Nowell, A. (1995): Sex differences in mental test scores, variability, and numbers of high scoring individuals. In: Science, Vol. 269, No. 5220, pp. 41 – 45.

Heine, C./Krawietz, M./Sommer, D. (2008): Studienanfänger im Wintersemester 2006/2007: Wege zum Studium, Studien- und Hochschulwahl, Situation bei Studienbeginn. – Hannover: Hochschul-Informations-System (HIS).

Henz, U./Maas, I. (1995): Chancengleichheit durch die Bildungsexpansion? In: Kölner Zeitschrift für Soziologie und Sozialpsychologie, 47. Jg., H. 4, S. 605 – 633.

Hessisches Ministerium für Wissenschaft und Kunst (2008). – URL: http://www.berufswahl.de/index.aspx?anzeige=0&f=7_4_5_4_0_0_0_content_01.asp – Download vom 20.08.2008.

Hochschul-Informations-System (HIS) (2008): Die Entwicklung der Schwund- und Studienabbruchquoten an deutschen Hochschulen: Statistische Berechnungen auf der Basis des Absolventenjahrgangs 2006. – Hannover.

Literatur

Hofäcker, D. (2006): Women's employment in times of globalization: a comparative overview. In: Blossfeld, H.-P./Hofmeister, H. (Eds.): Globalization, Uncertainty and Women's Careers. An International Comparison. – UK/Cheltenham, USA/Northampton, MA: Edward Elgar, S. 32–58.

Hofäcker, D. (2007): Väter im internationalen Vergleich. In: Mühling, T./Rost, H. (Hrsg.): Väter im Blickpunkt: Perspektiven der Familienforschung. – Opladen, Farmington Hills: Barbara Budrich, S. 161–204.

Hoose, D./Vorholt, D. (1996): Sicher sind wir wichtig – irgendwie!? Der Einfluss von Eltern auf das Berufswahlverhalten von Mädchen. In: Senatsamt für die Gleichstellung (Hrsg.). – Hamburg.

Hornberg u. a. 2007 = Hornberg, S./Bos, W./Buddeberg, I./Potthoff, B./Stubbe, T. C. (2007): Anlage und Durchführung von IGLU 2006. In: Bos, W./Hornberg, S./Arnold, K.-H./Faust, G./Fried, L./Lankes, E.-M./Schwippert, K./Valtin, R. (Hrsg.): IGLU 2006. Lesekompetenzen von Grundschulkindern in Deutschland im internationalen Vergleich. – Münster: Waxmann, S. 21–45.

Horstkemper-Tillmann, M./Wagner-Winterhage, L. (1990): Mädchen und Jungen – Männer und Frauen in der Schule. – Weinheim: Juventa.

Howes, C./Phillipsen, L. (1992): Gender and friendship. Relationships within peer groups of young children. In: Social Development, Vol. 1, No. 3, pp. 230–242.

Huttenlocher, P. (1990): Morphometric study of human cerebral cortex development. In: Neuropsychologia, Vol. 28, No. 6, pp. 517–527.

Hyde, J. (2005): The gender similarities hypothesis. In: American Psychologist, Vol. 60, No. 6, pp. 581–592.

Hyde, J. S. (1986): Gender differences in aggression. In: Hyde, J. S./Linn, M. C. (Eds.): The psychology of gender. Advances through meta-analysis. – Baltimore: John Hopkins University Press, pp. 51–66.

Hyde, J. S./Fennema, E./Lamon, S. J. (1990): Gender differences in mathematics performance: A meta-analysis. In: Psychological Bulletin, Vol. 107, No. 2, pp. 139–155.

Hyde, J. S./Frost, L. A. (1993): Meta-analysis in the psychology of women. In: Denmark, F. L./Paludi, M. A. (Eds.): Psychology of women: A handbook of issues and theories. – Westport, CT: Greenwood Press, pp. 67–103.

Hyde, J. S./Linn, M. C. (1986): The psychology of gender: Advances through meta-analysis. – Baltimore: John Hopkins University Press.

Hyde, J. S./Plant, E. A. (1995): Magnitude of psychological gender differences. In: American Psychologist, Vol. 50, No. 3, pp. 159–161.

Institut der deutschen Wirtschaft Köln (iwd) (2007): Frauen: Ganz schön schlau, H. 8. – Köln: Deutscher Instituts-Verlag GmbH.

Institut für Arbeitsmarkt- und Berufsforschung (IAB), Kurzbericht (2006): Seltener am Start, genauso oft am Ziel: Frauen in der betrieblichen Berufsausbildung. – URL: http://doku.iab.de/kurzber/2006/kb1506.pdf – Download vom 09.12.2008.

Institut für Demoskopie (IfD) (2005): Einstellungen junger Männer zu Elternzeit, Elterngeld und Familienfreundlichkeit im Betrieb. Ergebnisse einer repräsentativen Bevölkerungsumfrage. – Allensbach: Institut für Demoskopie.

International Labour Organization (ILO) (2008): Global employment trends for Women 2008. – Geneva: International Labour Organization.

Isserstedt u. a. 2007 = Isserstedt, W./Middendorf, E./Fabian, G./Wolter, Ä. (2007): Die wirtschaftliche und soziale Lage der Studierenden in der Bundesrepublik Deutschland 2006. 18. Sozialerhebung des Deutschen Studentenwerks durchgeführt durch Hochschul-Informations-System (HIS). – URL: http://192.168.33.62:8080/progress?pages&id=25 17524411&sp2&fileName=d3NsZHNsXzIwMDYucGRm&url=aHR0cDovL3d3dy5ibWJJ mLmRlL3B1Yi93c2xkc2xfMjAwNi5wZGY=&foo=3 – Download vom 16.06.2008.

Jacobs, J. (1996): Gender Inequality and Higher Education. In: Annual Review of Sociology, Vol. 22, pp. 153–185.

Keppler, A. (2003): Bindung und geschlechtsspezifische Entwicklung. In: Monatszeitschrift für Kinderheilkunde, 151. Jg., H. 6, S. 601–607.

Kessels, U./Hannover, B. (2004): Entwicklung schulischer Interessen als Identitätsregulation. In: Doll, J./Prenzel, M. (Hrsg.): Bildungsqualität von Schule. Lehrerprofessionalisierung, Unterrichtsentwicklung und Schülerförderung als Strategien der Qualitätsverbesserung. – Münster: Waxmann, S. 398–412.

Kessels, U./Hannover, B. (2006): Zum Einfluss des Image von mathematisch-naturwissenschaftlichen Schulfächern auf die schulische Interessenentwicklung. In: Prenzel, M./Allolio-Näcke, L. (Hrsg.): Untersuchungen zur Bildungsqualität von Schule. Abschlussbericht des DFG-Schwerpunktprogramms. Münster: Waxmann, S. 350–369.

Kimura, D. (1992): Weibliches und männliches Gehirn. In: Spektrum der Wissenschaft, H. 11, S. 104–113.

Kling u. a. (1999) = Kling, K./Hyde, J./Showers, C./Buswell, B. (1999): Gender differences in self-esteem. A meta-analysis. In: Psychological Bulletin, Vol. 125, No. 4, pp. 470–500.

KMK (1994): Empfehlungen der Kultusministerkonferenz zur Sonderpädagogischen Förderung in den Schulen in der Bundesrepublik Deutschland. – URL: http://nibis.ni.schule.de/~infosos/kmk-1994.htm#Förderung – Download vom 11.12.2008.

Kohlberg, L. (1966): A cognitive-developmental analysis of children's sex-role concepts and attitudes. In: Maccoby, E. (Eds.): The development of sex differences. – Stanford, CA: Stanford University Press, pp. 82 – 172.

Kohli, M. (2003): Der institutionalisierte Lebenslauf: Ein Blick zurück und nach vorn. In: Allmendinger, J. (Hrsg.): Entstaatlichung und soziale Sicherheit. Verhandlungen des 31. Kongresses der Deutschen Gesellschaft für Soziologie in Leipzig 2002. – Opladen: Leske + Budrich, S. 525 – 545.

Köller u. a. (2000) = Köller, O./Daniels, Z./Schnabel, K. U./Baumert, J. (2000): Kurswahlen von Mädchen und Jungen im Fach Mathematik: Zur Rolle von fachspezifischem Selbstkonzept und Interesse. In: Zeitschrift für Pädagogische Psychologie, H. 1, S. 26 – 37.

Kompetenzzentrum Technik – Diversity – Chancengleichheit e. V. – URL: http://www.neue-wege-fuer-jungs.de/ – Download vom 26.08.2008. Projektstart: 2005.

Konsortium Bildungsberichterstattung (2006): Bildung in Deutschland. Ein indikatorengestützter Bericht mit einer Analyse zu Bildung und Migration. – Bielefeld: Bertelsmann.

Konsortium Bildungsberichterstattung (2008): Bildung in Deutschland 2008. Ein indikatorengestützter Bericht mit einer Analyse zu Übergängen im Anschluss an den Sekundarbereich I. – Bielefeld: Bertelsmann.

Krais, B. (2005): Geschlechtsrollen, doing gender und der männliche Habitus. In: Thema Forschung, H. 2, S. 13 – 15.

Krajewski, K. (2003): Vorhersage von Rechenschwäche in der Grundschule. – Hamburg: Kovac.

Krewerth u. a. 2004 = Krewerth, A./Tschöpe, T./Ulrich, J./Witzki, A. (2004): Berufsbezeichnungen und ihr Einfluss auf die Berufswahl von Jugendlichen: Theoretische Überlegungen und empirische Ergebnisse. – Bielefeld: Bertelsmann.

Kröhnert, S./Klingholz, R. (2007). Not am Mann. Von Helden der Arbeit zur neuen Unterschicht? – Berlin: Berliner Institut für Bevölkerung und Entwicklung.

Leitner, S./Ostner, I./Schratzenstaller, M. (Hrsg.) (2004): Wohlfahrtsstaat und Geschlechterverhältnis im Umbruch: Was kommt nach dem Ernährermodell? – Wiesbaden: VS Verlag für Sozialwissenschaften.

Lenroot u. a. 2007 = Lenroot, R. K./Gogtay, N./Greenstein, D. K./Wells, E. M./Wallace, G. L./Clasen, L. S./Blumenthal, J. D./Lerch, J./Zijdenbos, A. P./Evans, A. C./Thompson, P. M./Giedd, J. N. (2007): Sexual dimorphism of brain developmental trajectories during childhood and adolescence. In: Neuroimage, Vol. 36, No. 4, pp. 1065–1073.

Lenz, K./Krempkow, R./Popp, J. (2007): Sächsischer Hochschulbericht 2006: Dauerbeobachtung der Studienbedingungen und Studienqualität im Freistaat Sachsen. – Dresden.

Linn, M./Hyde, J. (1989): Gender, mathematics, and science. In: Educational Researcher, Vol. 18, No. 8, pp.17–27.

Logothetis, N. (2008): What we can do and what we cannot do with fMRI. In: Nature, Vol. 453, No. 7197, pp. 869–878.

Lytton, H./Romney, D. M. (1991): Parent's differential sozialization of boys and girls: a meta-analysis. In: Psychological Bulletin, Vol. 109, No. 2, pp. 267–296.

Maccoby, E. E. (1998): The two sexes: Growing up apart, coming together. Cambridge, MA: Harvard University Press.

Maccoby, E. E. (2000a): Perspectives on gender development. In: International Journal of Behavioral Development, Vol. 24, No. 4, pp. 398–406.

Maccoby, E. E. (2000b): Psychologie der Geschlechter. Sexuelle Identität in den verschiedenen Lebensphasen. – Stuttgart: Klett-Cotta.

Manning, A./Robinson, H. (2004): Something in the Way She Moves: A Fresh Look at an Old Gap. In: Oxford Economic Papers, Vol. 56, No. 2, S. 169–188.

Markus, H. (1977): Self-schemata and processing information about the self. In: Journal of Personality and Social Psychology, Vol. 35, No. 2, pp. 63–78.

Markus, H./Kitayama, S. (1991): Culture and the self: Implications for cognition, emotion, and motivation. In: Psychological Review, Vol. 98, No. 2, pp. 224–253.

Martin, C. L./Fabes, R. A. (2001): The stability and consequences of young children's same-sex peer interactions. In: Developmental Psychology, Vol. 37, No. 3, pp. 431–446.

Martin, C. L./Halverson, C. F. (1987): The roles of cognition in sex role acquisition. In: Carter, D. B. (Eds.): Current conceptions of sex roles and sex typing: Theory and research. – New York: Praeger, pp. 123–137.

Mau, S./Verwiebe, R. (2009): Die Sozialstruktur Europas. Konstanz: UTB/UVK.

Literatur

Mayer, D. (2006): Einfluss einer architekturpsychologischen Gestaltungsmaßnahme im Kindergarten auf Geschlechtsunterschiede in Spielverhalten, räumlichem Vorstellungsvermögen und sozial-emotionaler Kompetenz. (Unveröffentlichte Diplomarbeit, eingereicht an der Universität Regensburg.)

Mayr, T. (2000): Beobachtungsbogen für Kinder im Vorschulalter (BBK) – ein Vorschlag zur Skalenbildung. In: Psychologie in Erziehung und Unterricht, H. 4, S. 280–295.

Mayr, T./Ulich, M. (2003): Die Engagiertheit von Kindern. Zur systematischen Reflexion von Bildungsprozessen in Kindertageseinrichtungen. In: Fthenakis, W. E. (Hrsg.): Elementarpädagogik nach PISA. Wie aus Kindertagesstätten Bildungseinrichtungen werden können. – Freiburg im Breisgau: Herder, S. 169–189.

Mayr, T./Ulich, M. (in Druck): Social-emotional well-being and resilience in early childhood care – PERIK. An empirically based observation scale for practitioners. In: Early Years: An International Journal of Research and Development, Vol. 29, No. 1.

Meier, U./Küster, C./Zander, U. (2004): Alles wie gehabt? – geschlechtsspezifische Arbeitsteilung und Mahlzeitenmuster im Zeitvergleich. In: Statistisches Bundesamt (Hrsg.): Alltag in Deutschland. Band 43: Analysen zur Zeitverwendung. – Wiesbaden: destatis.

Middendorff, E. (2008): Nachwuchs beim akademischen Nachwuchs – ein kultureller und struktureller Balanceakt. Ergebnisse der Befragung von Studierenden mit Kind im Rahmen der 18. Sozialerhebung des Deutschen Studentenwerks (DSW) durchgeführt von Hochschul-Informations-System (HIS) (Vortrag auf der CHE-Tagung „Nicht ohne meine Familie! Mit Kindern an der Hochschule arbeiten und studieren" am 14. Mai 2008). – Berlin.

Minks, K.-H. (2001): Ingenieurinnen und Naturwissenschaftlerinnen – neue Chancen zwischen Industrie- und Dienstleistungsgesellschaft. Ergebnisse einer Längsschnittuntersuchung zur beruflichen Integration von Frauen aus technischen und naturwissenschaftlichen Studiengängen. – Hannover: Hochschul-Informations-System (HIS).

Möller, J./Schiefele, U. (2004): Motivationale Grundlagen der Lesekompetenz. In: Schiefele, U./Artelt, C./Schneider, W./Stanat, P. (Hrsg.): Struktur und Förderung von Lesekompetenz. – Wiesbaden: VS Verlag für Sozialwissenschaften, S. 101–124.

Mühler, G./Spieß, C. K. (2008): Informelle Förderangebote: Eine empirische Analyse ihrer Nutzung in der frühen Kindheit. In: Zeitschrift für Erziehungswissenschaft, Sonderheft 11, S. 29–46.

Müller, W./Steinmann, S./Schneider, R. (1997): Bildung in Europa. In: Hradil, S./Immerfall, S. (Hrsg.): Die westeuropäischen Gesellschaften im Vergleich. – Opladen: Leske + Budrich, S. 177–246.

Nader, L. (2007): Berufliche Weiterbildung und Geschlechtergerechtigkeit. In: REPORT, H. 3, S. 29–38.

Nickel, H./Schmidt-Denter, U. (1988): Vom Kleinkind zum Schulkind. Eine entwicklungspsychologische Einführung für Erzieher, Lehrer und Eltern. – München/Basel: Ernst Reinhardt.

Niesel, R. (2008): Feigenblatt oder Wegweiser? Geschlechtsbewusste Pädagogik in Bildungsplänen. In: Theorie und Praxis der Sozialpädagogik, H. 2, S. 32–35.

Oberndorfer, R./Rost, H. (2002): Auf der Suche nach den neuen Vätern. Familien mit nicht-traditioneller Verteilung von Erwerbs- und Familienarbeit. In: Staatsinstitut für Familienforschung an der Universität Bamberg (ifb) (Hrsg.): ifb-Forschungsbericht, H. 5. – Bamberg.

OECD.Stat (2008): URL: http://stats.oecd.org/wbos/Index.aspx?usercontext=sourceoecd – Download vom 25.08.2008.

Organisation for Economic Co-Operation and Development (OECD) (2004): Lernen für die Welt von morgen. Erste Ergebnisse von PISA 2003. – Paris.

Organisation for Economic Co-Operation and Development (OECD) (2006): Assessing scientific, reading and mathematical literacy. A framework for PISA 2006. – Paris.

Organisation for Economic Co-Operation and Development (OECD) (2007): PISA 2006. Science competencies for tomorrow's world. Volume 1: Analysis. – Paris.

Örs, E./Palomino, F./Peyrache, E. (2008): Performance Gender-Gap: Does Competition Matter? CEPR Discussion Paper 6891. – London: Centre for Economic Policy Research.

Pakkenberg, B./Gundersen, H. (1997): Neocortical neuron number in humans: effect of sex and age. In: The Journal of Comparative Neurology, Vol. 384, No. 2, pp. 312–320.

Passe, T./Rajagopalan, P./Tupler, L. (1997): Age and sex effects on brain morphology. In: Progress in Neuro-Psychopharmacology and Biological Psychiatry, Vol. 21, No. 8, pp. 1231–1237.

Patsopoulos, A./Tatsioni, A./Ioannidis, J. (2007): Claims of sex differences. An empirical assessment in genetic associations. In: JAMA: The Journal of the American Medical Association, Vol. 298, No. 8, pp. 880–893.

Pauen, S. (Hrsg.) (2005): Entwicklungspsychologie im Kindes- und Jugendalter. – München: Elsevier.

Pekrun, R./Zirngibl, A. (2004): Schülermerkmale im Fach Mathematik. In: Prenzel, M./Baumert, J./ Blum, W./Lehmann, R./Leutner, D./Neubrand, M./Pekrun, R./Rolff, H.-G./Rost, J./ Schiefele, U. (Hrsg.): PISA 2003. Der Bildungsstand der Jugendlichen in Deutschland. Ergebnisse des zweiten internationalen Vergleichs. – Münster: Waxmann, S. 191–210.

Peuckert, R. (2004): Familienformen im sozialen Wandel. – Wiesbaden: VS Verlag für Sozialwissenschaften.

Powlishta u. a. 1994 = Powlishta, K. K./Serbin, L. A./Doyle, A./White, D. C. (1994): Gender, ethnic, and body type biases: The generality of prejudice in children. In: Developmental Psychology, Vol. 30, No. 4, pp. 526–536.

Prenzel u. a. 2003 = Prenzel, M./Geiser, H./Langeheine, R./Lobemeier, K. (2003): Das naturwissenschaftliche Verständnis am Ende der Grundschule. In: Bos, W./Lankes, E.-M./ Prenzel, M./Schwippert, K./Walther, G./Valtin, R. (Hrsg.): Erste Ergebnisse aus IGLU. Schülerleistungen am Ende der vierten Jahrgangsstufe im internationalen Vergleich. – Münster: Waxmann, S. 143–187.

Prenzel u. a. 2007 = Prenzel, M./Schöps, K./Rönnebeck, S./Senkbeil, M./Walter, O./ Carstensen, C./Hammann, M. (2007): Naturwissenschaftliche Kompetenz im internationalen Vergleich. In: Prenzel, M./Artelt, C./Baumert, J./Blum, W./Hammann, M./ Klieme, E./Pekrun, R. (Hrsg.) (2007): PISA 2006. Die Ergebnisse der dritten internationalen Vergleichsstudie. – Münster: Waxmann, S. 63–105.

Prenzel, M./Schütte, K./Walter, O. (2007): Interesse an den Naturwissenschaften. In: Prenzel, M./Artelt, C./Baumert, J./Blum, W./Hammann, M./Klieme, E./Pekrun, R. (Hrsg.) (2007): PISA 2006. Die Ergebnisse der dritten internationalen Vergleichsstudie. – Münster: Waxmann, S. 107–124.

Puhlmann, A. (2006): Welche Rolle spielt das Geschlecht bei der Berufswahl. In: Granato, M./ Degen, U. (Hrsg.): Berufliche Bildung von Frauen. – Bielefeld: Bertelsmann, S. 28–36.

Rabe-Kleberg, U. (2005): Feminisierung der Erziehung von Kindern. Chancen oder Gefahren für die Bildungsprozesse von Mädchen und Jungen. In: Sachverständigenkommission 12. Kinder- und Jugendbericht (Hrsg.). Entwicklungspotenziale institutioneller Angebote im Elementarbereich. Materialien zum 12. Kinder- und Jugendbericht. – Bd. 2 – München: Verlag Deutsches Jugendinstitut, S. 135–171.

Ramm, M./Bargel, T. (2005): Frauen im Studium. Langzeitstudie 1983–2004. In: Bundesministerium für Bildung und Forschung (BMBF) (Hrsg.). – Bonn/Berlin.

Reitz, B. (2004): Förderperspektiven von benachteiligten Mädchen und jungen Frauen. In: Granato, M./Degen, U. (Hrsg.): Berufliche Bildung von Frauen. – Bielefeld: Bertelsmann, S. 80–92.

Rendtorff, B. (2003): Frühe Kindheit und Geschlecht. In: Beinzger, D./Diehm, I. (Hrsg.): Frühe Kindheit und Geschlechterverhältnisse. Konjunkturen in der Sozialpädagogik. – Frankfurt a. M.: Johann Wolfgang Goethe-Universität, S. 138–149.

Rohrmann, T. (2005): Geschlechtertrennung in der Kindheit: Empirische Forschung und pädagogische Praxis im Dialog. In: Braunschweiger Zentrum für Gender Studies/Institut für Pädagogische Psychologie der Technischen Universität Braunschweig (Hrsg.). – URL: http://www.gleichstellungsbuero.tubs.de/gz/downloads/rohrmann_abschlussbericht_2006.pdf – Download vom 10.09.2008.

Rohrmann, T. (2006): Männer in Kindertageseinrichtungen und Grundschulen: Bestandsaufnahme und Perspektiven. In: Krabel, J./Stuve, O. (Hrsg.): Männer in „Frauen-Berufen" der Pflege und Erziehung. – Opladen: Barbara Budrich, S. 111–134.

Rohrmann, T. (o. J.): Jungen in Kindertagesstätten – Frauen in der Arbeit mit Jungen: Forschung und Fortbildung. – URL: http://www.europrofem.org/contri/2_02_de/demasc/09de_mas.htm – Download vom 10.09.2008.

Rohrmann, T./Thoma, P. (1998): Jungen in Kindertagesstätten. Ein Handbuch zur geschlechtsbezogenen Pädagogik. – Freiburg im Breisgau: Lambertus.

Rosenbladt, B./Bilger, F. (2008): Weiterbildungsbeteiligung in Deutschland – Eckdaten zum BSW-AES 2007. – URL: http://www.bmbf.de/pub/weiterbildungsbeteiligung_in_deutschland.pdf – Download vom 17.07.2007.

Rost, H. (2006): Auf der Suche nach den neuen Vätern. Familien mit nichttraditioneller Verteilung von Erwerbs- und Familienarbeit. In: Werneck, H./Beham, M./Palz, D. (Hrsg.): „Working fathers" – Väter zwischen Familie und Beruf. – Gießen: Psychosozial-Verlag, S. 155–166.

Ruble, D. N./Martin, C. L./Berenbaum, S. (2006): Gender development. In: Eisenberg, N./Damon, W. /Lerner, R. (Eds.): Handbook of child psychology. Volume 3: Personality and Social Development. – 6th edition. – New York: John Wiley & Sons.

Sax, L. J. (2007): College women still face many obstacles in reaching their full potential. In: Chronicle of Higher Education, Vol. 54, No. 5, pp. B46.

Scheu, U. (1995): Wir werden nicht als Mädchen geboren – wir werden dazu gemacht. Zur frühkindlichen Erziehung in unserer Gesellschaft. – Frankfurt a. M.: Fischer Taschenbuch.

Schmidt, B. (2007): Educational behavior and interests of older adults. In: Lucio-Villegas, E./del Carmen Martinez, M. (Eds.): Proceedings of the 5th European Research Conference. Adult Learning and the Challenges of Social and Cultural Diversity: Diverse Lives, Cultures, Learnings and Literacies. – Sevilla: Diálogos, pp. 157–166.

Schöngen, K. (2003): Lösung von Ausbildungsverträgen – schon Ausbildungsabbruch? Ergebnisse einer Befragung des Bundesinstituts für Berufsbildung. – URL: http://doku.iab.de/ibv/2003/ibv2503_5.pdf – Download vom 09.12.2008.

Schöps u. a. 2006 = Schöps, K./Walter, O./Zimmer, K./Prenzel, M. (2006): Disparitäten zwischen Jungen und Mädchen in der mathematischen Kompetenz. In: Prenzel, M./Baumert, J./Blum, W./Lehmann, R./Leutner, D./Neubrand, M./Pekrun, R./Rost, J./Schiefele, U. (Hrsg.): PISA 2003 – Untersuchungen zur Kompetenzentwicklung im Verlauf eines Schuljahres. – Münster: Waxmann, S. 209–224.

Schreyer, F. (2002): Ingenieurinnen und Informatikerinnen – Schöne neue Arbeitswelt? In: IAB Kurzbericht, H. 11. – Nürnberg. – URL: http://doku.iab.de/kurzber/2002/kb1102.pdf. – Download vom 13.06.2008.

Schulz, F./Blossfeld, H.-P. (2006): Wie verändert sich die häusliche Arbeitsteilung im Eheverlauf? Eine Längsschnittstudie der ersten 14 Ehejahre in Westdeutschland. In: Kölner Zeitschrift für Soziologie und Sozialpsychologie, 58. Jg., H. 1, S. 23–49.

Seebauer, R. (2008): „Leistungsmotive", „soziale Erfahrungen" und „notwendige Eigenschaften von Lehrer/inne/n und Erzieher/inne/n". In: Holz, O. (Hrsg.): Jungenpädagogik und Jungenarbeit in Europa. – Münster: Waxmann, S. 147–169.

Seidel u. a. 2007 = Seidel, T./Prenzel, M./Wittwer, J./Schwindt, K. (2007): Unterricht in den Naturwissenschaften. In: Prenzel, M./Artelt, C./Baumert, J./Blum, W./Hammann, M./Klieme, E./Pekrun, R. (Hrsg.): PISA 2006. Die Ergebnisse der dritten internationalen Vergleichsstudie. – Münster: Waxmann, S. 147–179.

Senkbeil, M./Wittwer, J. (2007): Die Computervertrautheit von Jugendlichen und Wirkungen der Computernutzung auf den fachlichen Kompetenzerwerb. In: Prenzel, M./Artelt, C./Baumert, J./Blum, W./Hammann, M./Klieme, E./Pekrun, R. (Hrsg.): PISA 2006. Die Ergebnisse der dritten internationalen Vergleichsstudie. – Münster: Waxmann, S. 277–307.

Serbin u. a. (1994) = Serbin, L. A./Moller, L. C./Gulko, J./Powlishta, K. K./Colburne, K. A. (1994): The emergence of gender segregation in toddler playgroups. In: Leaper, C. (Eds.): Childhood gender segregation: Causes and consequences. New directions for child development. – Bd. 65 – San Francisco: Jossey-Bass, pp. 7–17.

Shavit, Y./Blossfeld, H.-P. (1993): Persistent Inequality. Changing Educational Attainment in Thirteen Countries. – Boulder: Westview Press.

Skaalvik, S./Skaalvik, E. M. (2004): Gender differences in math and verbal self-concept, performance expectations, and motivation. In: Sex Roles, Vol. 50, No. 3/4, pp. 241–252.

Skopek, J./Schulz, F./Blossfeld, H.-P. (im Erscheinen): Partnersuche im Internet: Wie wichtig sind Bildungshomophilie und traditionelle geschlechtsspezifische Präferenzen bei der Wahl von Kontaktpartnern? Erscheint 2009 in Kölner Zeitschrift für Soziologie und Sozialpsychologie, 61. Jg.

Slavin (1994): Quality, Appropriateness, Incentive, and Time: A Model of Instructional Effectiveness. In: International Journal of Educational Research, Vol. 21, No. 2, pp. 141–157.

Sommer, I./Aleman, A./Bouma, A. (2004): Do women really have more bilateral language representation than men? A meta-analysis of functional imaging studies. In: Brain, Vol. 127, No. 8, pp. 1845–1852.

Spencer, S. J./Steele, C. M./Quinn, D. M. (1999): Stereotype threat and women's math performance. In: Journal of Experimental Social Psychology, Vol. 35, No. 1, pp. 4–28.

Stanat, P./Kunter, M. (2001): Geschlechterunterschiede in Basiskompetenzen. In: Baumert, J./Klieme, E./Neubrand, M./Prenzel, M./Schiefele, U./Schneider, W./Stanat, P./Tillmann, K.-J./Weiß, M. (Hrsg.): PISA 2000. Basiskompetenzen von Schülerinnen und Schülern im internationalen Vergleich. – Opladen: Leske + Budrich, S. 251–266.

Statistisches Bundesamt (2004): Mikrozensus: Bildung im Zahlenspiegel 2004. – Wiesbaden: Statistisches Bundesamt.

Statistisches Bundesamt (2006): Leben und Arbeiten in Deutschland. Vereinbarkeit von Familie und Beruf. Ergebnisse des Mikrozensus 2005. – Sonderheft 2 – Wiesbaden: Statistisches Bundesamt.

Statistisches Bundesamt (2007a): Kindertagesbetreuung regional 2007. Ein Vergleich aller 439 Kreise in Deutschland. – Wiesbaden: Statistisches Bundesamt.

Statistisches Bundesamt (2007b): Bildung und Kultur. Berufliche Bildung; Fachserie 11, Reihe 3, Berichtszeitraum 2006. – Wiesbaden: Statistisches Bundesamt.

Statistisches Bundesamt (2007c): Bildung und Kultur. Studierende an Hochschulen – Wintersemester 2006/2007; Fachserie 11, Reihe 4.1, Tab. 2HI. – Wiesbaden: Statistisches Bundesamt.

Statistisches Bundesamt (2008a): Hochschulen auf einen Blick. Ausgabe 2008. – Wiesbaden: Statistisches Bundesamt.

Statistisches Bundesamt (2008b): Datenreport 2008: Ein Sozialbericht für die Bundesrepublik Deutschland. – Wiesbaden: Statistisches Bundesamt.

Statistisches Bundesamt (2008c): Verdienstabstand zwischen Frauen und Männern. Wiesbaden: Statistisches Bundesamt.

Statistisches Bundesamt (2008d): Statistiken der Kinder- und Jugendhilfe. Kinder und tätige Personen in Tageseinrichtungen am 15. März 2007. Revidierte Ergebnisse. – Wiesbaden: Statistisches Bundesamt.

Statistisches Bundesamt (2008e): Statistik der allgemeinbildenden Schulen, Anzahl der Schulanfänger nach Einschulungsart im Schuljahr 2006/2007. – Wiesbaden: Statistisches Bundesamt.

Statistisches Bundesamt/Gesellschaft Sozialwissenschaftlicher Infrastruktureinrichtungen (GESIS-ZUMA)/Wissenschaftszentrum Berlin für Sozialforschung (WZB) (2008): Datenreport 2008. – Bonn. – URL: http://www.destatis.de/jetspeed/portal/cms/Sites/destatis/Internet/DE/Content/Publikationen/Querschnittsveroeffentlichungen/Datenreport/Downloads/Datenreport2008,property=file.pdf – Download vom 09.12.2008.

Steele, C. M. (1997): A threat in the air: How stereotypes shape intellectual identity and performance. In: American Psychologist, Vol. 52, No. 6, pp. 613–629.

Steinmetz, S. (2008): Educational and occupational sex segregation in Europe. (Dissertation, eingereicht an der Universität Mannheim.)

Stoklossa, D. (2001): Leben mit Jungen in Kindertageseinrichtungen. Expertise im Auftrag des Ministeriums für Bildung, Jugend und Sport des Landes Brandenburg. – URL: http://www.brandenburg.de/sixcms/media.php/1231/jungensozialisation__2_.pdf – Download vom 10.09.2008.

Stubbe (in Druck): Bildungsentscheidungen und sekundäre Herkunftseffekte in der Orientierungsstufe an Hamburger Schulen der Sekundarstufe I. – Münster: Waxmann.

Swim, K. (1994): Perceived versus meta-analytic effect sizes: An assessment of the accuracy of gender stereotypes. In: Journal of Personality and Social Psychology, Vol. 66, No. 1, pp. 21–36.

Taskinen, P./Asseburg, R./Walter, O. (2008): Wer möchte später einen naturwissenschaftsbezogenen oder technischen Beruf ergreifen? Kompetenzen, Selbstkonzept und Motivation als Prädiktoren der Berufserwartungen in PISA 2006. In: Zeitschrift für Erziehungswissenschaft, Sonderheft 10, S. 79–105.

Thiel, A. (2005): Bildung. In: Bothfeld, S./Klammer, U./Klenner, C./Leiber, S./Thiel, A./Ziegler, A. (Hrsg.): WSI-Frauendatenreport 2005: Handbuch zur wirtschaftlichen und sozialen Situation von Frauen. – Berlin: edition sigma.

Tippelt u. a. 2008 = Tippelt, R./Schmidt, B./Schnurr, S./Sinner, S./Theissen, C. (2008): Bildung Älterer – zur Differenzierung einer komplexen Zielgruppe (EdAge). – München.

Trappe, H./Sørensen, A. (2006): Economic Relations Between Women and Their Partners: An East and West German Comparison after Reunification. In: Feminist Economics, Vol. 12, No. 4, pp. 643–665.

vbw – Vereinigung der Bayerischen Wirtschaft e. V. (Hrsg.) (2007): Bildungsgerechtigkeit. Jahresgutachten 2007. – Wiesbaden: VS Verlag für Sozialwissenschaften.

vbw – Vereinigung der Bayerischen Wirtschaft e. V. (Hrsg.) (2008): Bildungsrisiken und -chancen im Globalisierungsprozess. Jahresgutachten 2008. – Wiesbaden: VS Verlag für Sozialwissenschaften.

Vellutino, F./Fletcher, J./Snowling, M. (2004): Specific reading disability (dyslexia): what have we learned in the past four decades? In: Journal of Child Psychology and Psychiatry, Vol. 45, No. 1, pp. 2–40.

Wendt, D. (1997): Entwicklungspsychologie: Eine Einführung. – Stuttgart: Kohlhammer.

Werneck, H. (1998): Übergang zur Vaterschaft. Auf der Suche nach den „Neuen Vätern". – Wien: Springer-Verlag.

Williams, J. E./Best, D. L. (1982): Measuring sex stereotypes: A thirty-nation study. – Beverly Hills, CA: Sage.

Williams, J. E./Satterwhite, R. C./Best, D. L. (1999): Pancultural gender stereotypes revisited: the Five Factor Model. In: Sex Roles, Vol. 40, No. 7/8, pp. 513–525.

Wößmann, L. (2008): Entering the Teacher Workforce in Germany. Report to the Urban Institute in association with its work with the Gates Foundation on the development of human capital in education. – Munich: Ifo Institute for Economic Research at the University of Munich, Mimeo.

Verzeichnis der Studien

BiKS 3-8: In der interdisziplinären Längsschnittstudie BiKS 3-8 (Bildungsprozesse, Kompetenzentwicklung und Selektionsentscheidungen im Vor- und Grundschulalter; vgl. www.biks-bamberg.de) werden 547 Kinder im Alter von drei bis acht Jahren und ihre Eltern aus 97 Kindergartengruppen aus 97 Kindergärten verfolgt. Für diesen Beitrag wurden Auswertungen aus dem elementarpädagogischen Teilprojekt 2 (Leitung: Prof. Dr. Hans-Günther Roßbach; DFG-Kürzel RO 820/11) erstellt. Des Weiteren fließen erste Auswertungen zur Einschätzung der kindlichen Fähigkeiten durch Eltern und pädagogische Fachkräfte im Kindergarten ein, die innerhalb der BiKS-Forschergruppe insbesondere von dem entwicklungspsychologischen Teilprojekt (Leitung: Prof. Dr. Sabine Weinert; DFG-Kürzel WE 1478/4) sowie dem grundschulpädagogischen Teilprojekt 6 (Leitung: Prof. Dr. Gabriele Faust; DFG-Kürzel FA 650/1) behandelt werden.

CHE-/EINSTIEG-Studie (2007): Für diese Studie des Centrums für Hochschulentwicklung GmbH (CHE) in Zusammenarbeit mit EINSTIEG wurden knapp 1.800 Schüler der Abschlussklassen an Gymnasien und Gesamtschulen bundesweit nach ihren Studienabsichten und Hochschulwahlkriterien befragt.
Eine ausführliche Methodenbeschreibung findet sich unter URL:
www.che.de/downloads/Einfluss_auf_Studienentscheidung_AP95.pdf

CHE-Studierendenbefragung (2006 bis 2008): Im Rahmen des CHE-HochschulRankings führt das CHE jährlich eine Befragung unter fortgeschrittenen Studierenden durch. In einem Drei-Jahres-Rhythmus werden Studierende der 35 meiststudierten Fächer befragt. In die Auswertungen für diesen Bericht gingen Angaben von etwa 130.000 Studierenden ein. Eine ausführliche Methodenbeschreibung findet sich unter URL:
http://www.che.de/downloads/Methoden_Hochschulranking_2008_AP106.pdf

CHE-Absolventenbefragung (2008): Für das Ranking 2008 wurden Absolventen der BWL der Abschlussjahrgänge 2003 bis 2006 an allen Hochschularten über ihre rückwirkende Bewertung des Studiums und der dort vermittelten Qualifikationen bzw. Kompetenzen sowie zu ihrem Berufseinstieg befragt. Insgesamt haben sich über 8.000 Absolventen von Universitäten, Fachhochschulen und (einigen wenigen) Berufsakademien beteiligt. Die Gesamtzahl lag bei 8.158 Befragten (davon 2.929 an Universitäten (35,9 Prozent), 4.670 an Fachhochschulen (57,2 Prozent) und 559 an Berufsakademien (6,9 Prozent)).

IGLU (2006): Die Internationale Grundschul-Lese-Untersuchung (IGLU) untersucht die Lesekompetenzen von Viertklässlern und deren Lernbedingungen in den teilnehmenden Staaten. Die Schulleistungsstudie der International Association for the Evaluation of Educational Achievement (IEA) wird im Abstand von jeweils fünf Jahren durchgeführt, so können Trends in der Entwicklung der Leseleistungen festgestellt werden.

PISA (2006): Das Programme for International Student Assessment (PISA) der OECD testet im Abstand von drei Jahren weltweit die Kompetenzen 15-jähriger Schüler in den Bereichen Lesen, Mathematik und Naturwissenschaften. 2006 lag der inhaltliche Schwerpunkt auf den Naturwissenschaften. Der Bericht stellt außerdem Zusammenhänge mit Merkmalen der Elternhäuser, der Schulen und des naturwissenschaftlichen Unterrichts dar.

TIMSS (2007): Die internationale Mathematik- und Naturwissenschaftsstudie – Trends in International Mathematics and Science Study (TIMSS) – setzt die Reihe der international vergleichenden Schulleistungsstudien fort, die seit 1959 von der IEA durchgeführt werden. Mit TIMSS werden zum ersten Mal gleichzeitig die Mathematik- und Naturwissenschaftsleistungen von Schlüsseljahrgängen in der Grundschule (TIMSS/Population I), in der Sekundarstufe I (TIMSS/Population II) und Sekundarstufe II (TIMSS/Population III) untersucht.

Abbildungsverzeichnis

Abbildung 1:	Bevölkerung nach Altersgruppen und allgemeinem Bildungsabschluss, 2004	20
Abbildung 2:	Anzahl weiblicher Hochschulabsolventen je 100 männliche Absolventen	21
Abbildung 3:	Erwerbsquoten von Frauen und Männern in den alten und neuen Bundesländern	22
Abbildung 4:	Altersspezifische Erwerbsquoten von Männern in Westdeutschland von 1970 bis 2005	23
Abbildung 5:	Altersspezifische Erwerbsquoten von Frauen in Westdeutschland von 1970 bis 2005	23
Abbildung 6:	Veränderung der Frauenerwerbstätigenquote (15- bis 64-Jährige) in 15 EU-Ländern von 1985 bis 2004	24
Abbildung 7:	Veränderungen in Aufwärts-, Abwärts- und homogamen Heiraten in Deutschland	25
Abbildung 8:	Segregationsindices (ISCO88 2-steller, ohne Landwirtschaft) und Frauenerwerbstätigenquote, 2004	27
Abbildung 9:	Anteil der Frauen im Lehramtsberuf und unter sonstigen Beschäftigten mit (Fach-)Hochschulabschluss	28
Abbildung 10:	Monatliches Netto-Erwerbseinkommen im Lehramtsberuf und unter sonstigen Beschäftigten mit (Fach-)Hochschulabschluss, in Euro, 2004	29
Abbildung 11:	Erwerbstätigenquoten von Müttern und Vätern nach Alter des jüngsten Kindes, 2005	30
Abbildung 12:	Kinder in Tageseinrichtungen nach Alter in den neuen und alten Bundesländern, 2007	30
Abbildung 13:	Einstellungsunterschiede von 18- bis 23-Jährigen zur Auswirkung mütterlicher Erwerbstätigkeit zwischen Ost und West	31
Abbildung 14:	Zeitverwendung von Personen ab zwölf Jahren je Tag für ausgewählte Aktivitäten 1991/1992 vs. 2001/2002	33
Abbildung 15:	Geschlechtsspezifische Einkommensdifferenzen im EU-Vergleich	35
Abbildung 16:	Verdienstabstand zwischen Frauen und Männern nach Alter, 2006	37
Abbildung 17:	Einzel- und Längsschnittmessungen des Hirnvolumens von Mädchen und Jungen im Altersbereich von fünf bis 25 Jahren	43
Abbildung 18:	Taxonomie von Ruble, Martin und Berenbaum	45
Abbildung 19:	Prozentualer Anteil der Zeit, die Kinder auf Spielplätzen mit Spielkameraden des gleichen bzw. des anderen Geschlechts zubringen	55
Abbildung 20:	Spielmittelbesitz der Schulanfänger	57
Abbildung 21:	Relative Spielzeit von gleich- und gemischtgeschlechtlichem Spiel in Prä- und Posttest	59
Abbildung 22:	Bindungssicherheit von Mädchen und Jugen zur Erzieherin	60
Abbildung 23:	Anteil weiblicher und männlicher Erzieher in Kindertageseinrichtungen in Deutschland, 2007	61

Abbildungsverzeichnis

Abbildung 24:	Einschätzung kindlicher Fähigkeiten durch das pädagogische Fachpersonal in Kindergärten	67
Abbildung 25:	Einschätzung der Wichtigkeit ausgewählter Erziehungsziele aus Sicht der Eltern	68
Abbildung 26:	Zeitanteile, die Mädchen und Jungen jeweils individuell, parallel und kooperativ spielen	74
Abbildung 27:	Zeitanteile, die Mädchen und Jungen jeweils in der Gesamtgruppe, einer Teilgruppe (mind. sieben Kinder), einer Kleingruppe (drei bis sechs Kinder), in einer Dyade oder allein spielen	74
Abbildung 28:	Anteil der Mädchen und Jungen an vorzeitiger und verspäteter Einschulung	79
Abbildung 29:	Leistungsvorsprung der Mädchen – Gesamtskala Lesen	82
Abbildung 30:	Geschlechterunterschiede in Mathematik, Naturwissenschaften und Lesen über verschiedene Erhebungszyklen von TIMSS und IGLU	83
Abbildung 31:	Schüler auf Kompetenzstufe V – Gesamtskala Lesen, Mädchen und Jungen im Vergleich	85
Abbildung 32:	Schüler unter Kompetenzstufe III – Gesamtskala Lesen, Mädchen und Jungen im Vergleich	87
Abbildung 33:	Schulische Leseaktivitäten aus der Sicht von Mädchen und Jungen in Deutschland	89
Abbildung 34:	Geschlechtsspezifische Beurteilungstendenzen (Benotung) und Leseleistung	90
Abbildung 35:	Schüler, die außerhalb der Schule nie oder fast nie zum Spaß lesen – Mädchen und Jungen im Vergleich	91
Abbildung 36:	Geschlechterunterschiede in der Selbsteinschätzung sozialer Kompetenz	92
Abbildung 37:	Geschlecht der Lehrkräfte an Grundschulen im internationalen Vergleich	93
Abbildung 38:	Relative Chancen [odds ratios] für eine Gymnasialpräferenz der Lehrkräfte – Mädchen und Jungen im Vergleich	94
Abbildung 39:	Beteiligungsquoten von Mädchen und Jungen an den Schularten in Deutschland	96
Abbildung 40:	Verteilung 15-jähriger Mädchen und Jungen auf die naturwissenschaftlichen Fächer in Deutschland	97
Abbildung 41:	Kompetenzunterschiede zwischen 15-jährigen Mädchen und Jungen	98
Abbildung 42:	Kompetenzunterschiede in naturwissenschaftlichen Inhaltsbereichen nach Geschlecht	99
Abbildung 43:	Geschlechterdifferenzen in naturwissenschaftlichen Prozessbereichen	100
Abbildung 44:	Geschlechterdifferenzen innerhalb der Schularten in den Kompetenzbereichen Lesen, Naturwissenschaften und Mathematik	101
Abbildung 45:	Verteilung der Noten nach Geschlecht und Kompetenz in Deutschland	103
Abbildung 46:	Computererfahrung und -nutzung von Mädchen und Jungen	104
Abbildung 47:	Interesse am Lesen von Mädchen und Jungen	105
Abbildung 48:	Motivationale Orientierungen gegenüber der Mathematik	106
Abbildung 49:	Motivationale Überzeugungen gegenüber den Naturwissenschaften	107

Abbildungsverzeichnis

Abbildung 50:	Mädchen unter den in den Naturwissenschaften hochkompetenten Jugendlichen: Verteilung des Interesses an den Naturwissenschaften	108
Abbildung 51:	Neuzugänge in das berufliche Ausbildungssystem nach Ausbildungssektoren und Geschlecht, 2006	112
Abbildung 52:	Berufswahlspektrum von jungen Männern	114
Abbildung 53:	Berufswahlspektrum von jungen Frauen	115
Abbildung 54:	Geschlechterdifferenzen in Ausbildungsvertragslösung und -abbruch	120
Abbildung 55:	Geschlechterdifferenzen bei der Teilnahme an Aufstiegsqualifizierungen	122
Abbildung 56:	Anteil von Jugendlichen mit Migrationshintergrund beim Übergang von der Schule in die Berufsausbildung, 2006	123
Abbildung 57:	Frauen und Männer (ohne/mit Migrationshintergrund) ohne abgeschlossene Berufsausbildung, 2005	124
Abbildung 58:	„Was tun im Herbst nach Schulabschluss?" Schulbefragung – nach Geschlecht	125
Abbildung 59:	Die 20 beliebtesten Studienfächer nach Geschlecht	128
Abbildung 60:	Belegung von Leistungskursen nach Geschlecht in der gymnasialen Oberstufe	129
Abbildung 61:	Verteilung von Frauen und Männern in den Fächern BWL, Wirtschaftsingenieurwesen und Wirtschaftsinformatik in dualen und nichtdualen Studiengängen	131
Abbildung 62:	Abiturnote von Männern und Frauen in unterschiedlichen Fächern	132
Abbildung 63:	Durchschnittliche Abiturnoten von Frauen und Männern nach Fächern in dualen Studiengängen im Vergleich mit nichtdualen Studiengängen an Fachhochschulen und Universitäten	133
Abbildung 64:	Häufigkeit einer vorangegangenen Berufsausbildung bei Frauen und Männern an Fachhochschulen und Universitäten	134
Abbildung 65:	Entfernung vom Heimatort zur Aufnahme eines Universitätsstudiums nach Fächergruppen (Geisteswissenschaften, BWL, Wirtschaftsingenieurwesen und -informatik, Ingenieurwissenschaften)	135
Abbildung 66:	Entfernung vom Heimatort zur Aufnahme eines Fachhochschulstudiums nach Fächergruppen (BWL, Wirtschaftsingenieurwesen und -informatik, Ingenieurwissenschaften)	136
Abbildung 67:	Häufigkeiten von Auslandsaufenthalten von Frauen und Männern nach Fächern, sortiert nach der Größe des Vorsprungs, den Frauen gegenüber Männern haben	137
Abbildung 68:	Finanzierung des Studiums bei Frauen und Männern	138
Abbildung 69:	Anteil weiblicher und männlicher Studierender an privaten Hochschulen in Deutschland im WS 2006/2007	139
Abbildung 70:	Wohnformen von Frauen und Männern	139
Abbildung 71:	Wichtigkeit bestimmter Aspekte des Studiums bei Frauen und Männern	141
Abbildung 72:	Geschlechterdifferenzen bei der Beschäftigungssuche	142
Abbildung 73:	Geschlechterdifferenzen beim Bewerbungsverhalten	143

Abbildungsverzeichnis

Abbildung 74:	Geschlechterdifferenzen im Umfang, in der Art der Beschäftigung und im Beschäftigungsbereich nach einem Studiumsabschluss an einer Universität	144
Abbildung 75:	Geschlechterdifferenzen im Umfang, in der Art der Beschäftigung und im Beschäftigungsbereich nach einem Studiumsabschluss an einer Fachhochschule	145
Abbildung 76:	Weiterbildungsteilnahme und Geschlecht	148
Abbildung 77:	Eintritte in Maßnahmen zur Förderung beruflicher Weiterbildung	149
Abbildung 78:	Einflussfaktoren auf die Teilnahmequoten an allgemeiner Weiterbildung	150
Abbildung 79:	Weiterbildungsvolumen nach Erwerbstätigkeit und Geschlecht	151
Abbildung 80:	Teilnahme an öffentlich-rechtlich nach sonstigen Bundesgesetzen geregelten Aufstiegsfortbildungen von Frauen und Männern	154

Verzeichnis der Mitglieder des AKTIONSRATSBILDUNG

Blossfeld, Hans-Peter, Prof. Dr. rer. pol., geb. 1954, Inhaber des Lehrstuhls für Soziologie I an der Sozial- und Wirtschaftswissenschaftlichen Fakultät der Otto-Friedrich-Universität Bamberg, geschäftsführender Direktor des Instituts für bildungswissenschaftliche Längsschnittforschung (INBIL), Leiter des Nationalen Bildungspanels (National Educational Panel Study, NEPS), Leiter des Staatsinstituts für Familienforschung, Mitglied und Projektleiter der interdisziplinären DFG-Forschergruppe „Bildungsprozesse, Kompetenzentwicklung und Formation von Selektionsentscheidungen im Vor- und Grundschulalter" (BiKS).
Arbeitsschwerpunkte: Bildungssoziologie, Globalisierungsforschung, Soziologie des internationalen Vergleichs, Sozialstrukturanalyse, Soziologie der wirtschaftlichen und sozialen Entwicklung, Familiensoziologie, Soziologie des Arbeitsmarktes, Längsschnittmethoden.

Bos, Wilfried, Prof. Dr. phil., geb. 1953, Universitätsprofessor für Bildungsforschung und Qualitätssicherung an der Technischen Universität Dortmund im Fachbereich Erziehungswissenschaft und Soziologie, Direktor des Instituts für Schulentwicklungsforschung (IFS), Nationaler Projektmanager für IGLU/PIRLS 2001 und 2006, TIMSS 2007, IGLU/PIRLS und TIMSS 2011, wissenschaftlicher Leiter von KESS.
Arbeitsschwerpunkte: internationale Bildungsforschung, Qualitätssicherung im Bildungswesen.

Hannover, Bettina, Prof. Dr., geb. 1959, Universitätsprofessorin für Schul- und Unterrichtsforschung an der Freien Universität Berlin.
Arbeitsschwerpunkte: Selbst und Identität, Geschlecht, Migration, Kulturvergleich.

Lenzen, Dieter, Prof. Dr. phil., geb. 1947, Präsident der Freien Universität Berlin, seit 2007 Vizepräsident der Hochschulrektorenkonferenz, Vorsitzender des AKTIONSRATSBILDUNG, Universitätsprofessor für Philosophie der Erziehung am Fachbereich Erziehungswissenschaft und Psychologie an der Freien Universität Berlin.
Arbeitsschwerpunkte: Bildungsforschung, Bildungspolitik.

Müller-Böling, Detlef, Prof. Dr. rer. pol., geb. 1948, em. Universitätsprofessor für Empirische Wirtschafts- und Sozialforschung an der Universität Dortmund, Rektor der Universität Dortmund von 1990 bis 1994, von 1994 bis 2008 Leiter des CHE – Centrum für Hochschulentwicklung, Hauptgesellschafter CHE Consult GmbH.

Prenzel, Manfred, Prof. Dr. phil., geb. 1952, Universitätsprofessor für Pädagogik an der Christian-Albrechts-Universität zu Kiel, Direktor des Leibniz-Instituts für die Pädagogik der Naturwissenschaften (IPN), Nationaler Projektmanager für PISA 2003 und PISA 2006, Sprecher des DFG-Schwerpunktprogramms „Bildungsqualität von Schule".
Arbeitsschwerpunkte: Lehr-Lernforschung mit Schwerpunkten Unterrichtsmuster, Lernprozesse, Kompetenz- und Interessenentwicklung, Bildungsmonitoring und internationale Leistungsvergleiche, Qualitätsentwicklung und Lehrerprofessionalität.

Wößmann, Ludger, Prof. Dr. sc. pol., geb. 1973, Universitätsprofessor für Bildungsökonomie an der volkswirtschaftlichen Fakultät der Ludwig-Maximilians-Universität München, Bereichsleiter Humankapital und Innovation am ifo Institut für Wirtschaftsforschung, Koordinator des europäischen Expertennetzwerks Bildungsökonomik (EENEE).
Arbeitsschwerpunkte: Bildungsökonomik, insbesondere mikroökonometrische Analysen von Effizienz und Chancengleichheit im Schulsystem anhand verschiedener internationaler Schülerleistungstests.

Verzeichnis der externen Experten

Becker-Stoll, Fabienne, PD Dr., geb. 1967, Diplom-Psychologin, Leiterin des Staatsinstituts für Frühpädagogik in München, seit 2003 Lehrbeauftragte der Ludwig-Maximilians-Universität München.
Arbeitsschwerpunkte: frühkindliche Bildung, Bindungsentwicklung, Autonomieforschung.

Drobnič, Sonja, Prof. Ph. D., geb. 1956, Inhaberin des Lehrstuhls für Methoden der empirischen Sozialforschung, Fakultät Wirtschafts- und Sozialwissenschaften an der Universität Hamburg. Ausgewählte aktuell laufende Projekte: Quality of Life in a Changing Europe; Networks, Social Capital and Gender Inequalities; Existenzgründungen von Frauen.
Arbeitsschwerpunkte: Forschungsmethoden, insbesondere Längsschnittforschung, Soziale Ungleichheit und Mobilität, Lebenslaufforschung, Geschlecht und Familiensoziologie.

Mitzdorf, Ulla, Prof. Dr., geb. 1944, Universitätsprofessorin für medizinische Psychologie und Neurobiologie an der Ludwig-Maximilians-Universität München, von 2000 bis 2006 Frauenbeauftragte an der Ludwig-Maximilians-Universität München.
Arbeitsschwerpunkte: neurophysiologische Grundlagenforschung zur Informationsverarbeitung im Gehirn und medizinpsychologische Fragestellungen im Bereich der Psychosomatik.

Roßbach, Hans-Günther, Prof. Dr. phil., geb. 1951, Inhaber des Lehrstuhls für Elementar- und Familienpädagogik an der Otto-Friedrich-Universität Bamberg, Sprecher der DFG-Forschergruppe „Bildungsprozesse, Kompetenzentwicklung und Formation von Selektionsentscheidungen im Vor- und Grundschulalter" (BiKS), wissenschaftliche Begleitung des Modellversuchs „Kindergarten der Zukunft in Bayern – KiDZ".
Arbeitsschwerpunkte: Qualitätsfeststellung in Institutionen der Früherziehung, Curricularentwicklung im Kindergarten/Bildungsfragen im Kindergarten, Übergang vom Elementar- in den Primarbereich, Längsschnittanalysen der Auswirkungen frühkindlicher Betreuungen, internationale Vergleichsuntersuchungen, Unterrichtsqualität in der Grundschule.

Tippelt, Rudolf, Prof. Dr. phil., geb. 1951, Inhaber des Lehrstuhls für Allgemeine Pädagogik und Bildungsforschung an der Ludwig-Maximilians-Universität München, Vorsitzender der Deutschen Gesellschaft für Erziehungswissenschaft. Ausgewählte aktuell laufende Projekte: Erhöhung der Weiterbildungsbeteiligung und Verbesserung der Chancengerechtigkeit durch Kompetenzförderung von ErwachsenenbildnerInnen (Komweit), Lernende Regionen – Förderung von Netzwerken, Bildungsverhalten und -interessen Älterer (EdAge).
Arbeitsschwerpunkte: Bildungsforschung, Übergangsforschung, Weiterbildung/Erwachsenenbildung, Bildungsprozesse über die Lebensspanne, Übergang von Bildung in Beschäftigung, Fortbildung pädagogischen Personals.